공감에 관하여

일러두기
1. 모든 표기는 국립국어원의 어문 규정대로 표기하되, 저자의 말맛을 살리기 위해 몇몇 경우는 관용적 표현을 따랐습니다.
2. 개인정보 보호를 위해 등장하는 인물의 이름을 가명으로 표기하고, 사연을 일부 각색했습니다.
3. 108~109쪽, 202쪽, 215쪽, 305쪽 KOMCA 승인필.

공감에 관하여

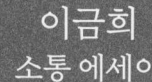

이금희
소통 에세이

추천의 글

   방송인 이금희는 30년 넘는 세월 동안 대중 앞에 서서 수많은 이의 귀와 입이 되어준, 명실상부 대한민국을 대표하는 소통 전문가이다. 그는 언어를 통해 마음을 어루만지는 법을 누구보다 잘 알고 있으며, 그의 따뜻한 목소리는 언제나 사람 사이의 거리를 좁혀왔다.
   그의 신작 『공감에 관하여』는 그러한 이금희의 장점이 가장 아름답게 빛나는 책이다. 그러나 이 책은 달콤한 위로나 감상으로만 채워진 에세이는 아니다. 오랜 세월 사람의 사연을 듣고, 그 속에서 인간의 복잡한 마음을 통과해 온 한 사람의 생애사적 통찰이 녹아 있는 심리서에 가깝다.

책 속에는 삶의 다양한 얼굴이 등장한다. 엄마의 마리오네트가 되어 살아가는 딸, 상사와의 회식 때문에 괴로워하는 직장인, 고부간의 갈등으로 마음을 다친 이들까지…. 모두 우리가 살아온 평범한 일상의 단면이자, 동시에 우리 자신을 비추는 거울과도 같은 모습들이다. 라디오를 듣듯 편안한 마음으로 사연을 따라가다 보면 독자들은 어느새 그 속에 숨은 자신의 모습을 발견하게 된다.

이금희는 '공감'이라는 단어를 피상적인 미사여구로 쓰지 않는다. 그에게 있어서 공감이란 감정의 동요가 아니라, 이해를 향한 끈질긴 노력이다. 책 속의 조언들은 따뜻하지만 동시에 단단하다. 감정에 휩쓸리지 않고, 객관적이고 합리적인 시선으로 관계의 문제를 짚어내는 그의 문장은 오랜 시간 사람을 향해 쏟아온 애정과 경청의 결과물이다.

대학 시절 나의 은사이기도 했던 이금희는 누구보다도 절실히 학생들의 이야기에 귀 기울이는 스승이자, 감정과 소통에 대해 열렬히 탐구하는 학자였다. 『공감에 관하여』는 그가 평생에 걸쳐 쌓아온 '경청의 기술'과 '소통의 철학'을 집대성한 보고서이며, 단절된 시대 속에서 서로의 마음을 잇는 징검

다리이다.

  말의 무게가 점점 가벼워지고 쉽게 마음을 닫아버리는 시대에 이금희의 따뜻하지만 정직한 문장은 우리에게 여전히 '소통'이라는 가능성이 살아 있음을 일깨워 준다. 이 책을 읽다 보면, 당신도 어느 순간 이런 말을 되뇌게 될 것이다. "그래, 나도 그런 적이 있었지."

  이 책을 소통의 어려움을 겪어본 적이 있는 모든 사람에게 권하고 싶다.

_박상영(소설가)

여는 글

우리 모두
그런 적 있으니까요

10년 만이었을까요. 후배가 된 제자와 오랜만에 마주 앉았습니다. "선배님, 정말 오랜만이죠?" 말을 꺼내자마자 눈물을 글썽이더니 "제가 왜 이러는지 모르겠어요. 그런데 선배님이랑 얘기하면 어쩐지 이렇게 울 것 같았어요." 하는 겁니다. 한참을 진정하지 못하고 그 고운 얼굴 위로 눈물을 쏟아내던 후배. '이 녀석, 꽤 힘이 들었구나.' 말하지 않아도 알 수가 있었죠. 졸업 전에 취업이 됐고, 남들이 다 부러워하는 직장에서 모두가 알아주는 성과를 내왔지만 힘들었던 게지요.

몇 년 전, 저도 다르지 않았습니다. 방송에 출연하러 오신 대학 시절 교수님을 만나 뵙게 되었습니다. 교수님이 오신다는 걸 우연히 알게 된 제가 반가운 마음에 달려가 녹화가 끝나기를 기다렸지요. 방송국 앞 조그마한 카페로 모시고 갔습니다. 그런데 커피가 나오는 동안 느닷없이 눈물이 났어요.
"교수님, 잘 지내셨어요? 오랜만에 봬서 좋은데요. 흑흑. 왜 눈물이 나는지 모르겠어요. 흑흑."

교수님은 제가 대학 시절 숙대생이라면 반드시 들어야 한다는 교양과목을 맡고 계셨어요. 개강 날부터 수강생들에게 엄격하셨던 분이죠.

"제가 첫 시간에 꼭 하는 얘기입니다. 오늘도 몇 명 눈에 띄네요. 달랑거리는 귀걸이를 하고 온 학생들, 다음 주부터는 귀에 딱 붙는 걸로 바꾸고 오세요. 이 강의실에 100명도 넘는 학생들이 앉아 있는데 모두 요란한 귀걸이를 하고 있으면 번쩍거리고 흔들려서 수업을 제대로 할 수가 없어요."

그런 분을 오랜만에 만났는데, 첫마디를 눈물로 시작하다니.

그때의 기억이 떠올랐습니다. '그래, 나도 그런 적 있었지.' 앞자리에 앉은 후배가 충분히 감정을 추스를 때까지 기다려 줬습니다.

1999년부터 22년 6개월간 겸임교수로 모교 강단에 섰습니다. 그중 초반 몇 년, 코로나 시기 몇 년을 제외하고 15년간 학생들과 일대일로 30분씩 티타임을 했어요. 강의 시작하고 5~6년 흘렀을 때 시작했고, 코로나 때문에 그만두었지요. 초기에 만났던 학생은 어느새 마흔 안팎이 되었을 테고, 코로나 직전에 만났던 이들도 20대 후반이 되었을 겁니다.

'그때의 내 후배들, 제자들에게 티타임 애프터서비스를 해줘야겠구나.' 싶었습니다. 저도 그랬지만, 그 누구도 저에게 사회생활을 어떻게 해야 하는지 말해준 적 없었거든요. 그저 어깨너머로 배우고, 때로 이를 악물고, 더러 울음 참아가면서 겪었고 느꼈으며 안개 속을 헤치듯 더듬더듬 걸어왔지요.

그러니 교수님 앞에서 저도 모르게 눈물이 흘렀던 것이겠죠. 혼자 길을 가다가 넘어지면 툭툭 털고 일어서지만, 저 멀리서 엄마가 "어머나, 우리 아기. 어쩌다 넘어졌어?" 하고 달려오면 어리광 부리며 울었던 것처럼.

강의하러 이런저런 회사에 여러 차례 갔습니다. 대기업이든 중소기업이든 갈 때마다 듣는 얘기가 있습니다. "요즘 2030 세대를 잘 모르겠어요." 인사 업무나 사내 교육을 담당하는 4050 세대 담당자들이 한 사람도 빠지지 않고 하는 말이었어요. 그런 중년을 위해 제 후배들 또래의 젊은 세대와 소통의 다리를 놓아야겠다고 생각했습니다.

저의 후배들은 물론, 주변 도움으로 2030 세대 48명에게 물어봤습니다. 직접 만나기도 했고, 전화를 걸기도 했고, 이메일을 주고받기도 했습니다. 솔직한 이야기를 들려준 그들에게 한 번 더 감사를 전합니다. 그들이 하는 말을 듣고, 그들이 써 보낸 글을 읽다 보니 오래전에 제가 겪은 일이 저절로 떠올랐습니다. '나도 그런 적 있는데.' 하면서 말이죠.

저의 경험과 젊은 세대의 고백이 징검다리가 되어 서로가 서로에게 건너갈 수 있다면 좋겠습니다. 알고 보면 그리 다르지 않더라고요. '그래, 맞아. 나도 그랬지.' 당신도 그렇게 고개를 끄덕이게 될지 모릅니다. 쉽지 않은 세상살이, 오늘도 열심히 살아온 당신에게 드리는 글이고 하는 말입니다.

"오늘도 애 많이 쓰셨습니다."

차례

추천의 글 ·· 005
여는 글 우리 모두 그런 적 있으니까요 ·· 009

1장 _ 그건 그런 뜻이 아니었는데
의도와 다르게 상처만 남는 친밀한 관계 속 소통

엄마는 양자역학 ··· 019
걱정보다는 격려가 힘이 셉니다 ·· 025
집에는 상처가 있다 ··· 032
오래 살다 보면 ·· 038
이런 어른은 피하고 싶습니다 ··· 044
언제 결혼하느냐고요? ··· 049
사과에는 시효가 없다 ·· 055
블랙 아이스 ··· 061
가족, 기적 ·· 066
50대가 진짠데 ··· 072
가족에게 들은 말은 왜 평생 잊히지 않을까 ·· 078
엄마의 마리오네트 ·· 085
한국 돈으로 얼마니? ·· 091

2장 _ 서로의 다름을 인정하자고요
직급도, 세대도 달라 어려운 사회생활 속 소통

회식 메뉴도 취존해 주세요	101
후라이의 꿈	108
자꾸 그만두는 이유	115
미스 리라고요?	122
성희롱 금지	128
커피 탓갈이	135
고통은 나약함의 증거가 아니에요	140
너는 이제 노예다 (부제: 그림자 같은 21개월)	146
둘이라서 불편해요	151
우리 엄마가 아니잖아요	157
아르바이트라서	164
축의금 5천 원	170
강제 커밍아웃	175

3장 _ 나는 왜 내 말에 상처받을까?
공감의 본질이 되는 나와의 소통

혼자인 걸 두려워 마세요	185
내 팀의 팀장	190
자기 연민	196
다락방	202
비교는 이제 그만	208
아! 잘 쉬었다	214
나를 안다는 것	221

무선 이어폰 ··· 227
루틴 ··· 234
무해력 ·· 240
하버드의 연구 결과 ··· 247
책을 좋아하세요? ··· 252

4장 _ 진정한 소통을 하고 싶다면
굳게 닫힌 마음을 열게 하는 대화법

듣고 싶은 말을 그대로 하세요 ··· 263
답이 없어도 들어주세요 ·· 268
최선을 다하고 당당하게 말하기 ··· 274
브레인 포그 ··· 281
문턱 증후군 ··· 289
사랑할 때 하는 말 ·· 295
낀 세대 ··· 300
칼 같은 한마디 ·· 307
자기 자신을 보호하는 법 ··· 314
직장 내 괴롭힘 아닌가요? ··· 320
삶의 격 ··· 328
우리는 사이가 좋아요 ··· 334

닫는 글 '왜 저래?' 말고 '왜 그럴까?'부터 생각해요 ················ 341
이 책에 수록된 글 출처 ·· 344
참고한 자료 ·· 345

1장

그건 그런 뜻이 아니었는데

의도와 다르게 상처만 남는 친밀한 관계 속 소통

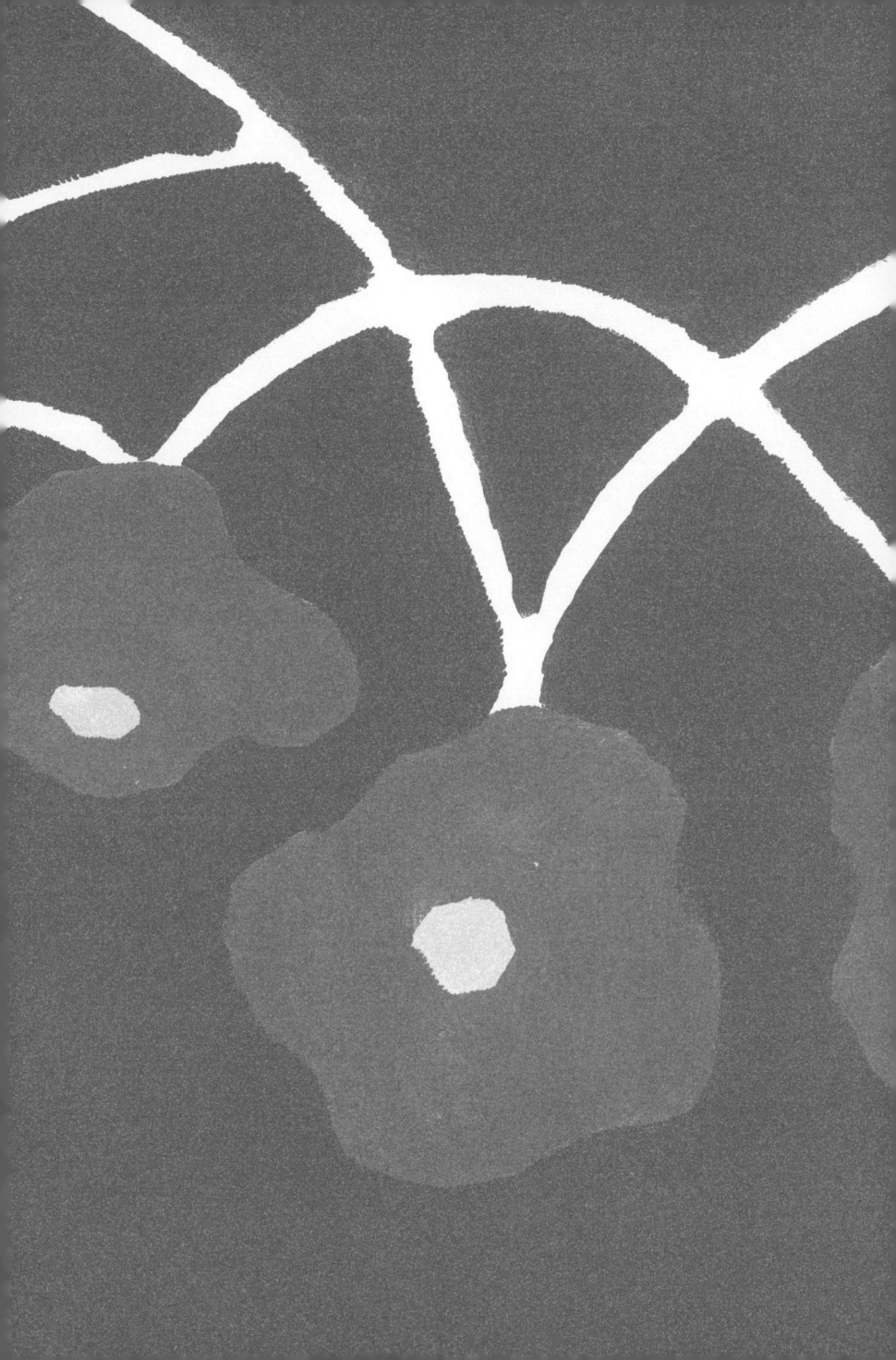

사과에는 시효가 없을지 모릅니다.
엄마도 아이에게,
언니도 동생에게
스스럼없이 해야 하는 게
사과일지 모릅니다.
어른도 사과할 줄 알아야 합니다.
제대로 사과하는 사람이야말로
진짜 어른 아닐까요.

엄마는
양자역학

본가에 자주 가시나요? 갈 땐 어떤 마음으로 가시나요? 집밥, 휴식을 떠올리시지요? 편히 쉬면서 엄마 집밥을 먹고 느긋하게 머물다 돌아오는 걸 꿈꾸실 겁니다. 하지만 같은 날 엄마는 이런 생각을 합니다.

'애가 오면 고장 난 현관 센서 등 한번 봐달라고 해야지.'
"엄마, 관리실에 연락하세요."
"아휴, 그게 미안해서 그렇지. 너무 사소하니까 말씀드리기 죄송해서."

'오랜만에 켰더니 바람이 시원찮은 에어컨도 어떻게 해야 하나 좀 물어봐야지.'

"엄마, 전자 회사 AS는 뒀다가 뭐 하시려고요. 리모컨에 전화번호 붙어 있잖아요."

"전화 걸어 물어보면 미안하지. 그리고 요즘은 사람 목소리도 듣기가 어려워. 전화 걸면 뭐 자꾸 1번을 누르라고 하고, 2번을 누르라고 하고, 통화가 안 돼."

'지난주에 다녀온 시골 친척 결혼식도 얘기해 줘야지.'

"어렸을 때 한 번 보고 안 본 지가 얼마인데, 누구인지 얼굴도 기억 안 난다고요."

"그래도 그 애 엄마가 우리 집에 자주 와서 어린 너도 봐주고 그랬어. 뿌리 없이 자라는 풀이 어디 있니. 사람은 다 뿌리가 있고, 멀다고 해도 친척은 친척이야."

〈나 혼자 산다〉라는 TV 프로그램에서 "와, 우리 엄마는 양자역학이야."라고 말하는 남자 연예인을 봤어요.

아들을 만난 엄마가 갑자기 물어요.

"아들, 너는 이를 가로로 닦아, 세로로 닦아?"

그러더니 느닷없이 타박하죠.

"너 보니까 이상하더라. 이를 가로로 닦더라."

뜬금없는 질문에 의아해하다 아들은 기억해 냅니다.

'얼마 전 이를 닦고 있을 때 어머니가 놀러 오셨는데, 갑자기 그게 생각나셨나 보다.'

그러면서 말합니다.

"엄마가 양자역학같이 갑자기 며칠 전 얘기를 하세요. 곧이어 한 달 전 얘기도 하세요. 시간을 왔다 갔다 하는 느낌이라 저도 헛갈려요. 언제 적 일을 이야기하시는 걸까. 소통은 되는데, 시간이 맞지를 않아요. 현재와 과거, 미래까지 혼동된다니까요."

그 이야기를 들은 선배 연예인도 그럽니다.

"순간, 우리 엄마 보는 줄 알았어.. 갑자기 '넌 애가 왜 그러니?' 하면서 느닷없이 한 달 전에 끝났던 얘기를 하시거든."

자식들이 엄마를 만나면 양자역학을 떠올리는 것이 가족 간 대화의 실체일지도 몰라요. 자식의 꿈과 엄마의 꿍꿍이가 서로 다르니 얼굴을 마주하면 반갑다가도 곧바로 갈등이 시작되는 게 당연하죠. 쉬러 왔는데, 맛있는 밥 먹으러 왔는데, 할 말을 장전해 뒀다가 만나자마자 다다다다 속사포 랩처럼 퍼붓는 엄마에게 어떻게 짜증이 나지 않겠어요. 그럴 때 편안한 표정을 유지한다면 당신은 어지간히 착한 딸이거나 속 깊은 아들일 겁니다. 대부분 언성을 높이고 돌아서자마자 곧바로 후회하니까요. '내가 왜 그랬지? 조금만 참을걸.'

어느 중재 전문가가 쓴 책에서 엄마만 만나면 다투고 온다는 아들딸에게 권하는 방법을 읽었어요. 엄마를 만나러 갈 때는 결심을 하래요. '오늘 엄마와 만나서 함께 있는 다섯 시간 동안 화를 내지 말자, 짜증 내지 말자.'라고 말이지요.
'엄마랑 싸우지 말자.' 이런 다짐은 지키기 어렵다고 합니다. 추상적이기 때문이죠. 하지만 '딱 다섯 시간만 참아보자.' 한다면 그건 지키기가 쉽다고. 구체적이기 때문에요. 그리고 본가에서 나와 집으로 돌아올 때면 스스로 칭찬을 해주랍니다. "미션 완수! 잘했어!" 이런 식으로요. 그러면 다음에도 스스로 부여했던 미션을 수행할 수 있다면서요.
부모의 말에 머리 굵은 자식이 까칠해지는 이유가 있답니다. 사회생활을 시작하면서 성장했기 때문이래요. 가족이 아닌 어른들과 처음으로 긴 시간을 함께 일하며 자연스럽게 비교하게 된다는 거죠. 그러면서 부모의 일상적인 모습, 성격에서 비롯된 말투와 행동거지가 눈에 들어온다는 겁니다. 당연하다고 여기던 것이 불편해지기 시작하고, 불편함이 쌓이며 부모의 말과 행동 하나하나가 거슬린다는 거예요. 사실, 엄마 아빠도 '사람'이잖아요. 사람에게는 당연히 장점과 더불어 단점이 있고, 그런 단점을 의식하는 순간이 온다는 겁니다. 그건 바람직한 성장의 궤적이라고 해요.

정신과 전문의 하지현 박사가 쓴 『어른을 키우는 어른을 위한 심리학』에는 이런 내용이 담겨 있습니다.

> 전에는 아무렇지 않았던 부모의 말과 행동이 불편한 것은 시야가 급격히 확장한 결과물이다. 회사에 들어가기 전에는 어릴 때부터 보고 자란 부모가 어른의 기준이었고, 가족의 기준이 곧 나의 기준이었다. 그런데 회사에 들어가 낯선 어른들과 상호작용을 하는 시간이 생겼고, 청년은 적응하기 위해 상대를 관찰하고 타인의 기준을 이해하고 일부 받아들이면서 자기만의 기준을 만들었다. 이는 성인이 된 기념할 만한 순간이고, 사회적 성숙의 징표로 해석할 일이다. 청년이 갑자기 예민해진 것이 아니라 가족의 울타리 바깥으로 나가 사람들과 관계를 맺으며 성숙한 어른으로 성장하는 과정을 통과하고 있는 것이다.

진정한 어른이 되려면 내 행동의 이유는 물론이고, 엄마 아빠가 하는 말과 행동의 이유까지 생각하고 이해해야 한다는 거죠. 1~2주에 한 번 딱 다섯 시간만 참기, 그건 할 수 있잖아요. 우리가 어렸을 때 엄마는 날마다 유치원에서 있었던 소소한 에피소드를 꾹 참고 들어주었어요. 어쩌다 다섯 시간이 아니라 매일. 그러니 지금은 바통 터치를 해야 할 시간입니다.

정신과 전문의 김혜남 박사도 그렇게 말했죠. "어른이 된다는 건 누군가의 이야기를 끝까지 들어주는 사람이 되는 것이다." 당신은 어른이 되었는지요.

> **❝ 우리 이렇게 생각해 볼까요?**
>
> 엄마 아빠를 '양자역학'이라고 생각하는 건 어쩌면 그만큼 서로 교류가 부족했기 때문인지도 모릅니다. 자주 소통하고 연락하고 정기적으로 방문하면 부모님도 차근차근 시간 순서대로 차분하게 이야기하시겠지요. 그러니 엄마나 아빠를 '양자역학'으로 만드는 건 다름 아닌 나인지도 모릅니다. ❞

격정보다는
격려가 힘이 셉니다

영화 〈리틀 포레스트〉를 좋아하는 이들이 많습니다. 임순례 감독이 2018년에 발표한 작품으로, 150만 명 조금 넘는 관객과 극장에서 만났죠. 상영 당시보다는 이후 OTT를 통해 훨씬 더 많은 사람이 본 것 같아요. 이 작품을 '인생 영화'라고 손꼽는 젊은이도 많더라고요. 영화 〈아가씨〉나 드라마 〈정년이〉의 당찬 모습이 아닌 자연스러운 모습의 배우 김태리를 볼 수 있어서 그녀의 팬들도 좋아하더군요. 줄거리는 대략 이렇습니다.

모두가 꿈꾸는 도시 서울. 수많은 이의 꿈과 욕망과 절망이 뒤엉키는 그곳에는 자리 잡은 이의 여유도 있지만, 내팽개쳐진 이들의 좌절도 숨 쉬고 있습니다. 혜원은 안타깝게도 후자의 경우. 하는 수 없이 잠시 일상을 멈추고 고향으로 돌아옵니다. 오랜만에 친구 재하와 은숙을 만나죠. 고향을 떠나고 싶다는 은숙과 달리 재하는 자신만의 삶을 살기 위해서 고향으로 돌아왔다고 했어요. 두 친구와 더불어 직접 농사를 지어가며 한 끼 한 끼를 만들어 먹는 혜원. 그렇게 고향에서 사계절을 보내며 마음을 치유받는 혜원의 모습이 영화 전반에 펼쳐지고, 그런 장면은 관객의 마음까지 어루만져 줍니다.

배우들의 연기도 좋았지만, 눈이 시원해질 정도의 푸르른 자연이 보는 사람 마음속까지 편안하게 만들었지요. 저절로 힐링되는 느낌이 참 좋았습니다. 일본 만화가 원작이라 일본에서 먼저 영화로 만들어졌는데, 전체 분량 중 아주 큰 비중을 차지하는 요리가 조금 달랐습니다. 우리나라 〈리틀 포레스트〉에는 고기 요리가 전혀 나오지 않는데요. 임순례 감독이 채식주의자라 그렇다고 하네요. 채식만으로 저렇게 많은 요리가 가능한가. 그게 또 왜 저렇게까지 맛있어 보이나, 하는 생각이 들 정도였습니다.

그러나 이런 낭만은 영화에서나 가능합니다. 만약 서른 살

남짓한 지인이 어느 날 갑자기 모든 걸 그만두겠다며 시골로 간다고 말하면 당신은 그때 어떻게 할까요. 무슨 말을 해줄까요.

여기 자신의 경험을 털어놓은 청춘이 있습니다. 몇 년 전이었어요. 서준 씨는 인간관계에 크게 상처받고, 일을 하기도 어렵게 됐죠. 게다가 건강도 안 좋아져서 강원도를 찾았습니다. 펜션에서 청소하고 빨래하고 아침을 차리며 숙소 관리하는 일을 몇 개월 동안 하게 됐죠. 풍경이 아름다운 인기 많은 숙소여서 자연스럽게 지인도 여럿 방문했답니다. 그중에서 어떻게 소식을 들은 엄마 친구분이 근처에 여행 오셨다가 얼굴을 보고 싶다며 서준 씨 있는 곳에 잠시 들르셨대요. 지내는 곳을 둘러보고 무슨 일을 하는지 하나하나 다 물어보신 아주머니는 아주 심각한 표정으로 이렇게 말씀하셨답니다.
"서준아, 근데 젊을 때 이렇게 놀면 나중에 고생해. 나중에 나이 들어서 두 배, 세 배로 돌려받게 되어 있다?"
이후 아주머니는 하루에 일을 몇 시간씩 해야 하며, 무슨 공부를 해야 하며, 아주머니 자식들은 어디 학교를 나와서 지금 어디서 일하며, 연봉은 얼마라는 이야기까지 물어보지도 않은 얘기를 한참 동안 하셨대요. 마지막으로 서준 씨에게 정신 차리라고 하시고는 곧바로 그곳을 떠나셨답니다. 어이가 없었다는 서준 씨, 이렇게 말했습니다.

"그때 저는 그곳에서도 하루하루 정말 최선을 다해 살고 있었고, 지금 되돌아봐도 그곳에서의 경험이 제 삶에 좋은 영향을 주었다고 생각합니다. 이후 기운을 차린 저는 다시 도시로 돌아와서 지금 일하는 곳에서 자리 잡을 수 있었으니까요."

나를 찾고 싶다는 젊은이가 많아요. 솔직히 기성세대들은 좀 생뚱맞다고 느낄 것 같아요. '너를 찾기는 뭘 찾아? 너는 거기 있잖아. 지금까지 잘 살아왔잖아.' 우리의 삶은 대체로 그런 식이었죠. 남들 하는 대로, 남들 사는 대로. 거기서 벗어나거나 달라지거나 그런 건 꿈도 꾸지 못했습니다. 나를 찾지도 못한 채로 평생 꾸역꾸역 살아왔어요. 그래도 되는 줄 알았습니다. 그래야 하는 줄 알았죠. 그러지 않는 방법도 몰랐습니다.

하지만 어느 정도 먹고살 수 있게 되니, 그게 아니라는 걸 느끼게 됐습니다. 바다를 좋아하는 사람이 있고, 산에 가야 편한 사람이 있듯 남들처럼 사는 게 아니라 나답게 사는 것이 제일 중요하고 필요하다는 걸. 이미 젊은 시절을 보낸 후에야 느끼게 되었습니다. 여전히 모른 채 살기도 하겠지만요.

'나는 자연이 좋아, 나는 도시가 좋아. 나는 치열하고 빡빡하게 사는 것이 어울려, 나는 경쟁하지 않고 느긋하게 사람들과 어울리면서 살아가는 것을 추구해.' 이렇게 자신이 원하는 삶이 어떤 것인지를 요즘 젊은이들은 알고 싶은 겁니다. 찾고 싶은 거고요. 대학에 다니다 휴학한 후에 이런저런 아르바이트를 해보기도 하고, 워킹 홀리데이를 신청한 후 해외에 나가서 일하며 살아보기도 하죠. 이런 게 다 나를 찾는 길인 셈입니다.

이런 젊은이들을 우리는 어떻게 대해야 할까요. 서준 씨의 말에 귀 기울여 보죠.
"저희 엄마가 항상 저에게 해주시는 말이 있습니다. '걱정보다는 격려가 힘이 세다.' 저도 누군가 걱정이 될 때는 무조건 격려를 해주려고 노력합니다."
타인의 삶을 고작 한 조각만 보고 지레짐작하며 걱정하지 않았으면 좋겠어요. 상대방의 마음을 위축시키기보다 따뜻한 격려의 말을 해주면 어떨까요. 어떻게 지내는지 궁금해서 온 거라면 상황을 이해하려 노력해 보고 관심사가 뭔지, 들어주고 같이 고민해 줬다면 훨씬 덜 불편했을 것 같지 않나요?
그리 어렵지 않아요. 자, 봉투를 하나 준비해 보세요. 5만 원이든 10만 원이든 그 안에 넣어봅시다. 그리고 따뜻한 밥

한 끼 사주며 젊은이의 이야기를 귀 기울여 들어주고, 계산을 마치고 나오는 길에는 준비한 봉투를 손에 쥐여주죠. 그리고 가볍게 포옹을 해준 후 손을 흔들면서 헤어져요. 그거면 충분하지 않을까요. 충고, 조언, 평가, 판단은 상대가 원할 때만 하자고요.

원치 않는 '충조평판'은 적을 만드는 지름길이라고 하니까요. 봉투가 번거로우면 계좌이체도 있습니다. 요즘 모바일 뱅킹은 상대방 이름과 전화번호만 알아도 돈을 부칠 수 있잖아요. 일일이 계좌번호를 묻지 않아도 돼요. 어른들이 해야 할 일은 그것뿐입니다.

시각장애인인 조승리 작가는 같은 시각장애인 여성 둘과 함께 직접 여행 계획을 짜고, 실행하면서 깨달았다고 합니다. "진정한 여행은 이런 것이라는 생각이 들었다. 남이 한 여행의 기록을 따라가는 게 아니라 나만의 길에서 나만의 추억을 만들어가는 과정. 그것이 여행 아닐까?"

지금 이 순간에도 자신만의 여행을 하고 있는 젊은이들에게 박수를 보냅니다.

> **❝ 우리 이렇게 생각해 볼까요?**
>
> 여행이든 방황이든 또 무엇을 하든 젊은이의 인생은 그의 것! 곁에서 할 수 있는 건 응원밖에 없습니다. 그 젊은이가 살아갈 세상은 당신이 살아온 세상과 다른 것일 테니. 그리고 그의 여행과 방황은 그만의 자산이 되어줄 겁니다. ❞

집에는
상처가 있다

가족과 친하게 잘 지내세요? 평소에 서로를 위해서 시간을 많이 내는 가족이라면 서로 대화하기가 어렵지 않을 거예요. 가족끼리 친한 겁니다. 의외로 가족끼리 친하지 않은 경우, 꽤 많이 있지 않나요. 가족인데 남보다 못한 경우도 생각보다 많아요. 오래전 미국 드라마 〈위기의 주부들〉은 시작하면서 이런 얘기를 해요. "누구나 더러운 빨랫감을 조금씩은 가지고 있다." 일본의 코미디언이자 영화배우, 영화감독이기도 한 기타노 다케시北野武도 이런 말을 한 적이 있어요. "가족이란 아무도 안 볼 때 슬쩍 가져다 버리고 싶은 존재다." 이 말이 심하다고 느끼신다면 가족과 사이가 좋은 겁니다. 부러운 분이지요.

가족은 짐이자 힘입니다. 배를 띄울 때 밑바닥에 싣는 '바닥짐' 같은 존재죠. 바닥짐이 없으면 배는 균형을 잡지 못한답니다. 반면 너무 많으면 정작 실어야 할 다른 짐을 실을 공간이 부족해집니다. 적당히 실어줄 때 배는 균형을 잡으면서 앞으로 나아갈 동력을 얻습니다. 그러니 가족은 바닥짐입니다. 적당히 무거우면서 동시에 힘을 내게 해주니까요. 먹고살자고 하는 '일'을 우리는 혼자서 잘 먹고 잘 살기 위해 하지 않습니다. 대개 우리 식구들 다 같이 잘 먹고 잘 살기 위해 열심히 일하죠. 거봐요. 가족은 짐이자 힘이죠?

그런 가족과 대화를 나누는 게 점점 더 어려워집니다. 예전처럼 가족끼리 같이 사는 경우도 그리 많지 않거든요. 그런 집도 봤습니다. 식구가 넷인데 거주지도 넷이에요. 엄마도 아빠도 직장이 멀어서 따로 사는 데다, 딸은 학교 근처에서 자취하고, 아들은 해외에 유학하러 갔다나요. 식구가 넷에 집도 넷인 건 예전에는 상상도 못 하던 생활방식, 주거 형태였는데 말이죠. 가족이 함께 산다고 해도 아침 출근, 저녁 출근으로 나뉘다 보면 얼굴 보고 마주 앉아 밥 한 끼 먹기도 쉽지 않습니다. 가족끼리 단체 대화방을 만드는 게 필수가 됐죠. 아침이면 아빠가 부지런히 좋은 글귀를 올리고, 점심 무렵 엄마가 꽃 사진을 올려도 사느라 바쁜 딸과 아들은 겨우 확인만 하고 맙니다. 엄지 척이나 하트라도 보태준다면 그나마 고마운 거죠. 가족 단체 방인데, 동창 단체 방만도 못하게 됩니다.

떨어져 살면 어쩌다 만난 명절에도 밥 한 끼 먹으면 서둘러 갈 길을 가야 하고, 같이 살아도 주말에 가족 외식이라도 하고 나면 집으로 돌아와 각자 방에 들어가기 바쁩니다. 언제 대화를 해요. 무슨 얘기를 하겠어요. 그러니 가족과 대화를 나누고 싶다면 이렇게 해보세요.

집에서는 가족과 대화를 못 한대요. 집에는 상처가 있어서 그렇다고 해요. 집에서 우리는 다퉜고, 집에서 우리는 울었고, 집에서 우리는 갈등했으며, 집에서 우리는 상처받았죠. 그건 아이든 어른이든 마찬가집니다. 그러다 보니 집에는 누구나 상처가 있어서 속마음 꺼내기가 어렵다는 겁니다. 그러면 어떻게 하는 게 좋을까요.

집에서 나오세요. 편한 옷 입고 운동화 신고 산책을 같이 해보세요. 산책이 좋은 건 부담이 없어서죠. 같은 방향을 향해 나아가지만, 걷고 있기에 굳이 진지한 얘기를 나누지 않아도 됩니다. "날씨가 많이 풀렸네, 어느새 꽃이 피었다!" 날씨 얘기나 풍경 얘기 정도면 충분합니다. 한 시간쯤 걸으면 슬슬 목도 마르고, 다리도 뻐근해요. 그럴 때 새로 생긴 카페에 들어가세요. "우리 동네에 이런 카페가 언제 생겼나." 얘기도 나누면서. 카페에 들어가서는 마셔본 적 없는 음료를 주문해 보세요. "TV에서 연예인이 마시는 거 보고 이거 마셔보고 싶었는데, 마침 여기 있네." 그러면서요.

이쯤 되면 짐작하셨을 겁니다. '아니, 가족끼리 아이스 브레이킹을 하라고?' 네, 맞습니다. 그러시라는 겁니다. 깊은 대화를 나누기 위해서 슬슬 마음에 시동을 거세요. 대화하기 위해서는 서로 마음의 준비를 하는 게 필요합니다. 가족인데 굳이 그렇게까지 해야 하냐고요? 그렇습니다. 이사 날짜 이야기, 아이 학교 성적 이야기 같은 생활에 필요한 주제 말고요. 적금 만기 이야기, 오른 물가 이야기 같은 생존에 필수인 소재 말고요. '속엣말'을 나누고 싶다면 가족 간에도 그런 과정이 필요하다는 겁니다.

첫 번째 시도에서 잘 안되더라도 포기하지 말고, 두 번째와 세 번째 시도를 해보세요. 그러다 보면 엄마, 아빠의 옛날 연애 이야기, 딸과 아들의 요즘 마음속 고민을 들을 수 있게 될 겁니다. 성공학을 연구하는 짐 론 Jim Rohn이 이런 말을 했더라고요. "가족과 사랑은 정원처럼 가꿔야 한다. 어떤 관계든 피어나고 자라기 위해서는 시간, 노력, 상상력이 끊임없이 필요하다." 시간을 들이고 노력을 기울여 시도를 해보는 겁니다.

이 방법은 라디오 청취자가 보내준 사연에서 힌트를 얻었어요. 30대 초반의 남성 청취자였는데요. 아빠를 모시고 오랜만에 둘이 동네 산책을 하다가 처음 들어가 본 카페에 앉아서 아빠의 청춘 이야기를 들었다고 했습니다. 자식이라고는 나 하나뿐인데, 이 나이 먹을 때까지 아빠의 젊은 시절을 전혀 모르고 살았다고 후회하며 다짐했다고요. 주말이면 아빠는 물론, 엄마와도 산책 후에 카페 데이트를 하겠다고 말이지요.

언젠가 이런 말을 들은 적이 있어요. "가장 따뜻한 대화는 집 앞 골목을 함께 걸으며 나누는 이야기 속에 숨어 있다." 『갈매기의 꿈』의 저자인 미국 소설가 리처드 바크^{Richard Bach}의 말도 생각해 볼 만합니다. "가족이란 피로 맺어지지 않는다. 서로의 삶에 참여하고, 기쁨과 슬픔을 나눌 때 비로소 가족이 된다."

어머니 모시고 산책은 종종 하느냐고, 제게 묻고 싶으시죠? 할 수만 있다면야 어머니를 업고서라도 산책하러 가고 싶지요. 어느 날 기어이 옵니다. 연로하신 어머니가 허리와 다리가 아프고 약해져 바로 집 앞에 나가는 것조차 두려워하시는 그 날이요.

> **❝ 우리 이렇게 생각해 볼까요?**
>
> '집에는 상처가 있다'라는 제목의 동영상을 봤습니다. 유명 건축가의 말이었죠. 가장 사랑하는 사이인데, 가족끼리는 왜 상처를 주고받을까요? 가깝기 때문일 겁니다. 너는 너, 나는 나라는 경계가 없기 때문일 거예요. 그런데 가족이 준 상처는 깊은 데다 오래가기도 합니다. 그래서 가족과 사이가 멀어진 분들은 자책하기도 합니다. 내가 잘못했다는 죄책감도 느끼지요. 그러지 마시라고 말씀드리고 싶습니다. 가족끼리 친하면 좋지만, 그렇지 않다고 해도 일방적으로 그렇게 되진 않았을 테니까요. 가족으로서 도리를 다하는 정도도 나쁘지 않아요. 그런 사람들도 의외로 많지요. **❞**

오래
살다 보면

　벌써 오래전 이야기입니다. 1년 가까이 암으로 투병하던 큰언니가 세상을 떠났습니다. 동생들은 물론 어머니의 슬픔과 고통은 이루 말로 다 할 수 없었습니다. 자식이 부모보다 먼저 저세상으로 가는 일은 인생 최대의 참혹한 비극이라 하지요. "아내 잃은 남편은 홀아비, 남편 잃은 아내는 과부, 부모 잃은 자식은 고아라고 하지만, 자식 잃은 부모를 일컫는 단어는 없다."라고 말할 만큼 말입니다. 참혹할 참慘에 슬플 척慽을 써서 '참척'. 너무나도 참혹하고 슬픈 감정이라는 말로 돌려서 말하기도 하고요. '단장斷腸', 글자 그대로 창자가 끊어지는 고통이라고도 합니다. 더군다나 저희 어머니에게 큰언니는 스무 살에 결혼해서 스물한 살에 얻은 첫딸이라 거의 친구처럼 느껴졌을 테니까요.

그로부터 1년 후, 큰언니의 1주기가 다가왔습니다. 저희는 모여서 의논했죠. 지난 1년간 힘들어하셨던 엄마가 쓰러지시기라도 하면 어쩌나 싶어 차라리 서울 근교로 여행을 가는 건 어떨까 하고요. 그러면 조금이라도 기분 전환이 될 터이니 1주기를 맞이하기가 더 낫지 않을까. 그래서 주말을 이용해 1박 2일로 여행을 떠났습니다. 가족이 두 대의 차에 나눠 타고 서해대교 위를 달리는데, 제 차 뒷좌석에 앉았던 어머니가 이러시는 겁니다. "아, 참 좋다." 저는 귀를 의심했습니다. "여행을 가도 슬픈 건 그대로네." 하실 줄 알았는데 좋다고 하시다니. 뒤이어 어머니는 이렇게 말씀하셨습니다. "이 정도면 인생 행복하게 잘 산 것 같다."

제일 사랑하던 자식을 잃은 지 1년, 아주 오래전엔 유일한 아들을 유아기에 떠나보낸 엄마 입에서 나온 한마디. 여느 때 같았으면 "엄마, 뭐가 그렇게 행복한데?" 여쭤봤겠지만, 그날은 그만 목이 메어 더 여쭤보지도 못했습니다. 다른 식구들 역시 마찬가지였고요. 훗날 다음과 같은 내용의 글을 읽으며 그때 엄마의 마음을 조금 짐작할 수 있었습니다.

인간에게는 생존본능에 가까운 능력이 있는데, 그게 바로 '회상 조작retrospective falsification'이랍니다. 누구나 살다 보면 좋은 일과 나쁜 일, 다 경험하잖아요. 그런데 나쁜 일이나 불쾌한 기억, 부정적인 경험을 계속 남겨둔다면 과거가 현재로 이어지는 셈이니 과거는 물론 현재도 괴로울 것 아니겠습니까. 그래서 본능적으로 긍정적인 경험을 먼저 저장한다는 겁니다. 좋은 일, 행복한 추억, 유쾌한 기억을 우선 남겨두죠. 그러다 보면 부정적인 기억은 서서히 지워지고 나중엔 희미해진대요. 추억은 종종 미화되거나 왜곡되기도 하는데요. 과거를 긍정적으로 재구성해서 현재의 고통을 완화하려는 무의식적 노력인 '회상 조작' 덕분에 우리는 과거가 아름답다고 기억한다고 해요.

미국의 연구 결과를 보면 행복한 결혼 생활을 하는 부부와 불행한 결혼 생활을 하는 부부의 결정적인 차이가 있다고 합니다. 행복한 부부는 둘만의 과거나 추억을 즐거운 쪽으로 남겨두었지만, 불행한 부부는 반대랍니다. 과거의 즐거웠던 일마저 불쾌하고 괴로운 쪽으로 바꿔버린대요. "행복한 부부는 좋은 기억을 확대하고, 불행한 부부는 나쁜 기억을 확대한다." 미국 부부 연구의 권위자인 심리학자 존 가트맨John Gottman의 말입니다. 금실 좋은 부부는 사랑의 기술도 좋지만,

기억의 거름망 역시 튼튼하고 성능이 좋은지 모릅니다. 괴로운 건 걸러내고 즐거움만 남겨두는.

개인만이 아니라 집단 역시 그렇습니다. 어른들이 흥이 오를 때 흔히 하시는 '얼씨구절씨구 지화자 좋다.' 아시죠? 이 말 역시 역사적으로 기억의 거름망을 거친 것이라네요.

'얼씨구孼氏求'에는 우리의 슬프고도 고통스러운 역사가 남아 있대요. 얼씨구의 한자어를 풀어보면, '서자 얼孼', '성 씨氏', '구할 구求'. 서얼의 천대받는 씨라도 구한다는 의미입니다. 역사상 수천 번의 전쟁을 치러야만 했던 우리 민족. 전쟁이 일어나면 그때마다 번번이 젊은 남자들이 죄다 전쟁터로 끌려가 목숨을 잃었겠죠. 그래서 씨가 말랐으니, '얼씨구, 서얼의 씨라도 구한다.' 원래 이런 말이었는데 세월이 흐르면서 부정적인 의미는 사라지고, '서얼의 씨라도 구할 수 있어서 다행이다.'라는 긍정적인 의미만 남아 감탄사가 됐다죠. '지하자졸씨구至下子卒氏求'는 '몸이 성치 못한 졸병의 씨라도 구한다.'라는 의미라네요. 그러다가 얼씨구와 함께 흥을 나타내는 감탄사가 됐고요.

이처럼 우리에겐 개인이건 집단이건 아픔과 고통 대신 즐거움과 행복한 기억을 남기려는 본능이 있다는 겁니다. 저는 비로소 엄마를 깊이 이해할 수 있게 됐습니다. 저희 어머니가 70대 초반이었을 때 이야기입니다. 그러니 여러분, 30년이나 40년 조금 넘게 살고는 '사는 게 너무 힘들어.' 이렇게만 생각하지는 말자고요. '관 뚜껑 닫을 때까지 모르는 게 인생'이라고 옛날 선조들이 괜히 그러셨을 리가 있겠어요.

"우리는 기억을 선택할 수 없다. 그러나 어떤 기억을 간직할지는 선택할 수 있다." 제2차 세계대전 때 나치 강제 수용소의 경험을 바탕으로 삶의 의미를 탐구한 것으로 유명한 오스트리아 출신 정신과 의사이자 심리학자인 빅터 프랭클Viktor Frankl이 말했습니다. 죽음의 공포를 넘나드는 경험 속에 터득한 진리일 터이니 믿어보시지요.

우리도 오래 살다 보면 저희 어머니가 했던 그 말을 할 수도 있겠죠. "아, 참 좋다. 이 정도면 인생 행복하게 잘 산 것 같아." 저절로 그 말을 할 때까지, 열심히 살아볼까요?

> **❝ 우리 이렇게 생각해 볼까요?**
>
> 어느 건축가가 건축을 할 때 가장 중요한 재료는 '시간'이라고 말했습니다. 새로 건물을 세우는 것도 좋지만, 이미 잘 지은 건물은 오래되었다고 부술 필요가 없다고요. 지붕이든 대문이든 서까래든 살릴 수 있는 건 살리면서 보완하고 덧대고 색칠해 주면 정말 좋은 건물이 된다고 말입니다. 처음 온 사람들도 고향 집에 온 것 같다며

오래 머물고 싶어지는 집. 역사가 있고 이야기가 흐르는 공간. 한 자리에서 오래 쌓아온 시간은 그렇게 가치를 더하고 사람을 편하게 한다고 말이죠.

"

이런 어른은
피하고 싶습니다

"당신도 한때는 초보였다" 누군가의 차에 붙은 글귀는 보는 순간 웃음 짓게 만듭니다. 운전대를 잡는 분이라면 누구든지 올챙이였던 적이 있었잖아요. 능숙하게 드라이브를 즐기는 개구리 여러분, 올챙이의 이야기를 들어보시겠어요?

스물여덟, 정원 씨는 사회생활 1년 만에 부모님 도움으로 생애 첫 차를 장만했답니다. 집과 회사는 거리가 멀고, 새벽에 출근하고 밤늦게 퇴근하니 꼭 필요했다고요. 처음 도로에 나섰을 때의 떨림과 벅참을 이야기하던 정원 씨. 드디어 어른이 되었다는 자부심을 느끼자마자 어른에 대한 기대감이 산산조각 났답니다. 3번의 접촉 사고 때문에. 하필이면 상대방이 4050 어른이었고, 정원 씨를 윽박지르고 소리를 쳤다고요.

첫 번째 사고는 목적지 근처 교차로에서 일어났답니다. 직진 신호에 천천히 교차로를 통과하던 중 맞은편에서 갑자기 영어유치원 셔틀버스가 불법 유턴을 시도했고, 속수무책 부딪혔답니다. 사고 직후, 차량에서 내린 50대 후반 여성은 유치원 원장 같았는데, 다짜고짜 이렇게 말했습니다. "거기서 갑자기 튀어나오면 어떡해?" 경찰이 도착해 블랙박스를 확인하고 "이건 100퍼센트 유치원 셔틀버스 과실입니다." 명확히 정리해 줬는데 사과는커녕 인정조차 하지 않았답니다. 그 후 반년 가까이 피해자 코스프레로 끝까지 억지를 부렸고, 정원 씨는 전화벨 소리에 심장이 뛰었다죠. 그 사건 이후 '어른'이 달리 보이기 시작했다고요.

두 번째 사고는 쌍방과실이었습니다. 2차로를 향해 각기 다른 차선에서 진입하다가 접촉, 누가 봐도 5:5가 될 상황이었답니다. 그런데 사고가 나자마자 40대 후반 여성이 소리 지르며 다가오더니 차에 아이들이 타고 있다며 겁을 줬다죠. '상황을 부풀리고 감정적으로 몰아세워 죄책감을 유도하나?' 생각이 들 정도로요. 다행히 보험사 출동 후 쌍방과실을 받아들였는지 이후 보험사 통해 그냥 정리하자고 해왔답니다. 그게 고맙다고 느껴졌대요. 당연한 건데.

상식적인 행동이 고맙게 느껴졌던 이유는 세 번째 접촉 사고 이야기를 들으면 아시게 될 겁니다. 세 번째는 그야말로 악몽이었습니다. 퇴근 후 막 도로에 들어왔는데, 차로로 급하게 끼어든 50대 아저씨의 차량과 접촉사고가 났답니다. 창문을 내리자마자 "내리라고! 운전 똑바로 안 해?"라며 고함을 쳤다는 아저씨. 차에서 내려 훈계를 듣는 순간, 정원 씨는 학생주임 선생님 앞 불량 학생이 된 기분이었다죠. 그러더니 갑자기 허겁지겁 정원 씨의 번호만 받고 자리를 떴다고 했어요. 보험사에 연락도 안 하고, 경찰 신고도 하지 않고. 혹시 싶어 보험사에 연락하고 경찰에 사고 접수도 했던 정원 씨에게 그날 저녁 전화를 걸어와 '협박'했답니다. "내가 이 근처 건설회사 사장인데, 신고를 취소하지 않으면 소송 걸겠어. 너 같은 애, 사회생활 못 하게 하는 건 쉬워. 끝까지 괴롭힐 거야." 혼자서 감당하기엔 너무 큰 스트레스였다죠. 밤마다 전화를 걸어 두려움에 잠도 못 자고, 며칠 후 지쳐서 보험도, 신고도 취소해 버렸다는 정원 씨. 사건이 종결될 때쯤에야 사고 당일 희미하게 풍겼던 '개저씨'의 술 냄새가 떠올랐지만 다시 신고하기엔 이미 너무 늦었다고요.

세 번의 사고에서 공통으로 마주한 건 사고 그 자체보다, 4050 세대의 권위와 폭력. 소리부터 지르고, 과실을 인정하지 않은 채 야단치며 책임을 회피하기 위해 나이 어린 운전자를 압박하는 모습을 보며, 정원 씨는 질려버렸답니다. 나이를 빌미 삼아 젊은 사람을 휘둘러 댔던 그 사람들은 어른이 아니라는 걸 알게 됐다고요.

"사람은 나이를 먹는다고 자동으로 어른이 되는 것이 아니다. 책임을 질 줄 알아야 비로소 어른이다." 독일 신학자인 디트리히 본회퍼Dietrich Bonhoeffer의 말입니다. 아일랜드 출신 극작가 조지 버나드 쇼George Bernard Shaw도 말했습니다. "어른이 된다는 것은 단순히 나이가 드는 것이 아니라, 다른 사람을 존중할 줄 아는 것이다."

소소한 접촉사고는 언제든 일어날 수 있습니다. 접촉사고가 나면 무조건 목뒤부터 잡으라는 케케묵은 옛말을 실천하시는지요. 그렇다면 당신은 올챙이 적을 생각 못 하는 개구리이며, 초보였던 적 없는 것처럼 구는 못난 운전자입니다. 도로 위에는 서열이 없습니다. 동등한 운전자만 있을 뿐이죠. 접촉사고가 나면 상대방 운전자가 어디 다친 데 없는지부터 확인해 봐야 하는 것 아닐까요. 서로가 소중한 생명이니까요.

아, 다행히 정원 씨는 얼마 전 좋은 어른을 만났다고 했어요. 주차하다가 옆 차에 살짝 자국을 남기게 되어 전화를 걸었더니 내려온 차량 운전자. 꽤 비싼 차를 이리저리 살펴보고는 괜찮다고 했대요. 외려 놀랐겠다며 얼른 집에 가라고 위로하기까지. '나도 저런 어른이 되어야겠다.' 모처럼 '진짜 어른'을 만난 정원 씨의 다짐이었답니다.

> **❝ 우리 이렇게 생각해 볼까요?**
>
> 초보 운전 때 만났던 좋은 '어른' 운전자. 롤 모델로 한 분씩 기억해 둘까 봐요. ❞

언제
결혼하느냐고요?

　제 나이가 좋은 건 누구도 제게 결혼을 채근하지 않기 때문이랍니다. 제 나이에도 아직 결혼 타령을 늘어놓는 사람을 만날 때가 있는데, 고맙기도 하다니까요. (어머, 제 나이가 몇인데 저도 포기한 제 결혼을 아직도 포기 안 하신 거예요?) 그래서 라디오를 진행하다 이런 사연을 접할 때면 안타깝습니다.

　요즘 제 머릿속을 어지럽히는 작은 고민이 하나 있어요. 만날 때마다 "넌 언제 연애할 거니?", "아직도 만나는 사람 없어?", "좋은 소식은 없고?"라고 물어보는 친척들, 지인들, 심지어 동네 떡집 사장님 때문입니다. 그러면 저는 "아직 생각이 없어요."라고 대충 얼버무리죠. 돌아오는 대답은 이렇습니다. "나이가 몇인데 그런 소리를 해?" 아니, 연애에 나이가 무슨 상관인가요. 마치 마감 기한이라도 있는 것처럼 그러시는데, 다음에도 또 이런 질문을 들으면 어떻게 재치 있게 받아쳐야 할까요? 저는 30대 여성입니다. 저를 대신해서 좋은 대답 하나 추천해 주세요.

이 청취자의 사연이 남 일 같지 않다고 여긴 청취자들이 꽤 많았습니다. 여느 때보다 많은 댓글이 달렸거든요. 몇 개만 소개해 보겠습니다. "연세 많으신 그분들에게 웃으며 그러세요. 아니, 나이가 몇인데 아직 건물도 하나도 없으세요?" (부드럽게 웃으며 어퍼컷을 날리는 전략), "남자가 없어도 제 삶이 좋기만 한데, 굳이 남자를 왜 만나요? 하고 말씀하세요." (솔직하게 마음을 드러내라는 말씀), "'데이트하라고 돈이라도 몇 푼 주신 후에 그런 말씀을 하세요.'라고 해보세요." (친구 모임에서 손주 얘기하실 때도 1만 원씩 내고 하시잖아요!), "저, 사실 얼마 전에 헤어졌어요. 그래서 당분간은 연애 쉬고 싶어요, 라고 하면 어떨지." (마음의 상처를 건드리지 말라, 완곡하지만 입 꾹 닫기 전략), "관심은 감사한데, 그냥 내버려 두세요. 관심은 뚝! 제 인생이니 제가 알아서 합니다. 이렇게 말씀하세요."(사실 정답이 긴 한데, 대한민국에선 좀 싹수가 없어 보일 수 있는 전략).

이 정도로 끝난 게 아니었습니다. 그 여성의 사연에 청취자들은 릴레이로 댓글을 달아주었습니다. "'저는 아직 저를 너무나 사랑해서요.'라고 얘기하면 안 될까요?"(이런 마음을 이해할 어른이라면 질문 자체를 안 하시겠죠), "'축의금이나 두둑하게 준비해 두세요. 좋은 사람이 생기면 제가 말씀드릴게요.'라고 해보세요."(저라면 이렇게 얘기는 못 할 것 같아요. 명절 같은 단기전이라면 어찌어찌 넘기지만, 장기적으로 계속 만날 수밖에 없는 어른에게는 효과적이지 않은 방법이라서), "'아직 이 사람이다, 하는 사람을 못 만났어요, 저 같으면 그렇게 얘기할 것 같아요."(이거예요. 이거거든요. 이거랍니다. 사람 만나고 사귀고 결혼까지 하는 거, 기적이라니까요!), "'저는 자만추예요. 자연스러운 만남 추구요.'라고 하시는 건요?"(섣불리 이렇게 대답하면 1절만 듣고 말 것을 2절에 3절까지 이어질 수 있어요. 아이고, 아직 급하지 않은가 보네, 어쩌고저쩌고…).

놀라운 건 40~50대가 압도적으로 많은 우리 청취자 가운데 누구 하나 그런 인사를 건네는 어른 편에 서지 않았다는 겁니다. 결혼했거나 안 했거나, 아이를 낳아 키우거나 그렇지 않거나 단 한 사람 예외 없이 청취자 편에 서줬습니다. 30대라면 아직도 한참을 더 저런 질문에 시달려야 합니다. 적어도 대한민국에서는요.

  미혼일 땐 언제 사람을 사귀냐 그러고, 결혼하면 언제 아이는 낳느냐 그러고, 아이를 낳으면 집은 언제 살 거냐 하는 어른들. 왜 그러는 걸까요? 당신들은 그렇게도 좋았나요? 연애도(연애는 좋지), 결혼도(결혼은 글쎄), 아이를 낳아 키우는 것도(행복한 만큼 괴롭고, 웃는 날보다 힘겨운 날이 훨씬 더 많을 텐데, 우리 엄마를 보니까) 다들 말도 못 하게 행복하셨던 건가요.

  남의 일에 참견하는 사람은 자기 인생이 재미없어서 그러는 겁니다. 자기 삶이 흥미진진하고 어디로 갈지 몰라 관심 집중하고 있어야 한다면 그러지 않을 거예요. 드라마가 눈에 들어올 때는 내 삶이 평탄할 때죠. 집안에 무슨 일이라도 생기고 누가 아프기라도 하면 드라마고 뭐고 볼 여력이 없고 엄두가 안 나요. 어린아이들이 툭하면 "심심해, 심심해." 노래 부르는 것처럼 그러시는 어른들은 심심하기 때문 아닐까요. 그러니 이렇게 되받아치는 게 정답이긴 해요. "인생 재미있게 좀 사세요." 그러나 이런 말은 마음속 말풍선에다가 떠워두기만 해야지 입 밖에 꺼내면 안 되죠. 그러면 어른들이 요즘 말로 '긁히'니까요. 실제로 재미없는 인생을 사시는 중일 테니까 말이죠.

그러니 인생 재미있게 살아요. 은퇴 후 대한민국 100대 명산 등반을 목표로 삼아 체력을 기르는 분도 있더라고요. 대한민국 100개 섬을 찾아가는 여행을 버킷 리스트에 담은 분도 있고요. 그렇게까지 움직이는 게 자신 없다면 평생 읽고 싶었던 톨스토이의 『전쟁과 평화』를 펼쳐 들거나 조정래 선생의 『태백산맥』에 도전해 보세요. 국립극장에서 한 달에 한 번씩 하는 국립국악관현악단의 '정오의 음악회'에 친구랑 같이 가는 건 어때요. R석 3만 원, S석 2만 원. 공연 후에는 간식도 준답니다.

"인생을 낭비하는 가장 확실한 방법은 다른 사람의 삶을 사는 것이다." 천재 물리학자 아인슈타인의 말입니다. 미국의 사상가이자 시인 에머슨도 그랬죠. "다른 사람이 무엇을 하든 신경 쓰지 마라. 당신이 할 일은 당신의 삶을 사는 것이다."

남의 인생에 관심 두지 맙시다. 내 인생을 챙기기도 바쁜 삶인데요. 정말 죄송하지만, 가족도 실은 남입니다.

> **❝ 우리 이렇게 생각해 볼까요?**
>
> 나에게 집중하면 남을 볼 짬도 안 나죠. 제가 좋아하는 선배의 일상을 소개해 볼까요. 여행 모임을 만들어서 1년에 한 번은 꼭 해외로 나가요. 정년퇴직 후 연금으로 생활하지만, 목돈을 만들기 위해서 한국에 있을 땐 아르바이트를 합니다. 몇 년 전 아들과 결혼한 며느리에게는 전화번호도 물어보지 않았다고 해요. 따로 연락할 일이 없으니까요. 서로 만나는 건 명절이나 생일, 어버이날뿐. 너무나 바빠서 약속을 정하지 않으면 엄마를 보기도 힘든 아들이 가끔 투덜거린대요. "어떻게 60대인 엄마가 30대인 우리보다 더 바빠요?" 그러면서도 체력을 기르기 위해 열심히 운동하고, 손 한 번 벌린 적 없는 엄마에게 슬며시 웃더라고 하더군요. 우리, 각자 알아서 잘 삽시다. **❞**

사과에는
시효가 없다

경선 씨는 어려서부터 몸이 약했습니다. 여동생은 튼튼한 편이었고요. 경선 씨는 골골거리다 병원 신세를 지는 일이 잦았습니다. "갓난아기였을 때 열이 펄펄 끓는 너를 황급히 업고서 길 건너 소아과병원에 달려갔는데, 가고 보니 맨발이었더라. 그런 일이 한두 번이 아니었어." 엄마가 입버릇처럼 말씀하셨지요.

조금 더 자랐을 땐 한숨 쉬던 엄마가 혼잣말하시는 걸 들은 적이 있대요.

"네 아빠가 그때 한눈만 팔지 않았어도…."

알고 보니 경선 씨가 엄마 뱃속에 있었을 때, 아빠가 엄마를 두고 잠시 바람을 피웠나 봐요. 그래서 엄마가 가슴앓이하느라고 태교를 제대로 못 하고, 음식도 잘 드시지 못했다고요. 지금은 세상 다정한 남편인데 말입니다. (아빠, 그때 왜 그러셨어요? 어이구~)

첫째인 경선 씨가 자주 아파서 그랬는지 아빠는 이후 정신을 차렸고, 평생 가정적인 남편으로 사셨다고 해요. 경선 씨와 세 살 터울인 여동생을 가졌을 때는 입덧하는 엄마를 위해 살림을 도맡아 하셨대요. 정말 그래서 태교에 성공했던 것인지 여동생은 태어날 때부터 장군감이라는 소리를 들을 정도로 건강했습니다. 그러다 보니 경선 씨가 엄마를 독차지해 동생은 모유조차 먹지 못했다고 합니다. 기억도 못 하면서 동생은 아이 엄마가 된 지금까지도 투덜거린답니다.

우리 큰딸은 몸이 약하니 챙겨줘야 한다며 엄마는 반찬도 자주 만들어주십니다. 동생이 입을 댓 발 내밀면 "언니는 맞벌이잖아. 너는 전업주부니까 언제든 네가 해 먹으면 되잖아." 타이르곤 했어요.

제주도로 가족 여행을 갔을 때, 엄마 아빠는 일찍 주무시고, 아이들도 모두 재워놓고, 경선 씨 부부와 여동생 부부만 펜션 마당에서 맥주를 마셨습니다. 동생이 안 하던 술주정을 했습니다. "언니, 언니는 모르지? 내가 어려서부터 지금까지 얼마나 엄마 사랑이 고팠는지 말이야." 경선 씨는 눈이 동그래졌어요. "언니는 몸이 약하다고, 태교를 못 해줬다고, 공부를 잘한다고, 대학을 잘 갔다고, 직업을 가졌다고, 엄마는 평생 언니만 사랑했어." 그러더니 엉엉 아이처럼 울었습니다. 당황한 경선 씨에게 제부가 말했어요. "처형, 이 사람 술에 취하기만 하면 이럽니다. 언니가 엄마 사랑을 독차지하는 바람에 자기는 평생 외로웠다고. 제가 그래서 더 잘해준다고 늘 얘기해도 이러네요."

본의 아니게 미안해진 경선 씨는 여행 내내 동생에게 더 잘해주고 싶었답니다. 제주에서 돌아온 후 혼자 궁리한 끝에 심리 상담을 공부하는 후배를 찾아 조심스레 물어봤대요. 후배는 동생의 마음을 이해한다고 말하면서, 두 가지 제안을 했답니다. "동생이 어린 시절 상대적으로 부족하게 느꼈던 어머니의 사랑을 지금이라도 받을 수 있으면 좋을 것 같고, 어머니가 사과해 주시면 더욱 좋겠어. 그리고 사랑을 더 많이 받으며 자란 언니가 더 넓은 마음으로 동생을 품어주면 어떨까?" 라고요.

그러고는 자신이 상담했던 청소년의 사례를 들려줬습니다. 장애가 있는 동생이 태어나면서 맏이인 그 아이는 뒷전이 될 수밖에 없었답니다. 그게 당연하다고 여겼고요. 하지만 아무리 이해해도 서운함은 조금씩 쌓였고, 동생과 두 살 터울밖에 나지 않는 자신도 어린 시절 부모의 사랑과 관심, 격려와 손길이 필요했다는 걸 뒤늦게 깨달았습니다. 통합교육을 받는 동생도 학교생활에 익숙해진 어느 날, 용기를 내서 엄마에게 데이트를 신청했답니다. 동네 치킨집에 들어가 엄마는 맥주 한잔, 자신은 콜라 한잔 하면서 얘기했대요.

"엄마, 엄마는 내가 혼자서 뭐든 잘한다고 했잖아. 근데 사실 나도 엄마가 늘 필요했어. 엄마는 항상 동생에게만 신경 쓸 수밖에 없었고. 이해는 하지만, 나도 어렸잖아."

"어머나, 그랬구나. 우리 딸, 이리 와봐. 엄마가 한번 우리 딸 안아보자."

맥주 한 잔을 드신 어머니는 딸을 꼭 안아주면서 말씀하셨대요.

"엄마가 미안해. 우리 큰딸한테 정말 미안했어. 그리고 항상 고마워. 엄마 손길 부족했던 거 이제라도 채울게. 근데 엄마도 엄마가 처음이라 잘 몰랐었어."

"엄마, 그렇게 말해줘서 고마워."

엄마가 해준 사과의 말을 듣는 순간, 아이는 마음속에 맺혔던 게 스스로 녹아내리더랍니다. '봄눈 녹듯'이라는 표현이 이런 건가 싶었답니다. 그 후 한결 밝아진 모습으로 후배를 찾아왔다는 그 청소년의 이야기를 듣고 경선 씨는 생각했답니다. '어린 시절 나 때문에 부족했던 엄마 사랑, 이제 언니인 나라도 넘치도록 줘야지. 그리고 엄마에게 얘기해 봐야겠다. "우리 막내, 엄마가 사랑을 더 듬뿍 주지 못해서 미안했어. 앞으론 듬뿍 줄게." 하고 말씀하시라고.'

사과에는 시효가 없을지 모릅니다. 가족 간엔 더더욱 말이죠. 엄마도 아이에게, 언니도 동생에게 스스럼없이 해야 하는 게 사과일지도 모릅니다. 어른도 사과할 줄 알아야 합니다. 제대로 사과하는 사람이야말로 진짜 어른 아닐까요.

미국 작가 조디 피코Jodi Picoult가 말했습니다. "어른이 되는 건 시간이 해주는 일이 아니다. 그건 내가 어떤 사람이 되기로 선택하느냐의 문제다." 미국의 목사이자 리더십 전문가인 존 맥스웰John Maxwell도 말했죠. "나이를 먹는 건 자동이지만, 어른이 되는 건 노력이다."

> **❝ 우리 이렇게 생각해 볼까요?**
>
> 먼저 미안하다고 말하는 사람이 진짜 어른이라고 저는 믿습니다. 선배가 되어보면, 나이가 들고 보면 느끼게 되잖아요. 먼저 사과하

는 게 얼마나 어려운지요. 그게 쑥스러워서, 입을 열기가 민망해서 입을 꾹 닫고 계신 건 아닐는지요. 그러지 마세요. 당신은 어른이잖아요. 미안하다고, 부디 마음 풀어달라고 먼저 말하기 어렵다면 문자 메시지를 써보는 건 어떨까요. 어른이 되는 건 그때부터 아닐까요.

블랙 아이스

책을 쓰려면 제일 필요한 것이 체력임을 절감하게 되었습니다. 그래서 출판사와 계약한 후에 본격적으로 걷기부터 시작했습니다. 주 2~3회 필라테스만으로는 부족했기에 되도록 하루 1만 보를 채우려고 했습니다. 물론 1만 보가 일종의 마케팅이라는 걸 알고는 있어요. 실제로는 하루 7천~8천 걸음이면 충분하다고요. 1964년 도쿄 올림픽을 앞두고 일본에서는 스포츠 관련 사회적 붐이 일어났고, 그때 한 회사에서 만보계를 만들었다고 하죠. 만보계를 홍보하기 위해서 "하루 1만 보를 걸어야 건강해진다."라는 표어를 만들었고, 잘못된 상식이

널리 퍼지게 되었다는 겁니다. 하지만 하루 1만 보를 걸으면 뭔가 뿌듯하지요. 건강 상태를 눈으로 확인하는 느낌이랄까. 여하튼 하루에 1만 보를 채워야지 다짐한 후에, 못해도 7천 ~8천 보, 대개는 9천~1만 보를 걸었습니다.

지난겨울은 유난히 춥고 눈도 자주 내렸습니다. 눈이 쌓여 미끄러운 길을 걷다가 넘어지기라도 하면 큰일이니, 눈이 오거나 날이 너무 추우면 백화점이나 대형 쇼핑몰에 들어가 모든 층을 돌고 돌았습니다. 그런 곳은 대개 저녁 8시에서 밤 10시에 문을 닫죠. 그럴 때면 하는 수 없이 공원에 나가 걸어야만 했습니다. 문제는 밤 11시 이후였는데요. 대형 조명이 꺼지는 시간이 바로 그즈음이었어요.

조명이 꺼지고 어두워져도 1만 보를 채우려면 꾸역꾸역 걸을 수밖에 없었습니다. 그러다 한번 휘청한 적이 있습니다. 내린 눈이 쌓이고 얼어붙어서 이른바 블랙 아이스가 된 것이었죠. 블랙 아이스. 낮에 도로 위에 내린 눈이 녹았다가 밤사이에 다시 얼어붙으면서 표면에 생기는 얇은 빙판입니다. 도로 결빙 현상으로, 그 근처에서는 교통사고가 자주 발생하지요. 블랙 아이스는 아스팔트 색상인 검은색으로 보여 운전자는 단순히 도로가 젖어 있는 것으로 판단하는 경우가 많기에 그렇다고 합니다.

눈에 잘 보이는 낮에는 피해서 갈 수가 있는데, 조명이 꺼지고 사방이 캄캄해지면 블랙 아이스가 있는지 알 수가 없습니다. 조심조심 가다가도 미끄러지거나 넘어질 수가 있으니 무조건 피하는 게 상책. 멋모르고 다가간 적도 있지만, 한번 미끄러질 뻔했던 후로는 그쪽으론 아예 걸음을 옮기지도 않습니다. 그쪽 길을 만나면 아예 빙 둘러 피해 갑니다.

무료 법률상담 경험담을 쓴 천수이 변호사의 『사랑 없이 우리가 법을 말할 수 있을까』를 읽었습니다. 가족을 상대로 계속 소송을 일삼는 할아버지 일화가 나왔는데요. 그 할아버지는 가족과는 떨어져 산 지 이미 오래되었다고 합니다. 아무리 가족이라도 자신에게 꾸준히 소송을 거는 데 받아들일 수 있을까요. 그 할아버지는 소송 전문 민원인으로 근방에 소문이 자자한 사람이었다죠. 그런데 할아버지가 계속 소송을 거는 이유는 다름 아닌 가족이 보고 싶어서였다고 합니다. 도무지 얼굴을 볼 수가 없으니, 외면당하기만 하니 그렇게 해서라도 가족의 얼굴을 보고 싶어서였다고요.

'라떼'만을 외치고, 젊은이들과 소통하려 하지 않으며 권위만을 내세우면 당신은 회사 내에서 그 할아버지가 될지 모릅니다. 그렇지 않다고 하더라도 최소한 인간 블랙 아이스가 될 겁니다. 옆자리 내 또래 동료에게는 후배들이 찾아와 점심 같이하자고 웃으며 말도 붙이는데, 나에게는 찾아와서 밥 먹자고 말을 걸기는커녕 내가 식사를 권할까 봐 점심시간이 시작되기도 전에 일찌감치 사무실을 나가버리는.

소송 전문 할아버지에게는 마음을 열어준 젊은 변호사가 있었습니다. 도대체 왜 그러시는지 여쭤보고, 소송이 아닌 다른 해결책을 제시해 드리기도 했습니다. 블랙 아이스에게는 햇볕이 해결책입니다. 아무리 그늘진 응달에 있다고 해도 봄이 되어 따듯한 햇볕이 내리쬐면 저절로 풀어지고 녹아서 블랙 아이스는 흔적도 자취도 없어질 겁니다.

홀로 지내며 남과 소통하지 않으면 당신의 존재도 어느덧 그렇게 될지 모릅니다. 소통이 답입니다. 마음을 여는 것부터 시작해 보면 어떨까요. 젊은이들의 속마음을 들어주는 것부터. 지갑을 열지는 않더라도 입은 닫고요. 대신 귀를 크게 열어보세요. 귀가 두 개, 입이 하나인 이유를 우리는 알지 않나요. 미국의 리더십과 자기계발 전문가인 스티븐 코비[Stephen Covey]에 따르면 경청은 단순히 듣는 것이 아니라, 이해하려는 마음이랍니다.

> **❝ 우리 이렇게 생각해 볼까요?**
>
> 지금도 그런 아르바이트 자리가 있을지 모르겠네요. 오래전 유럽으로 공부하러 유학길에 올랐던 분들에게 들었어요. 학교에 의뢰가 들어온 아르바이트에 '노인 말씀 들어주기'가 있었다고요. 어차피 그 나라 말을 배워야 하는 유학생으로서는 소위 '꿀알바'였지만, 하다 보면 나중엔 '이러다간 귀에서 피가 나겠다.' 하는 생각이 든다고 했지요. 어쩌면 우리나라에도 이런 외국 유학생 아르바이트가 필요할지 모르겠네요. **❞**

가족,
기적

가족이란 무엇일까, 생각하면 떠오르는 장면이 있습니다. 무려 25년 전의 이야기라 멋쩍지만, 잊지 못할 기억이라 남겨봅니다. 지난 2000년 제1차 남북 이산가족 상봉. 그날을 기억하는 분들이 많을 겁니다. 한국전쟁 이후 남과 북에 흩어져 살던 가족이 처음 대규모로 만나게 된 것이었으니까요. (1985년에 이산가족 고향 방문단이 첫 상봉을 한 적이 있지만, 소규모 일회성 행사로 그치고 말았죠.) 상상을 해보세요. 아내를, 남편을, 엄마를, 아빠를, 딸을, 아들을, 오빠를, 동생을 무려 50년이나 보지 못하고, 살아 있을지 혹시 먼저 세상을 떠났을지 생사조차 알지 못하다면 어떨까. 그러다가 만나게 된다면 어떨까. 살아 있는 걸 눈으로 확인하고 포옹하고 손을 어루만지고 뺨을 쓰다듬을 수 있게 된다면 어떨까.

남북 분단의 비극을 온몸으로 겪어낸 분들이 드디어 50년 만에 한을 푸는 자리였고, 상황은 이러했습니다. 김대중 대통령 시절 남북 간에 화해 분위기가 조성되었지요. 다른 무엇보다 남과 북에 떨어져 사는 가족의 생사를 확인하고 만남을 주선하자는 취지의 행사가 기획되었습니다. 먼저 북에 사는 분 중 남한이 고향인 분들이 신청하고, 그 내용을 바탕으로 남한에 생존한 가족이 있는지 찾았습니다. 그리하여 100명이 북에서 내려왔고, 남한에 사는 가족 각각 4명씩, 모두 500명이 동시에 만나는 자리였지요.

생방송 중계는 지상파 방송 3사와 YTN이 각각 스물다섯 가족을 맡아 진행됐어요. 각 방송사에서 남녀 진행자 1명씩 모두 8명이 현장에 파견되었고요. 저도 그중 하나였습니다. 제가 담당하게 된 가족은 모두 열두 가족. 아침 생방송을 끝내고 곧바로 상봉 장소인 코엑스로 달려갔죠. 현장은 사람들로 북적이고 있었어요. 남한의 가족이 테이블에 앉아 문을 열고 들어올 이산가족을 기다렸습니다. 부모님은 모두 세상을 떠나고, 오빠나 형을 만나러 온 동생들이 많았습니다. 직계

가족이 다 돌아가셔서 사촌 동생들이 만나러 나오기도 했죠. 100명 중 딱 한 가족만 부부 상봉을 했습니다. 북으로 갔던 남편은 거기서 새로 살림을 꾸리고 자녀도 뒀지만, 핏덩이였던 아들이 보고 싶어서 신청했답니다. 남한에 홀로 남은 아내는 수절하며 외아들을 잘 키워냈습니다. 그리고 50년 만에 생사도 모르던 남편을 만나러 왔지요. 그 세월을 어찌 다 말로 할 수 있을까요. 감히 짐작도 할 수가 없었습니다.

그런데 알 수 없는 이유로 상봉 시간이 늦어지고 있었습니다. 10분, 20분, 한 시간이나 연기되었습니다. 자세히는 모르지만 남과 북의 당국자들 간에 뭔가 타협점을 찾지 못한 부분이 있다고 했습니다. 홀 안에 있는 사람들로서는 무슨 상황인지 알 수가 없었죠. 혹시나 돌발 상황이라도 벌어졌나, 변수가 생긴 건 아닐까. 그래서 여기까지 왔다가 만나지도 못하고 가게 되는 건 아닐까. 다들 걱정하며 초조하게 기다리고 있었어요.

그러다 마침내 코엑스 컨벤션 센터의 묵직한 문이 서서히 열렸습니다. 북에서 온 사람들이 쏟아져 들어왔습니다. 홀 천장 아래로 거대한 구름이 몰려오는 것 같았습니다. 장마철에 큰비가 내리겠구나 싶은, 어마어마한 먹구름이 몰려올 때. 그런 느낌이었습니다. 분명히 실내였는데도 장대비가 쏟아질 것 같은 기분. 수많은 사람의 감정이 모이고 뭉치면 그 에너지가 엄청나구나, 하는 걸 실감할 수 있었습니다.

그런데 더 신기한 장면은 따로 있었습니다. 수십년 만의 가족 상봉을 위해 적십자사 자원봉사자들이 나오셨어요. 1번 테이블에 앉은 가족에게 1번 김 아무개 씨를 안내해 드리는 역할이었죠. 그 인원만도 100명. 그게 다 전혀 소용없었습니다. 그 넓은 공간에서도 모두 한눈에 가족을 알아봤기 때문이죠. 50년 만에 만나는 건데 한 사람도 예외 없이 직진했습니다. "오빠~! 엉엉", "막내야! 흑흑" 울먹거리는 목소리로 서로를 부르던 그 순간은 곁에 있던 저조차도 평생 잊지 못할 것입니다.

50년 전에 열 살 소녀였던 막내 여동생이 예순 살이 되었는데도, 스무 살 학도병이었던 오빠가 일흔 살 할아버지가 되었는데도 한눈에 알아보는 것. 가족이란 무엇일까, 기적의 다른 이름이 아닐까. 저는 생각했습니다. 피는 물보다 진하다지만 핏줄이 끌리는 건 정말이지 그 어떤 인력보다, 지구의 중력보다 더 강력하니까 말이죠.

눈물과 통곡, 미소와 환희, 인간의 희로애락이 한자리에서 펼쳐지던 그 자리에 사실 카메라가 들어가는 게 죄송하기도 했지요. 50년의 회포를 푸는데, 누군가 우리 집 안방에 들어오는 기분이 들면 어쩌나 걱정됐습니다. 그래서 저는 그분들에게 방해가 되지 않으려 애썼습니다. 연로하신 분들이 많아서 자리에 앉아 계신 분들 사이로 무릎걸음을 하며 다녔습니다. 함께 울고 웃으며 얘기를 나눴던 그분들 모습이 지금도 생생해서 이 글을 쓰는 순간에도 울컥하게 되네요.

그게 벌써 25년 전, 그때 만난 이산가족 중에는 이미 세상을 떠난 분들이 많을 겁니다. 그나마 한번 얼싸안기라도 했으니 한이나마 풀고 가셨을까요. 가족이란 무엇일까 생각하면 떠오르는 장면을 여러분과 나누고 싶었습니다. 존재는 부재로 증명됩니다. 가족이 없다면, 혹은 가족을 만날 수 없다면 어떨까. 가족 때문에 속상하고 힘들 때 한 번쯤 생각해 보면 어떨까요. 그러면 마음이 조금 누그러질지도 모릅니다. 실은 저도 그랬어요. 우리가 가족을 이룬 건 그 자체로 기적일지도 모르니까요.

"가족이 서로 맺어져 하나가 되어 있다는 것이 정말이지 이 세상 유일한 행복이다." 노벨상을 두 번이나 수상한 폴란드 출신 프랑스 물리학자 마리 퀴리도 그렇게 말했습니다. 더없이 다정한 남편과 살았던 그녀는 덕분에 인류 과학사에 혁혁한 공을 세웠지만, 그러느라 제대로 돌보지 못했던 딸과는 갈등을 심하게 겪기도 했습니다. 그런 그녀의 말이기에 더욱 와닿는 것 같습니다.

> **우리 이렇게 생각해 볼까요?**
>
> 연로하신 부모님의 무남독녀 외동딸인 친구가 있었습니다. 평생 외로워했던 친구는 10대 후반에 아버지를 여의고 20대 후반에 어머니마저 떠나보냈습니다. 예감이라도 한 걸까요? 그 친구는 20대 초반이라는 이른 나이에 결혼했어요. 나이 차가 많이 나는 남편이 돌아가신 아빠 같아서 편했나 봐요. 30대, 40대가 되어도 언제나 마음 한쪽이 텅 빈 것 같다던 친구. 가족이 자리를 비우면 우리는 마음이 빈 채로 살아야 하는지 몰라요. 지지고 볶아도 곁에 있는 게 백번 나은 이유입니다.
>
> 추신.
>
> 가족을 먼저 떠나보낸 분들은 부디 힘을 내세요. 피를 나누지 않아도 마음을 나누는 가족 같은 존재가 당신 곁에 함께하기를 기원합니다. 누구나 혼자서는 살아가기가 힘든 세상이기에.

50대가
진짠데

　마흔한 살, 선배님과 점심을 먹게 됐습니다. 사소한 도움을 드렸을 뿐인데, 일식집에서 근사한 한 끼를 사주셨습니다. 일 때문에 알게 된 지 얼마 안 된 선배님이라 둘만의 식사가 어색하지 않을까 살짝 염려했지요. 하지만 아주 즐거웠습니다. 선배님은 부드럽게 질문을 하시고 제 답을 경청하셨습니다. 닮고 싶은 멋진 선배님이 물었습니다.
　"올해 몇 살이에요? 이런 걸 물어봐도 되나?"
　"아, 그럼요. 올해 마흔한 살입니다."
　"저랑 딱 열 살 차이가 나네요. 지금부터 10년이 정말 좋을 거예요."

"진짜로요?"

내적 친밀감이 들었어요. 지금은 별로 그렇지 않지만, 서른 살이 넘고 마흔 살이 되는 동안 나이에 관한 쓸데없는 이야기를 많이 들었거든요. "여자 나이는 크리스마스트리 같은 거다. 24일 크리스마스이브가 최고, 25일 크리스마스 당일까지도 괜찮지만, 하루만 지나면 26일부터는 치우고 싶은 존재가 된다." 누가 이런 말을 만들어냈는지 몰라도 남자가 만들었다는 데 50원 걸어봅니다. 그런데 신기했습니다. '그 나이는 시들어가는 청춘이지.' 하는 게 아니라 '마흔부터 진짜 좋을 것!'이라고 말해주는 사람은 처음 만났거든요.

"그럼. 나도 딱 열 살 많은 선배 작가님이 10년 전에 말해줬는데, 지난 10년이 제일 바쁘기는 했지만 제일 좋았거든요."

어쩐지 힘이 났습니다. 아브라카다브라. 야발라바 히기야. 마치 주문처럼 힘든 순간마다 그 말을 되뇌었습니다. '10년 동안 진짜 좋다잖아. 인생 선배님 말씀이니까 맞을 거야.' 그 덕분이었을까요. 저의 40대는 참 좋은 10년이 되었습니다.

쉰한 살이 되던 해, 거짓말처럼 그 선배님과 또 점심을 먹게 됐어요. 10년 전 바로 그 일식당에서. 이번에도 역시 밥을 사주시던 선배, 제게 물어보셨습니다.

"올해 몇 살이에요? 이런 걸 물어봐도 되나?"

저는 크게 웃으면서 대답했죠.

"하하하, 선배님. 10년 전에 바로 이 일식집에서 저한테 똑같이 물으셨어요. 그때 선배님이 그러셨어요. 지금부터 10년이 참 좋을 거라고. 근데 정말 그랬어요. 덕분에 40대가 정말 좋았어요. 감사합니다, 선배님."

제 말에 이은 선배님의 말.

"근데 어떡하지? 지금부터가 진짜인데."

이건 또 무슨 말씀일까요. 눈을 동그랗게 뜬 제게 선배가 웃으며 말씀하셨습니다.

"나보다 딱 열 살 많은 그 작가님 말씀드렸겠죠? 그분이 그러셨어요. 50대가 진짜라고요. 그리고 나도 50대가 더 좋았어요. 나, 이혼도 했잖아. 왜 진작 안 했나 몰라."

선배가 깔깔 웃으시는데, 저도 따라 웃게 됐습니다. 저보다 열 살 많은 분이 보증하셨고, 그보다 열 살 많은 분이 또 보증하신 그 말. "50대가 진짠데."

심리학과 교수님이 방송에서 물었습니다. "창의력이 가장 왕성한 시기는 몇 살일 것 같아요?" 함께 출연한 분들이 대답했습니다. "20대 아닐까요?", "아니, 10대겠죠." 대답을 들은 교수님은 "창의력이 가장 왕성한 나이는 바로 50대입니다."라고 말했고, 출연자는 물론 시청자인 저도 깜짝 놀랄 수밖에 없었죠. 그 이유를 설명하는데 이해가 갔습니다. 창의력이란 하늘 아래 새로운 무엇을 만들어내는 게 아니라고요. A를 알고 B를 아는 상태에서 C나 D를 만들어내는 게 아니라, '가나다' 혹은 '1, 2, 3, 4' 이렇게 다른 각도의 무엇을 생각해 내는 거라고요. 그러니 창의력이 왕성하기 위해서는 머릿속에 든 것이 많이 있어야 한다고 말입니다. 그래야 무엇을 만들어내니까.

영국 런던정치경제대학교의 캐서린 하킴Catherine Hakim 교수가 이런 연구 결과를 발표한 적이 있습니다. "우리에겐 네 개의 자본이 있다. 경제적 자본, 문화적 자본, 사회적 자본, 그리고 매력 자본." 하킴 교수는 매력이야말로 경쟁력이라고 했습니다. 실력도 중요하지만, 매력적인 이미지를 통해 자기 가치를 올리는 것이 곧 몸값을 올리는 일이라고요. 능력과 가치를 올리는 데 돈만큼 중요한 게 매력인 거죠. 잘생긴 외모 말고도 유머 감각, 세련미, 상대를 편안하게 하는 기술, 다른 사람의 호감을 사는 멋진 태도나 기술이 다 매력에 포함됩니다.

이런 매력은 나이가 들어도 퇴색되지 않고 오히려 더 좋아지죠. 경륜이라고 하는 게 바로 하킴 교수가 말하는 매력이 아닐는지요. '연륜이란 주름살이 아니라, 시간을 견디며 얻은

빛'이라고 했던 『해리 포터』 시리즈의 작가 J. K. 롤링^{J. K. Rowling}의 말이 떠올랐습니다. "진짜 매력은 젊음이 아니라 살아온 이야기가 얼굴에 새겨지는 데서 나온다."라는 말을 나이가 들수록 멋진 연기를 보여주는 영국 배우 헬렌 미렌^{Helen Mirren}도 했거든요.

마흔이 된 후배들, 쉰을 바라보는 후배들이 찾아와 고민 상담을 할 때가 더러 있습니다. (저의 비공인 상담 활동은 중2 때부터 시작되었답니다.) 상황도 상태도 성향도 모두 다르지만, 모두 비슷하게도 나이 고민을 합니다. 그럴 때면 할머니들이 하시는 말씀이 절로 나옵니다. "좋을 때다. 한창때야. 내가 열 살만 어렸어도…." 바둑이나 장기를 둘 때면 전체 대국을 보기가 어렵다고 하죠. 한 발 떨어져 훈수를 둘 때는 눈에 다 보이는 것들이 그 안에서는 안 보인답니다. 그래서 가끔은 남 일처럼 나의 일을 바라보는 게 필요합니다. '열 살 많은 인생 선배가 지금 나를 본다면 뭐라고 말해줄까?' 이런 식으로 말입니다.

마흔이 된 여러분, 축하합니다. 지금부터 10년이 아주 좋을 거예요. 쉰이 되셨다고요? 박수를 보냅니다. 40대에 좋았던 건 좋은 것도 아닙니다. 지금부터 10년, 인생 최고의 시기일 겁니다. 다음은 어떨 것 같으냐고요? 이제 열 살 많은 선배에게 물어보지 않아도 알 것만 같습니다. 예순부터 10년도, 그다음 10년도 좋을 거예요. 내가 나를 믿고, 내 인생 열심히 살아갈 테니까 말이죠. "당신이 살아온 시간이 당신을 가장 빛나게 만든다." 오프라 윈프리Oprah Winfrey도 우리의 어깨를 두드려줍니다.

> **❝ 우리 이렇게 생각해 볼까요?**
>
> 일본 도쿄 한 모퉁이에서 100살이 넘도록 약국 문을 열어 기네스북에 '세계 최고령 현역 약사'로 이름을 올리기도 했던 히루마 에이코比留間榮子. 최신 약 정보 검색은 물론, 컴퓨터의 새로운 기능을 다 익히고, 스마트폰 메신저로 가족과 소통했습니다. 100살이 넘어도 '요즘 사람'이고 싶다면서요. 에이코 할머니가 열심히 배우고 도전하는 이유는 "다른 사람은 다 아는데 나만 모르는 게 싫어서!"랍니다. 지기 싫어하는 마음, 여전한 호기심, 도전을 실행하는 열정이 할머니를 누구보다 건강하고 멋진 '요즘 사람'이 되게 했죠. 할머니는 이야기했습니다. "순전히 나이 때문에 할 수 없는 일은 사실 세상에 별로 없습니다." ❞

가족에게 들은 말은
왜 평생 잊히지 않을까

 가족이나 가족만큼 가까운 어른에게 들은 말 한마디가 평생 가슴속에 남아 있는 경우가 있습니다. 지금부터 소개할 30대 중반 여자 셋도 바로 그렇다고 했어요.

 먼저 수영 씨 이야기를 들어볼까요? 수영 씨는 아버지 쪽 형제의 자손 중 맏이고, 학벌도 가장 좋았답니다. 그렇다 보니 할아버지와 할머니가 기대를 크게 하셨는데요. 그 기대에 부응하기 위해 늘 열심히 공부하고 치열하게 살았다고 합니다. 누구도 그러라고 강요한 적 없지만, 자신이 걸어가는 길이 사촌 동생들에게 길잡이가 될 수도 있다고 여겼으니까요.

대학 졸업을 앞두고 대학원 진학과 취업 사이에서 고민하고 있을 때, 조부모님은 진학도 취업도 아닌 결혼을 권하셨습니다. 여자는 아무리 취업을 잘해봤자 소용없고, 학력이 높아지면 결혼하는 데 지장을 줄 뿐이니, 결혼 잘하는 게 제일 중요하다면서요. 그런 두 분에게 자신은 결혼하지 않고, 취업하거나 공부를 더 하겠다고 말씀드렸더니 말도 안 되는 소리라며 크게 꾸짖으셨답니다. 사랑하는 할아버지 할머니였지만, 그때 그 말씀은 10년이 지난 지금도 잊히지 않는다고요. 아직도 남자와 여자를 나누고 여자의 삶은 남자에게 달려 있다는 두 분에게, 수영 씨는 더는 솔직하게 이야기할 수가 없다고 합니다.

다음으로, 선미 씨는 남자친구 관련 이야기를 들려줬습니다. 채식을 하고 있다는 선미 씨. 몇 년 전, 꽤 오래 사귄 남자친구 가족과 갑작스럽게 식사를 하게 되었는데, 그날 남자친구 어머니께서 닭백숙을 해 주셨답니다. 식사를 아예 못 하는 선미 씨를 보며 가족 모두 미안해했고, 분위기를 망친 것 같아 선미 씨 역시 당황했다고요. 식사가 끝나고 산책을 하자며 다 같이 집을 나섰을 때, 남자친구는 아버지와 함께 약간 앞에 걸어가고, 그 뒤를 따라 걷는데 어머니가 갑자기 붙잡으셨답니다.

"너, 고기 먹기 전까지 우리 집안사람 될 생각하지 마라."

당황한 선미 씨는 뭐라 말해야 할지 몰랐답니다. 집에 와서도 계속 그 말이 생각나고, 아무 말도 하지 못했던 자신이 내내 답답했다고요. 이야기를 들려주던 선미 씨는 남자친구 앞에 '전'이라는 접두어를 붙였습니다. 헤어진 것이겠죠. 그 한마디 때문은 아니었을 수도 있지만, 그 한마디가 결별의 원인 중 하나였으리라 짐작은 할 수 있습니다.

결혼한다고 상황이 달라질까요. 지예 씨는 시댁 얘기를 하자니 뒷담화를 하는 것 같아 마음이 불편하긴 하지만, 자신에게는 큰 상처를 주었던 평생 잊지 못할 말이었다며 이야기를 시작했습니다. 코로나가 한창이던 시기에 결혼했고, 얼마 후 직장을 그만두고 이직과 시험을 준비하느라 몇 년이 훌쩍 흘렀다고 했어요. 지예 씨도 남편도 아이를 가지려 했지만 상황이 여의찮았죠. 시부모님은 해가 바뀔 때마다 점점 더 아이를 바라시기 시작했습니다. 어느 날 시아버지 생신을 맞아 시댁 근처 식당에서 저녁 식사를 하려는데, 예약 시간이 조금 남아 카페에서 대기하던 중이었대요. 그날도 어김없이 '아이' 얘기가 나와 "저는 나중에 아기를 낳으면 이러저러한 걸 할 거예요."라고 소소하게 말했는데, 갑자기 시어머님이 큰소리로 호통을 치셨습니다.

"애를 낳아야 뭘 하든 말든 하지. 얘, 너 혹시 피임하냐?"

옆에 있던 남편과 아버님은 물론, 카페 안의 다른 사람들도 다 들을 만한 큰소리였습니다. 그 말을 듣는 순간 얼굴이 시뻘게져서 남편을 쳐다봤는데, 당황한 남편이 작은 목소리로 말하더래요. "얼른 대답해."

세상에나. 지예 씨는 고개를 숙였고, 시어머니께 화장실 좀 다녀오겠다고 했습니다. 그 뒤에는 밥이 입으로 들어가는지 코로 들어가는지 몰랐다고요. 아마 시어머니는 지금까지도 뭘 잘못하셨는지 전혀 모르실 것 같다고 했습니다. 지예 씨는 그렇게 시댁과 한 걸음 또 멀어졌고요. 이후 아직도 아이를 갖지 못했다고요. 그날 이후 지금까지 아이와 관련된 모든 이야기가 가슴에 비수가 되었겠죠.

아침 생방송 프로그램을 진행할 때였습니다. 이혼을 앞둔 부부가 출연해서 각자 가슴에 맺힌 이야기를 하고 전문가가 해결책을 제시해 주는 코너가 있었습니다. 당시 출연했던 부부들은 결혼 생활 30~40년이 되었고 사이가 몹시 나쁜 분들이었습니다. 저 정도면 이혼하는 게 서로를 위해 낫지 않을까 하는 생각을 누구라도 할 법한 분들이었고, 그들 중 부인의 이야기를 들으면서 놀랄 때가 많았습니다.

결혼 생활 수십 년이 지났는데 마치 엊그제 일처럼 마음에 상처받은 일을 털어놓던 부인들. 대부분 신혼 초 시어머니 혹은 남편에게 상처받은 일이었죠. 그런데 어찌나 생생한지 얘기만 들어도 마치 눈으로 보는 것 같았습니다. 이른바 '감정 기억'입니다. 나쁜 감정이 결합된 기억은 쉽사리 잊히지 않죠. 동네 사람들이 보는 앞에서 시어머니가 악다구니해대는 걸 견뎌야만 했던 새색시, 시집 식구들 앞에서 남편의 거친 언행을 뒤집어쓸 수밖에 없었던 새댁은 30~40년이 지나도 그때 그 상황, 그 모멸감을 잊지 못한 채 고스란히 간직하고 있었습니다.

우리의 젊은이들은 그러지 않을 수 있다면 좋겠습니다. 감정 기억을 마음 한구석 새겨 넣지 않으면 좋겠습니다. 그러려면 엄마나 아빠, 어른은 뭐라고 말해야 좋을까요. 수영 씨의 말에서 힌트를 얻어보시죠.

어느 날 삼촌이 그러셨답니다.

"너희의 삶을 어른인 우리가 다 이해할 수는 없을 거야. 그냥 너를 믿어주는 게 우리의 최선이겠지."

수영 씨는 이렇게 말했습니다. "엄마 아빠는 아니었지만, 저는 아주 조금 이해를 받고 있다는 기쁨을 느꼈습니다. 제가 만약 조부모였다면 손주가 왜 그런 생각을 했는지부터 물어봤을 것 같습니다. 대답을 들은 후 그동안 살면서 얻게 된 지혜를 나눠주시는 게 훨씬 좋았겠지요. 손주가 아직도 아기 같고 강아지 같겠지만, 이제 어엿한 성인이며 독립된 개체인 것을 인정해 주셨으면 좋았을 것 같아요."

남자친구의 어머니가 그런 식으로 말씀하시지 않고 이렇게 말씀을 해주셨더라면 얼마나 좋았을까, 선미 씨의 한마디를 보탭니다. "선미야, 네가 왜 채식을 하는지 설명해 줄 수 있겠니? 나한테는 채식하는 사람이 낯설구나. 앞으로도 오늘처럼 맛있는 걸 같이 먹지 못하는 건지, 네가 체력이 부족하진 않은지 걱정이 되고. 하지만 그 이유를 안다면 생각이 바뀔 수도 있겠지. 내게 설명해 주렴."

수영 씨가 조부모님께 듣고 싶었던 말, 선미 씨가 어쩌면 시어머니가 될 수도 있었을 어른에게 원했던 말은 이런 거였습니다.

"상처는 칼끝이 아니라, 가장 사랑한다고 믿은 이의 입에서 더 깊이 온다." 고대 그리스 철학자인 아리스토텔레스도 말했습니다. 아름다운 시어로 유명한 이해인 수녀님도 그러셨어요. "사랑은 말에서 시작하고, 상처도 말에서 시작한다." 프랑스의 철학자이자 페미니스트 작가인 시몬 드 보부아르Simone de Beauvoir의 말도 전해드립니다. "어린 시절 부모가 건넨 말은 돌처럼 마음에 가라앉아 평생을 울린다."

> **❝ 우리 이렇게 생각해 볼까요?**
>
> 젊은 사람들이 왜 그렇게 입을 꾹 다물고 속 얘기를 꺼내지 않는지 답답하고 서운하시다면 곰곰이 되짚어 보세요. 집안의 어른이 무심코 던졌던 한마디. 거기에 답이 있을지도 모르니까요. ❞

엄마의
마리오네트

민아는 인형처럼 예쁜 학생이었습니다. 머리 모양도 아나운서처럼 단정했고, 의상 역시 지금 당장 TV로 들어가 뉴스 진행을 해도 좋을 깔끔하고 아름다운 정장이었습니다. 거기에 하이힐을 신고, 어깨엔 손바닥만 한 핸드백이 걸렸더군요. 그리고 손에는 책을 몇 권 들었습니다. 예쁜데 어색했고, 아름다운데 불편해 보였죠.

제가 졸업하고 나중엔 겸임교수로 강의도 했던 대학은 언덕 위에 있습니다. 지하철역에서 천천히 걸으면 20분도 걸리고, 빨리 뛰면 12~13분 만에 도착하기도 하죠. 게다가 언덕 위에 있는 학교 건물에는 엘리베이터가 많지 않았어요. 두 대밖에 없는 엘리베이터를 기다리다가는 지각하기 십상. 무조건 계단을 오르내려야 합니다. 굽 낮은 신발이나 운동화가 필수죠. 학생이든 선생이든 마찬가지였습니다. 등에는 대부분 백팩을 메고, 걷는 사람보다 뛰는 사람이 더 많았죠.

그러니 정장 입고 하이힐 신은 학생은 20년 넘는 겸임교수 생활 동안 거의 유일하게 본 것 같습니다. 3월 첫 주 개강하던 날엔 '민아가 오늘 면접을 봤나 보다.' 짐작했죠. 그런데 웬걸. 둘째 주에도, 셋째 주와 넷째 주가 되어도 여전히 색깔과 디자인만 다른 정장과 하이힐을 고수했습니다. 궁금했습니다. '불편하지 않나?' 궁금증을 못 참고 4월 티타임 때 물었습니다.

"민아야, 혹시 이런 걸 물어봐도 될까? 토요일인데 오늘도 그렇게 입고 왔네. 정장 입고 하이힐을 신고. 참 예쁜데, 불편하지 않아?"

민아는 아주 익숙한 듯 얘기했습니다. 태어나서 대학 4학년이 된 지금까지 옷을 단 한 번도, 속옷 한 벌조차 사본 적이 없다고요. 엄마가 고르고 사주신다고요. 아침에 욕실에서 샤워하고 나오면 엄마가 침대 위에 준비해 주신답니다. "오늘 속옷은 이거, 겉옷은 이거 입고. 핸드백은 이걸로 들고. 오늘 수업 책과 노트는 그 옆에 놨고. 어울리는 구두는 현관에 꺼내뒀어." 그럼 그걸 입고 들고 신고 등교하는 거라고 말입니다.

소위 '헬리콥터 맘'이겠거니 했습니다. 헬리콥터처럼 아이 머리 위에 맴돌며 살피고 돕는 극성 엄마. 그런데 이어지는 얘기는 한술 더 뜨더군요. 유치원 다닐 때부터 엄마가 그야말로 귀에 못 박히게 얘기했답니다. "민아야, 너는 나중에 커서 숙대 무슨 과 가야 해. 숙대 무슨 과 가야 해. 숙대 무슨 과 가야 해." 그래서 지금 숙대 무슨 과 4학년이라고. 엄마는 왜 그렇게까지 하셨을까요.

엄마도 할 말은 있었습니다. 엄마의 친정인 외가는 아주 부유했다고 했습니다. 엄마 위로 오빠 셋, 그러니까 외삼촌 세 분은 모두 대학은 물론 해외 유학까지 다녀왔다고요. 막내이자 고명딸인 엄마는 부푼 꿈을 안고 시험을 치렀고, 숙대 무슨 과에 합격했대요. 그런데 외할아버지가 등록금을 내주지 않으셨다고요. "계집애가 대학은 무슨 대학, 고등학교만 나오면 됐다. 시집이나 잘 가면 된다." 엄마에게는 숙대 무슨 과가 평생의 한.

사람의 진심은 표정에 있다고 저는 믿습니다. 행복하다고 말해도 표정이 어두우면 불행한 겁니다. 그런데 민아는 아예 무표정이었습니다. 아무리 예뻐도 웃지 않으니 인간미가 없었죠. 비로소 이해가 갔습니다. 자신의 인생이 아니라 엄마의 인생을 대신해서 사는 '마리오네트'에게 표정이 있을 리 없으니까요.

민아의 '표정'을 본 것은 그해 11월 말, 딱 한 번뿐이었습니다. 제 수업을 듣지도 않는데, 쉬는 시간에 복도로 찾아왔더라고요.

"저, 입사 시험 합격해서 알려드리려고 왔어요."

"정말 잘됐다. 요즘처럼 취업이 어려운 시기에 졸업 전에 벌써. 그래, 어떤 회사야?"

"집에서 네 시간 반 거리 회사요."

그렇게 말하면서 정말로 뿌듯하고 아름다운 미소를 지어 보였습니다. (어머니, 제발 거기까지 자주 찾아가지는 않으시기를!)

반듯한 이미지의 아나운서가 심리 상담 프로그램에 출연해서 이런 말을 하더군요. 자식 이기는 부모가 '있다'고요. 어린 시절부터 일거수일투족을 다 알아야 했다는 부모님. 어렸을 때는 귀가하면 온종일 어떻게 지냈는지, 어디서 누구를 만나 뭘 했는지 일일이 말씀드려야 했대요. 취업 후 독립했을 때는 부모님이 집에 유선전화를 설치하셨답니다. 매일 밤 딸의 귀가를 유선전화로 확인한 후에야 잠자리에 들었다는 부모님.

새벽 2시에 끝나는 생방송을 맡았을 때도 그러셨답니다. 집까지 운전하는 시간 20분과 주차 후 집에 올라오는 시간 5분을 계산해 2시 25분에서 30분 사이에 어김없이 전화벨이 울렸다고요. 잠을 못 자서 피곤하다고 말씀하시면서도 거르는 법이 없었답니다.

그렇게 일일이 자녀의 삶에 부모가 관여하면 자녀는 자신만의 삶을 위한 연습을 할 수가 없다고 방송에서 전문가가 말하더라고요. 자녀가 삶을 배울 기회를 부모가 박탈하는 것이라고 말입니다. 사회성 경험이 없어져 자녀가 살아가면서 불편해진다고도요. 관계가 어려워 사람을 만나지 않게 되고, 인간관계에서 느끼는 다양한 감정을 알 수가 없다고도 했습니다. 전문가의 얘기를 들은 아나운서는 말했습니다. "저는 저의 감정을 잘 몰랐던 것 같아요." 감정조차 옳고 그르다고 판단해 준 부모에게 통제당했던 셈입니다. '진정한 교육은 사람이 스스로 결정을 내릴 수 있게 하는 것'이라고 교육 전문가 존 듀이John Dewey가 말했는데 말입니다.

부모님에게는 그것도 사랑의 방법일 겁니다. 걱정일 겁니다. 바르게 세상을 살아가도록 하고 싶은 간절함이겠죠. 하지만 사랑이 지나치면 때로 폭력이 되듯, 부모의 지나친 사랑도 어쩌면 강요가 될 수도 있지 않을까요? '사랑은 소유가 아니라 존재를 인정하는 것'이라는 파울로 코엘료^{Paulo Coelho}의 말에 한 번 더 귀를 기울여 봐야 할 것 같습니다.

> **❝ 우리 이렇게 생각해 볼까요?**
>
> 쥐면 터질까 불면 날아갈까. 이런 표현이 있습니다. 손에 꼭 쥐지도 못할 만큼 소중한 내 아이, 혹시 내 입김에 민들레 홀씨처럼 날아갈까 걱정되는 내 자식을 말하는 거죠. 이런 속담을 통해 우리의 선조들은 말씀을 남기신 건 아닐는지요. "자식 꽉 쥐지 마라. 숨 못 쉰다. 자식이 날아가려 한다면 그냥 둬라. 어차피 부모 품 떠나 날아가는 게 자식이다." **❞**

한국 돈으로 얼마니?

어머니와 여행을 다녀왔다는 사연을 들을 때면 부러움을 느낍니다. 이제 저희 엄마는 멀리 나들이 가시기도 부담이 된다고 하시거든요. 가슴이 떨릴 때 가는 게 여행이라는 말은 명언입니다. 다리가 떨리면 가기가 힘든 게 여행이니까요. 엄마나 할머니, 어른들과 함께 여행을 갔는데, 이런 말씀 하시는 걸 들어보셨나요.

"아직 멀었어? 아휴, 이 식당은 음식이 너무 달다, 이건 또 너무 짜다. 뭐야, 겨우 이거 보러 여기까지 왔냐? 돈이 아깝다, 애. 이 돈이면 집에서 해 먹는 게 훨씬 낫겠다. 물이 제일 맛있네. 이거 한국 돈으로 얼마니?"

자녀들과 여행할 때 부모가 절대로 하지 말아야 할 말이라는 제목으로 떠도는 글이랍니다. 누가 만들었는지 기가 막히죠? 부모님들의 속마음을 알게 된다면 더 기가 막힐지도 모릅니다. 부모 세대라고 뭉뚱그려 얘기하면 너무 폭이 넓겠지만, 50~60대 이상으로 상정해 보겠습니다. 제가 자라온 시절 얘기를 들려드리면 될 테니까요.

예전에는 해외로 나갈 때 출장이나 유학 같은 특별한 사유가 있어야만 했고, 먼저 당국에 신고부터 해야 했습니다. 왜냐고요? 분단된 국가이기 때문이었죠. 이름도 생소한 '해외여행 자유화'가 이뤄진 것이 1989년. 그나마 여권을 신청하면 해외로 나가기 전 반공 교육을 받아야 했습니다. 해외에서 한국인 납북 사건이 잊어버릴 만하면 한 번씩 일어나던 시절이었습니다. 그러다가 서울올림픽이 끝난 이듬해인 1989년, 해외여행을 자유롭게 하게 된 것이었죠. 그 즈음 젊은이들의 로망은 배낭여행이었습니다. 곧바로 출국자 수가 사상 최초 100만 명을 돌파할 정도였습니다.

국내 여행인들 많이 갔을까요. 국내 최초 콘도미니엄이 문을 연 것이 1979년이었습니다. 여행을 다니는 사람이 늘어난 것은 1990년대였습니다. 그 전에는 여행을 안 다녔냐고요?

아닙니다. 그때도 가긴 갔는데요. 수학여행이나 신혼여행 정도였습니다. 경주나 제주도, 설악산이나 속리산 쪽에 대형 숙소와 대형 식당이 들어섰죠. 지금처럼 호캉스 같은 건 상상조차 할 수 없었습니다. 친구들끼리 어쩌다 바닷가에 휴가를 간다고 해도 민박집에 묵을 뿐이었습니다. 다들 없이 살던 시절 이야기입니다.

고기도 먹어본 사람이 맛있게 먹듯이, 노는 것도 그렇습니다. 허리띠 졸라매며 안 먹고 안 입고 안 쓰고 살아온 어른들로서는 여행이 사치에 가까운 것이었습니다. 그리고 그렇게 절약하며 알뜰살뜰 살아온 덕분에 부모 세대는 자녀들을 길러낼 수 있었습니다.

'집밥이 제일 낫지.' 생각하시는 것이 당연할 수 있어요. '집 두고 밖에 나가서 왜 돈 쓰며 잠을 자나?' 의아해하시는 것도 이해해 주셔야 해요. 그래서 저희도 어머니 건강하시던 시절에 호텔에 가게 되면 하얀 거짓말부터 해야 했어요. 대기업에 들어간 조카가 있었는데, 그 회사에서 우수 사원에게만 주는 계열사 호텔 1박 숙박권이라고요. (실제로 조카가 그런 숙박권을 받기도 했어요. 기특하게도.)

다시 한번 말씀드려요. 고기도 먹어본 사람이 맛있게 먹어요. 태어나 고기를 처음 먹는다고 생각해 보세요. 맛도 어색하고 소화도 안 되고 오히려 고생할 수도 있지 않겠습니까. 그러니 방법은 두 가지밖에 없을 것 같습니다. 고기를 자주 드실 수 있게 모시고 가는 겁니다. 추석 때 가족 이벤트로 캠핑을 준비해 부모님을 모시고 갔는데, 정말 좋아하셨다는 후배 이야기를 들은 적이 있습니다. 젊은 사람들이 좋아하는 거, 어른들도 해보고 싶고 막상 해보면 좋아하십니다. TV 예능 프로그램에서 보신 적이 있으니까요.

또 하나 방법은 가격을 낮추어 말씀드리는 겁니다. 부모님도 아시는 중고 거래 사이트에서 숙박권을 싸게 샀다거나 그런 식으로요. 꼭 그렇게까지 해야 하느냐, 물어보신다면 그렇다고 말씀드리고 싶습니다. 부모님 마음이 편해질 수 있다면 어떤 방법이라도 찾아봐야죠. 그렇다고 너무 걱정은 마세요. 젊은 시절 배낭여행 좀 떠나봤던 1970년대 이후 출생하신 부모님은 여행 가는 것도, 외식하는 것도 알아서 즐기실 테니까요.

부모님 세대에게 전하고 싶은 이야기. 50대 중반의 준형 씨가 들려준 이야기입니다. 그 시절로는 흔치 않은 외동아들에 늦둥이였던 준형 씨. 부모님 두 분 다 결혼이 좀 늦으셨고, 그러다 보니 준형 씨 하나만 낳아서 키우셨대요. 하나뿐인 핏줄인 아들이 두 분 눈에 얼마나 귀하고 사랑스럽고 예쁘셨겠습니까. 그런데 특이한 건 엄마 아빠가 아들부터 챙기지 않으셨다는 겁니다. 맛있는 게 있으면 부모님이 먼저 드시며 말씀하셨대요.

"너는 앞으로 살날이 많으니까 맛있는 거 먹을 날도 많을 거다. 맛있는 건 우리부터 먹는 거야."

부모님은 항상 그런 식이었답니다. 좋은 데 놀러 가는 것도, 좋은 옷 사 입으시는 것도 두 분이 먼저. 준형 씨는 그게 당연한 줄 알고 자랐답니다. 그래서인지 50대가 되어 엄마 아빠 두 분이 몇 년 새 차례로 돌아가셨을 때도 슬프기는 했지만, 한이 맺히지는 않더랍니다. 부모님 장례식장에서는 대개 "우리 엄마 불쌍해서 어떡해, 우리 아빠 너무 안됐어." 상주들이 통곡하잖습니까. 그런데 준형 씨는 한이 되지는 않았다는 겁니다.

"저는 엄마 아빠와 헤어지는 건 너무나 슬펐지만, 부모님 두 분 다 여한 없이 사셨을 거라는 생각에 가슴이 미어지지는 않았습니다."

부모님 여러분, 당신부터 챙기세요. 맛있는 걸 드실 때도 먼저, 좋은 옷을 입으실 때도 먼저. 그래야 따님과 아드님이 나중에 부모님 때문에 가슴을 치며 울지 않을 겁니다.

"행복한 부모가 행복한 자녀를 만든다." 미국의 심리학자이자 긍정 훈육법의 창시자인 제인 넬슨Jane Nelsen의 결론입니다. 독일 베네딕트회 수도자이자 작가인 안젤름 그륀Anselm Grün도 말했답니다. "가장 좋은 교육은 삶을 즐기는 부모의 뒷모습이다."

그러니 함께 여행 갈 때 이런 얘기 절대 하시면 안 됩니다. "이거 한국 돈으로 얼마냐?" 그럼, 다음번에는 자기들끼리 다녀올지도 모르거든요. 지금부터 연습해 보세요.

"벌써 도착한 거냐? 금세 왔구나! 아휴, 이 식당은 음식이 달아서 젊은 사람들이 좋아하겠구나. 여긴 음식이 조금 짠데, 내가 평소에 슴슴하게 먹으니, 간이 딱 맞겠구나. 이거 보러 여기까지 왔는데, 생각보다는 별로네. 그래도 우리 사진 많이 찍어 가자. 내가 너희 찍어줄까? 이것도 여기서만 먹을 수 있는 거니까 돈 아깝지 않게 먹어보자. 이 돈으로 집에서 해 먹으면 양은 훨씬 많겠지만, 세상에서 제일 맛있는 음식은 남이 해주는 음식이니까 맛있게 먹어야지. 여기는 물도 맛있네. 이거 한국 돈으로 얼마라고? 고맙다, 이런 걸 사줘서."

> **❝ 우리 이렇게 생각해 볼까요?**
>
> 나이 들수록 걱정이 많아지죠. 여행에서 염려와 불평불만부터 늘 어놓고 싶어지는 이유일 겁니다. 그렇다면 이건 어떨까요. 젊은 사람들과 여행할 땐 스스로 나이를 잊어보는 거죠. 일행의 나이에 자신을 맞춰보시지요. 어떻게 그럴 수 있느냐고요? 내가 그 나이였을 때 좋아했던 노래를 들으면서 여행을 해보세요. 조용필, 이선희, 이문세의 노래가 금세 10대로, 20대 그 시절로 데려다줄 겁니다. 미국 요양 병원의 실험 결과도 있습니다. 노인들에게 젊은 시절의 유행가를 들려드리니 마치 젊은이가 된 것처럼 가벼운 몸으로 그 시절 춤을 추며 즐거워하셨다고요. 우리도 마찬가지 아닐까요. 여행길에 젊은 시절 즐겨 듣던 노래를 들으면서 마음이 젊어지면 몸도 덜 아프겠죠. **❞**

2장

서로의 다름을 인정하자고요

직급도, 세대도 달라
어려운 사회생활 속 소통

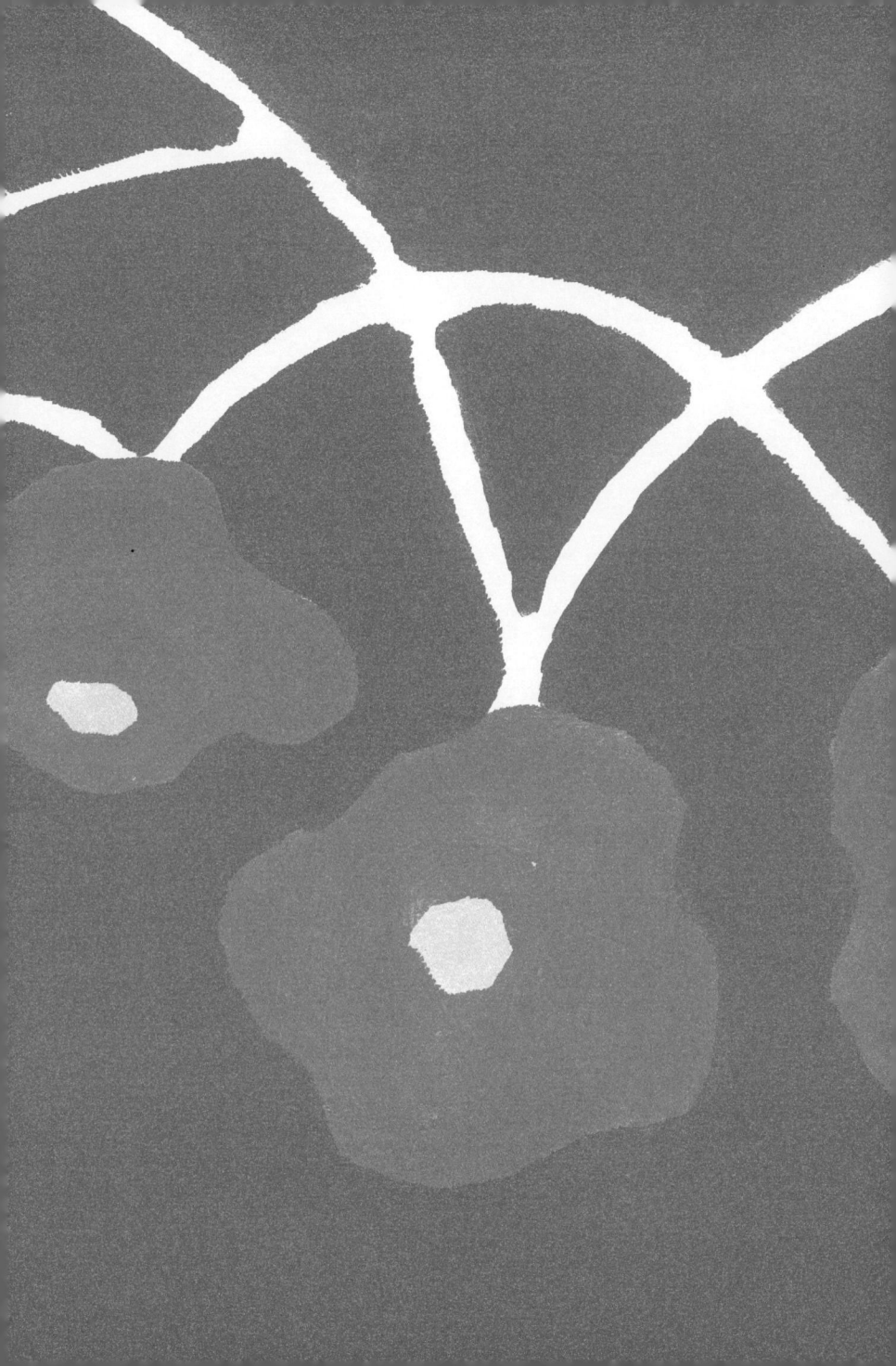

다양성만이 유일한 생존 방식이며,
그렇기에 우리에겐 차이가 희망입니다.
차이를 존중해 주는 조직만이
살아남을 수 있습니다.

회식 메뉴도
취존해 주세요

　회식을 좋아하시나요. 회식 메뉴 때문에 곤란한 적 있다는 30대 초반 정민 씨 얘기에 고개를 주억거리게 됐습니다.
　정민 씨에게는 옻닭이 생소하답니다. 사장님이 직원들 몸보신시켜 주신다고 하는데, 대부분 MZ인 직원들은 먹어본 적 없어서 다들 걱정이었다고요. 금요일 저녁 회식을 앞두고 일주일 내내 계속 옻닭만 검색할 정도로요.
　옻닭 드셔보셨나요. (이제부터 라떼 타임이니 양해 바랍니다.) 제가 20대였던 시절, 그때는 여유가 있었습니다. 지금보다 훨씬 느슨했다고 할까요. 지금 기준으로 보면 태만하다고 손가락질당할 수도 있겠네요. 어느 정도였냐고요? 예를 들면 이렇습니다. 금요일 점심쯤엔 여의도에서 닭백숙을 먹으러 경기도까지 간 적도 있습니다. 자차를 운전하는 사람이 그리 많지 않아 다들 통근버스를 타곤 했지요. 멀리 점심 먹으러 가는 날에는 너도 나도 선배님 차를 얻어 타곤 했어요. 그러는 사이 선배들과 친해질 수 있어서 막내 격인 저로서는 나쁘지 않았죠. 해마다 봄가을이면 수십 명이 경기도로 MT를 갔고, 음식이 나오는 동안 족구도 했습니다. 느긋했던 시절, 오래전 얘기입니다.

그런 시절이라면 모를까. 정민 씨네 회사 사장님은 돈 쓰고 뒷말만 듣게 되실 것 같네요. 옻닭을 검색해 보니 웬만한 닭백숙보다 세 배쯤 비싸더라고요. 큰맘 먹고 맛있는 걸 사줘야지, 사장님으로선 그랬을 겁니다. 그 옛날엔 회식 메뉴가 옻닭이라면 다들 환호하는 분위기였을 터. 하지만 지금은 그로부터 몇십 년이 지났습니다.

게다가 우리는 몇 년 전 코로나 상황도 겪었죠. 재택근무가 가능한 업종이나 회사에서는 대부분 적극적으로 비대면 근무를 활용했습니다. 그때 불편을 겪었던 건 선배 세대와 임원급이었어요. 모름지기 회의란 직접 만나서 얼굴 보고 마주 앉아 해야 한다는 선배들과 달리 온라인 소통에 거부감이 적은 후배들은 '줌' 미팅을 대환영했습니다. 선배들은 더듬거리며 줌을 내려받았지만, 후배들은 줌의 기능을 완벽하게 파악했습니다. 마이크 켜고 끄는 법을 몰라 선배들이 온갖 주위 소음을 노출할 때, 후배들은 회의 중 채팅까지 했지요. 배경화면이 뭔지도 모르는 선배들과 달리 후배들은 배경을 멋진 풍경으로 바꾸고 온라인 회의를 주도했습니다.

회사에 모여서 근무할 수 없으니까 당연히 회식도 못 하던 그때, 일부 기업에서는 회식비를 지급했죠. 1인당 몇만 원씩 식사비 정도. 젊은 직장인들이 그때 얼마나 좋아했는지 선배들은 아마 짐작도 못 할 겁니다. 친구끼리 혹은 팀원끼리 줌의 화면분할 속에 들어 있는 채로 "건배!" 외치거나 온라인 파자마 파티를 경험하지 못했을 테니. (만약 그런 온라인 회의에 후배들이 초대해 주었다면 당신은 진짜 좋은 선배입니다.)

'회식도 근무의 연장'이라는 말 자체를 이해 못 하는 젊은 세대가 많습니다. 근무는 근무, 회식은 회식이지. 술 곁들여 식사하는 회식이 업무와 무슨 상관이냐는 거죠. '술도 한 잔 따라주고 건배도 목청껏 외치면서 함께 술잔도 기울이고, 사무실에서 보지 못한 모습도 보게 되고 나도 그런 모습을 보이게 되고, 그러면서 친해지는 거지.' 이런 선배 세대의 생각에 동의하지 못합니다. "같이 일한다고 꼭 친해져야 하나요?" 후배들의 질문에 선배들은 뭐라고 답을 해줄 수 있을까요.

예전에는 입사 동기 10명 중 7~8명이 그 회사에서 정년퇴직을 맞이했습니다. 평생직장 시대였습니다. 가족보다 더 자주 보고 더 오래 보는 회사 사람들과 친해지면 좋죠. 아이가 몇 살인지 공부는 잘하는지 말썽은 안 부리는지 다 알았고, 서로 가족의 안부까지 물었습니다. 지금은 10명이 입사해도 1명이 그 회사에서 정년퇴직할까 말까. 언제까지 다닐 수 있을지도 모르는데, 왜 회사 사람들과 친해져야 하나요. 동호회도 아니고 동아리도 아니고 그냥 회사인데요. 그러니 친목 도모 회식에 참여하고 싶겠어요? 술이 동반되는 저녁 회식 대신 가벼운 점심 회식, 퇴근 후 뮤지컬이나 영화 관람 같은 문화생활 회식으로 바뀌는 데에는 이런 분위기가 한몫했을 것입니다.

사장님이 직원들을 위해 뭔가 특별한 걸 사주고 싶다면 메뉴는 막내가 고르게 하면 어떨까요?

"뭐 먹고 싶은 거 없어요? 이번엔 막내 먹고 싶은 걸 회식 메뉴로 해보지."

검색의 귀재인 막내들은 선후배가 만족하는, 즉 가심비가 높으면서 가격도 적당한 음식을 찾아낼 겁니다. 단, 회식 후에 절대 뒷말 안 하기! "맛이 있다, 없다, 음식이 달다, 짜다." 그러기 없기로 미리 약속하고 말입니다.

선배들이 태어나 자라던 시절은 베이비붐의 막바지였을 겁니다. 인구도 폭발적으로 늘어나고, 집에서도 식구가 많아 북적거리던 시절. 외동은 눈을 씻고 봐도 찾을 수 없고, 두셋 정도가 아니라 네다섯…, 심지어 10남매도 있었던 시절입니다. 가족끼리 외식도 어렵고, 회사에서 회식도 쉽지 않았죠. 회식하면 비싸서 못 먹었던 고기를 먹는다는 은근한 기쁨도 있었을 겁니다.

요즘은 달라졌습니다. 외동이 흔하고 많아야 셋 정도. 가족 외식도 전보다 훨씬 늘어났습니다. 어린 시절부터 이런저런 식당에도 다 가보게 되죠. 메뉴도 각자 먹고 싶은 대로 고르고, 다양한 음식을 나눠 먹는 분위기가 익숙합니다. 요즘 말로 '취존', 취향이 존중되는 분위기가 편안한 겁니다.

회식에 대한 제안. 간단히 식사를 마치고 요즘 유행하는 뮤지컬 관람 같은 문화적 회식이 어떨까요? 물론 가고 싶은 사람만 가고, 아닌 사람에게는 현금으로 주시면 좋겠습니다. 그게 무슨 '회식'이냐고요? 다 같이 모여서 밥 한 끼 먹으며 애사심을 키우는 게 회식이 아니냐고요? 거기서 '다 같이'만 빼면 됩니다. 회식비를 받아서 혼자 밥을 먹으면 애사심이 안 생긴다고 단정하지 마시고요. 회사에 고마운 마음으로 '혼밥'을 하면 그때 애사심이 뿜뿜할 수도 있잖아요. 회식이 편안하고 자유롭다, 뮤지컬이 재미있더라고 입소문 나면 '혼밥' 하던 직원도 조심스럽게 회식에 참여할 수도 있을 테고요.

다음은 소규모 회식이요. 전체가 가는 게 아니라 식당과 메뉴를 몇 개 정해놓고 각자 가고 싶은 식당에 가서 먹고 싶은 걸 먹게 하는 겁니다. 그러면 사장님과 함께 옻닭을 먹겠다는 직원도 몇 명 있을 거예요. 다 같이 가지 못해 아쉽다? 그러면 그룹별로 인증사진을 찍어서 단체 대화방에 올리면 끝!

이렇게까지 해야 하는 이유. 다양성이 생존에는 필수이기 때문이죠. 사회에서도 마찬가지입니다. 다양성만이 유일한 생존 방식이며, 그렇기에 우리에겐 차이가 희망입니다. 차이를 존중해 주는 조직만이 살아남을 수 있습니다. 오늘 당장 그렇지 않을지는 몰라도 취향 존중 없는 회사라고 직장인 대나무 숲에라도 오르면 섬세하고 능력 있는 젊은이들은 지원을 꺼리는 회사가 될지도 모르죠. "다양성은 분열이 아니라 힘이다." 그 옛날에 존 F. 케네디 대통령도 말했습니다. "차이를 껴안을 때, 우리는 진정한 혁신을 시작할 수 있다." 마이크로소프트 CEO인 사티아 나델라Satya Nadella도 이렇게 얘기했답니다.

> **❝ 우리 이렇게 생각해 볼까요?**
>
> 한창 성장하는 스타트업에서 강의한 적이 있습니다. 채 100명이 되지 않는 기업, 평균 연령 30대 초반, 공동 대표 두 분은 40대 초반. 그 기업은 분기별로 하루씩 금요일을 비운답니다. 모든 직원이 회사가 아닌 맛집 많은 곳으로 출근합니다. 메뉴를 몇 가지 미리 정하고, 각자 신청한 메뉴를 선택해 모여서 점심을 먹지요. 오후에는 근처 공간을 빌려 저 같은 사람을 불러다 강의를 들은 후 대표님 두 분이 회사의 상황을 브리핑합니다. 유난히 밝았던 그 회사 직원들 표정이 아직도 기억에 남아요. 요즘처럼 어려운 시기에도 해마다 큰 폭으로 매출이 늘어나는 이유를 알 것 같았습니다. **❞**

후라이의
꿈

　가수 악뮤AKMU의 오빠 이찬혁 씨가 만들고 동생 이수현 씨가 부른 노래 〈후라이의 꿈〉. 젊은 층에서 폭발적으로 공감했다는 노래 가사 내용은 대략 이렇습니다.

　　저 거위도 벽을 넘어 하늘을 날을 거라고
　　달팽이도 넓고 거친 바다 끝에 꿈을 꾼다고
　　나도 꾸물꾸물 말고 꿈을 찾으래
　　어서 남의 꿈을 빌려 꾸기라도 해

내게 강요하지 말아요. 이건 내 길이 아닌걸
내밀지 말아요. 너의 구겨진 꿈을

난 차라리 흘러갈래
모두 높은 곳을 우러러볼 때
난 내 물결을 따라
Flow flow along flow along my way

난 차라리 꽉 눌러붙을래
날 재촉한다면
따뜻한 밥 위에 누워 자는
계란 fry fry같이 나른하게

라떼는 말이죠. 알을 깨고 나와 세상을 훨훨 날아다니라고 했습니다. 스스로 알을 깨려 애쓸 때 밖에서 껍질이 깨지게 도와줄 조력자도 나타난다며, '줄탁동시啐啄同時(병아리가 알 속에서 소리를 내며 어미 닭이 밖에서 동시에 껍질을 쪼아 깨는 것)'라나 뭐라나. 그래야 하는 줄 알았죠. 비록 요만큼 하늘을 날아 고작 여기 있지만 꿈은 그랬다고요. 그러나 한국 예술가들이 빌보드 차트 1위에 오르고, 아카데미 작품상을 거머쥐고,

노벨 문학상까지 받게 된 지금. 마음만 먹는다면 세계로 뻗어 나가 탄탄대로를 아무렇지도 않게 달려갈 수 있는데요. 외려 요즘 세대는 알을 깨고 나가고 싶지 않답니다. 알을 깨야 한다면 그냥 달걀 후라이가 되어서 갓 지은 밥 위에 얹히면 어떨까 한대요. '아이, 포근해. 아이, 따뜻해.' 하면서요.

모두가 그렇다는 건 아니에요. 하지만 그런 이들이 한둘이 아니기에 〈후라이의 꿈〉이 인기 있겠죠. "Boys, be ambitious!(야망을 가져!)"가 아니라 "Girls, take it easy!(좀 편히 쉬어!)"라고나 할까요.

어른들은 이해가 되지 않을 겁니다. "이렇게 여건이 좋은데 아무런 꿈이 없다는 게 말이나 되냐." 할 겁니다. "배가 불러서 그래." 타박도 할 겁니다. 그건 요즘 젊은이들의 삶을 몰라도 너무 모르는 거랍니다. 유치원 다닐 때부터, 아니면 초등학교 입학하면서부터 오로지 대학 입학만을 위해 앞만 보고 달리거든요. 혹여 다른 곳을 볼까 봐 경주마처럼 옆으로 향하는 시야는 차단한 채로 말이지요.

대학까지 쉬지 않고 달려가 입학하는데, 꿈꿀 새가 어디 있겠습니까. 대학 전공도 무조건 취업이 잘되는 학과나 학부를 선택하라고 해요. 꿈은 무슨 꿈이요. 그렇게 4년 혹은 3년을 달리다 보면 지쳐 쓰러질 때가 와요. 그래서 요즘 대학생들이 너 나 할 것 없이 한 학기나 1년 정도 휴학하는 거랍니다. 치열한 경쟁, 그 후 다시 치열한 경쟁. 경쟁에 지친 젊은이들이 악뮤의 노래 〈후라이의 꿈〉에 공감하는 것, 공감됩니다.

이웃 나라 일본에서도 달걀 후라이가 젊은이들 사이에서 인기를 끈 적이 있답니다. TBS 아침 정보 프로그램 〈아침짱〉에 2014년부터 2020년까지 무려 6년이 넘도록 등장한 미니 애니메이션 코너. 달걀 후라이 노른자에 눈 코 입이 조그맣게 달려 있어요. 얼마나 인기가 있었는지 2022년에는 넷플릭스에서 실사화하기도 했답니다.

구데타마ぐでたま는 헬로키티를 만든 회사 산리오의 캐릭터였습니다. 음식을 테마로 한 사내 기획 '음식 캐릭터 총선거'에서 2위를 하며 세상에 나왔대요. '구데구데'는 헤롱헤롱 흐물흐물, 술에 취한 듯 형태가 없어진 모습이라고 합니다. 구데타마의 트위터(현 엑스) 캐릭터 계정은 팔로워가 103만 명을 넘을 만큼 인기가 많다죠. TBS 스토어는 한때 구데타마 스토어일 정도로 구데타마로 가득 차 있었다고 해요. 2018년에는 한국 서울 팝업 스토어를 여는 등 해외 진출도 꾸준히 했고요.

구데타마를 좋아하는 이유를 일본 젊은이들은 이렇게 말했답니다. "힐링이 됩니다. 나를 정당화해 주는 것 같아요. 에너

2장. 서로의 다름을 인정하자고요

지도 아무것도 느껴지지 않지만 그런 캐릭터이기 때문에 구원받는 느낌이 들었어요. 느슨함이 좋아요. 말도 안 되는 나른함과 빈둥거리는 모습이 편안해요. 자신의 모습을 느긋하게 있는 그대로 드러내는 구데타마를 보면서 그래도 된다고 느낍니다." 그러니까 '의욕 없어. 될 대로 돼라.' 하는 것이 청년(사토리 세대부터 유토리 세대까지)들의 실체 모를 절망감과 딱 일치했다는 겁니다.

사토리 세대는 1987~1994년생으로, 한창 버블 붕괴가 진행하던 시기에 성장했고, 경제 불황과 취업난을 겪은 청년 세대입니다. 개인의 만족과 행복 추구가 제일 중요하고, 사회에는 관심이 적죠. 유토리 세대는 1995~2010년생입니다. 버블 붕괴 이후 성장했고, 마찬가지로 경제 불황과 취업난을 겪었습니다. 더 개인주의적이고 낙관적이며, 디지털 네이티브 세대입니다.

일본에서 오래 공부하고 온 분에게 물어보았습니다. 일본은 눈치랄까, 집단에서 소위 '정상성'에 대한 강요가 심하다고 합니다. 학생 때는 자유롭게 하고 다니지만, 취직하려면 정장에 차분한 머리 모양, 요란한 염색은 삼간답니다. 또 남에게 폐 끼치면 안 된다고 해서 문제가 있어도 참고 넘긴대요. 자기 생각이나 표현을 잘 못 하고 억눌려서 사는 젊은이가 많다는 거죠. 그래서 '나는 일하기 싫어, 의욕 없어.'라고 거리낌 없이 말하고, 너무 귀여워서 도저히 싫어할 수 없는 캐릭터에 대리만족하는 거라고요.

청년 복지라는 측면에서 보면 일본은 우리보다 잘되어 있는 면도 있지만, 다른 면으로는 답이 없대요. 집 주소가 없으면 아르바이트도 못 구하고, 회사에서 잘리면 집세를 못 내쫓겨나고, 거주지가 없으니 일을 구하지 못하고. 이런 식으로 가난의 굴레에 빠지면 헤어 나오기 어렵고요. 그런데 젊은 층 대부분 정치에 관심이 없어서 이것이 사회문제라는 여론이 형성되는 게 아니라 개인의 문제로 방치된다고 합니다.

일본과 우리나라 젊은이들 사이에 차이점도 있지만, 공통점도 많지요. 경제 침체기에 자란 세대라는 공통점. 사회 진출을 하려고 보니 일자리가 별로 없습니다. 경쟁이 말도 못 하게 심합니다. 경쟁은 필연적으로 낙오자를 만들어내죠. 이른바 낙오자들은 제2의 기회를 얻지 못합니다. 젊은이들은 두려워집니다. 이건 사회 시스템의 문제라며 목청을 높이려 하면 기성세대가 눈을 부릅뜹니다. '라떼'를 외치면서. 그럴 때 젊은 세대의 선택은? 후라이를 꿈꾸고 구데타마에 애착을 느끼는 수밖에.

생활 속의 철학을 이야기하는 철학자 고병권 선생의 말이 위로를 줍니다. "낙오자에게도 따뜻한 세상이 필요하다. 그것이 성숙한 사회다." 한국 교육에 대해 목소리를 높이는 사회학자 김누리 교수도 말합니다. "청년은 게으른 것이 아니다. 지친 것이다."

> **❝ 우리 이렇게 생각해 볼까요?**
>
> 가끔 인터뷰하다 보면 "요즘 젊은이들에게 한말씀해 주세요." 하는 분들이 있습니다. 그럴 때 제 대답은 한결같이 이렇습니다. "기성세대로서 젊은이들에게 미안합니다." 지금처럼 경쟁이 치열한 세상이 아니라 좀 더 느긋하게 살아도 되는 세상을 만들지 못했으니까요. 그래서인지 저는 다람쥐 쳇바퀴에서 벗어나는 분들을 응원합니다. 취업을 위해서 몇 년씩 고생하는 분들도 응원하지만, 아르바이트하며 문화예술계 활동을 하는 분들도 응원합니다. 작은 규모의 가게를 차리는 젊은 사장님들도 응원합니다. 저희가 만들지 못했던 좀 더 나은 세상을, 젊은 여러분이 부디 만들어주시기를 바랍니다. **❞**

자꾸
그만두는 이유

●

'그래, 나도 그때 그랬는데.' 고개를 끄덕이게 되었던 이야기를 어린이집 교사인 하린 씨에게 듣게 되었습니다.

어린이집에선 늘 유행병이 돈다고 해요. 한 아이가 감기에 걸려서 오면 함께 밥 먹고 낮잠도 자는 다른 아이도 자연스럽게 옮게 되니까요. 한창 수족구병이 돌던 때. 그날따라 몸이 안 좋고 감기 기운이 있어 혹시 수족구병인가 걱정되었던 하린 씨. 오전 근무 내내 마스크를 쓴 상태로 일을 하다가 당일 반차를 사용하고 병원에 가봐야겠다고 원장님에게 말씀을 드렸다죠. 그런데 이런 답변이 돌아왔답니다.

"선생님이 반차를 쓰고 진짜 병원에 가는지 아니면 놀러 가는지 내가 어떻게 알아요? 그건 모르는 거 아닌가?"

몸이 아팠던 하린 씨는 마음까지도 아팠다죠. 나를 이렇게 믿지 못하는 분과 어떻게 오래 일을 하나 싶었답니다. 아기들의 건강에 가장 민감하게 반응하고 염려해야 하는 분이 원장님 아닌가 싶었대요. 하루하루 원장님께 실망이 쌓여가던 하린 씨는 결국 그 일을 계기로 퇴직을 결심한 후 그만뒀다고 합니다.

고등학교 기간제 교사로 일하던 수현 씨에게 들은 얘기도 비슷했습니다. 코로나가 기승을 부리던 때. 양성 판정이 나와 병가를 쓰겠다고 근태 관리 담당 교무부장 선생님께 말씀드렸더니, 집에서 온라인 수업을 하라고 하셨대요.

"우리 학교는 다들 열심히 하는 학교인데, 애들한테 피해를 주면 안 되잖아?"

열이 나고 숨도 차고 어질어질했는데도, 집에 가서 아픈 몸으로 줌 수업을 진행했다는 수현 씨. 인간으로 존중받지 못한다는 생각이 들어 서글프고 속상했답니다. 그뿐만이 아니었답니다. 수현 씨는 결재라인을 다 지켜서 보고했는데, 교무부장이 누락시킨 적이 있었대요. 그러고는 "나는 모르는 일이다."라며 수현 씨를 교장실로 보냈답니다. 거기서 온갖 인신공격을 당했다는 수현 씨. 책임 회피에 급급하던 교무부장의 모습에 실망했고, 신뢰할 수 없다는 생각이 들어 그와 대화할 때는 녹음해야겠다고 다짐까지 했답니다.

교무부장이 그랬던 건 교장의 성향 때문. 개인적인 사유로 자퇴하려는 학생이 있었대요. 절차에 따라 학업 중단 숙려제 등을 실시하고 부모님, 학생과 계속 상담했답니다. 개인적인 사유였기에 조심스럽게 접근했다고요. 매뉴얼대로 일을 진행하며 마음으로는 붙잡고 싶었지만, 학생은 결국 자퇴했답니다. 그러자 교장 선생님이 하신 말씀.

"수현 쌤은 교사로서 자격이 없네요. 왜 좀 더 적극적으로 학생의 자퇴를 막지 않았어요? 자퇴한 학생의 인생은 수현 쌤 때문에 망가진 거예요. 나 때는 학생을 계속 쫓아다니고 집도 찾아가고 해서라도 붙잡았어요. 요즘 젊은 쌤들은 그런 집념이 없어요."

수현 씨는 얘기하고 싶었대요.

"교장 선생님, 요즘 그렇게 상담하면 학생이 신고해서 경찰에 잡혀가요."

교무부장이 등 떠밀어 교장실로 들어간 날. 교장이 얼마나 소리를 크게 지르고 공격 하던지 그날 이후 한동안 공황이 와서 정말로 힘이 들었다고 합니다. 이런 일들이 쌓이고 쌓여 그 학교를 그만둘 수밖에 없었다고 하고요.

요즘 젊은이들이 성실하지 않다고, 인내를 모른다고, 툭하면 그만둔다고 하죠. 그런 사람도 있겠지만, 이런 이유도 있지 않을까요. 믿어주지 않으니까요. 정말 아픈지 놀러 가려고 휴무 내는지 어떻게 아냐며 의심하니까요. 아픈 사람을 위로하는 게 아니라 할 일을 못 하는 무책임한 사람으로 만들어버리니까요. 자신의 실수를 어린 후배에게 덮어씌우니까요. 원장을, 부장을, 교장을 믿을 수 없었던 것이죠. 믿음이 사라진 그 자리에는 결국 어렵게 쓴 사직서가 놓일 수밖에요.

오래전 일이지만 저도 그랬습니다. 방송사를 그만둘 때 마음에 상처를 입었어요. 한창 바빴고, 해야 할 일이 너무 많았죠. 5년 6개월 동안 단 하루도 쉬지 못했어요. 아침 TV 생방송 1시간, 오후 라디오 생방송 2시간, 주 1회 TV 녹화나 생방송이 모두 5개. 그중 하나는 토요일 저녁 생방송, 또 하나는 매주 일요일 녹화. 휴가조차 갈 수 없었습니다. 그 많은 프로그램을 대신 해줄 사람이 없어서요. 요즘엔 이렇게 일할 사람도 없겠지만, 이렇게 일하면 절대 안 됩니다. 저도 5년 6개월 만에 주저앉았거든요.

그런 상황에 남북 이산가족 상봉 생방송 현장까지 투입이 되었어요. 근무하는 동안 단 한 번도 업무 지시에 "못 하겠습니다."라고 한 적 없지만, 정말 쓰러질 것 같아서 그때 딱 한 번 어려울 것 같다고 말씀드렸습니다. 아침 TV 생방송과 저녁 라디오 생방송, 그리고 밤에는 이산가족 상봉 기념 특별 TV 생방송까지 하던 때였죠. 그런 빡빡한 일정이었는데 상봉 특집 생방송까지 하라니요. 그랬더니 담당 부장님의 말씀은 이거였어요.

"얘, 넌 복에 겨운 거야. 남들은 얼마나 하고 싶은 일인 줄 아니? 다들 맡지 못해서 안달인데. 근데 어떡하겠니. PD들이 너 아니면 안 된다는데."

못마땅한 듯 목소리를 높이던 그 부장님의 어조까지 생생하게 기억납니다. 결국, 그 모든 걸 해낸 후 저혈압으로 생방송 중에 주저앉고 말았습니다. 최고 혈압 80, 최저 혈압 60. 강제 1일 입원. 의학적으로는 '쇼크'라고 한다고요. 당장 모든 일을 그만두고 쉬어야만 한다는 의사 선생님 소견에 저는 갈등했습니다. '모든 일을 그만둔다고 하면 부장님이 그러라고 하실까. 내가 쓰러져 세상을 떠나면 순직비라도 회사에 세워나 줄까.'

그래서 한 달 반 후 회사를 그만뒀습니다. 살기 위해서, 살고 싶어서. 이제야 하는 말이지만, 당시 퇴사 전의 연봉과 퇴사 후의 TV 출연료는 거의 비슷했습니다. 프리랜서로 계속 출연하려면 그래야 한다고 담당 부장이 내건 조건이 그거였거든요. 돈보다 생존이 앞섰던 저로선 군말 없이 받아들일 수밖에요. 아침 생방송 프로그램을 그만둘 때까지 저의 출연료는 입사 동기들이 받는 연봉과 엇비슷했습니다. 그런데도 제가 회사를 그만두고 프리랜서가 된 건 오로지 살고 싶어서, 숨을 쉬기 위해서였습니다.

이해받지 못하고 오해만 받고, 애쓰면서 하는데 격려하지는 못할망정 더 해야 한다고 몰아세우면? 누구나 비슷합니다. 떠나고 싶어지죠. 『언어의 온도』로 유명한 이기주 작가도 이런 말을 썼습니다. "머무는 이유가 사라지면, 떠나는 건 결코 배신이 아니다." 자꾸 그만두는 젊은이들에게 어른들이 건네야 할 말은 이런 것이 아닐까요.

"하린 쌤, 몹시 아파 보이네요. 그래도 오전 근무를 다 해줘서 고마워요. 빨리 병원에 가보세요."
"수현 쌤, 괜찮으세요? 갑자기 오후 수업을 맡아줄 분이 안 계셔서 어떡하죠. 저도 마음이 안 좋네요. 다른 방법을 찾아볼 테니 얼른 집에 가서 쉬세요."

"아, 어떡해요. 수현 쌤이 결재 올린 것을 제가 그만 깜박했습니다. 제가 교장께 말씀드릴게요. 수현 쌤의 실수라고 오해해서 미안해요."

저도 그때 이런 말을 듣고 싶었답니다.

"힘든 거 다 알아요. 바꿔줄 수만 있다면 그러고 싶은데 그게 어렵네. 어쩌겠어요. 조금만 참아봐요. 대신 휴일 근무라도 내가 좀 바꿔줄까요?"

> **❝ 우리 이렇게 생각해 볼까요?**
>
> 그만두고 싶은 마음이 드는 2030 세대에게는 붙잡아 줄 손길이 필요해요. 등을 떠미는 말 한마디 대신에. 당신의 손을 부드럽게 내어주세요. 따뜻한 시선으로 바라봐 주시고요. 그 눈길과 손길이 후배의 마음을 붙잡는 끈이 되어주고 당신과 소통하는 길이 되어줄 겁니다. 저도 회사생활 하면서 저에게 길을 내어준 선배들과는 그만둔 지 한참 지난 지금까지 모임도 만들고 때마다 밥도 같이 먹으면서 친분을 유지합니다. 부장님은? 만나고 싶지도 않습니다. ❞

미스 리
라고요?

입사 초기, 출장을 가보신 적 있나요. 일도 서툰 데다 사람도 낯설고. 어쩐지 누군가가 나를 평가할 것만 같고. 얼마나 긴장될지 짐작하실 겁니다.

입사 한 달도 안 돼서 지방 출장을 가게 되었다는 현주 씨. 일행인 팀장님, 차장님 역시 다른 부서 분들이라 초면이나 다름없고, 함께 가게 된 협력업체 직원 또한 초면. 게다가 모두가 남자였답니다. 차를 타고 이동할 때나 업무를 볼 때나 몸이 뻣뻣해질 수밖에 없었고, 대화에 끼지도 못했죠. 그러다 보니 몸도 마음도 금세 지쳤답니다. 빡빡한 일정을 끝내고 나니 얼른 숙소로 들어가 쉬고 싶은 마음뿐. 그런데도 새벽까지 이어지는 술자리에 합류해야만 했대요.

맥없이 앉아 자리만 지키던 중, 초면이던 팀장님이 술을 따라보라고, 술은 여자가 따라야 하지 않겠냐고 하셨답니다. 순간 '이게 말로만 듣던 성희롱인가? 아닌가? 내가 예민한 건가?' 온갖 생각이 들면서 표정 관리가 되지 않았다고요. 어쩔 줄 몰라 하는 현주 씨를 본 협력업체 직원이 말했답니다.

"에이, 팀장님. 요즘엔 그런 말씀 하시면 큰일 나요."

얼른 술을 따르고 대화 주제를 자연스럽게 바꿨다는 협력업체 직원. 같은 회사 차장님은 외면하고, 타 업체분의 도움을 받은 게 황당했답니다. 그날 밤에 잠이 오지 않았대요.

현주 씨의 말을 들으며 아직도 '술과 여자'라는 말을 회식 자리에서 한다는 게 믿기지 않았습니다. 아주 오래전, 30년도 더 넘은 그날이 떠올랐죠. 아나운서 시험을 본 후 최종 합격 발표를 기다리던 중, 방송국에서 일하던 학교 선배가 연락을 해왔습니다. 출장을 가기로 했던 TV 프로그램 리포터가 펑크를 냈다며 혹시 대신 갈 수 있겠느냐고. 아나운서 지망생으로서 좋은 기회인 것 같아 냉큼 가겠다고 했죠. 바로 다음 날 떠나게 된 출장길. 차를 운전하시는 기사님부터 연출, 조연출까지 모두 남성이었고, 당연히 저로서는 모두가 초면. 종일 열심히 촬영하고, 숙소 앞 식당에서 저녁을 먹게 되었습니다. 당연한 듯 술이 곁들여졌습니다. 저는 술은커녕 밥도 안 넘어갔고요. 생전 처음 해보는 촬영에 적응도 제대로 못 해서 담당 PD에게 계속 야단을 맞아 주눅 들었거든요. 가시방석에 앉은 기분이었습니다.

그때 그 자리에서 제일 나이 많은 선배였던 운전 기사님이 했던 말.

"술은 여자가 따라야 제맛이지. 미스 리라고 했나? 술 한 잔 따라봐."

이러면서 맥주잔을 제 코 앞에 들이댔습니다. '이게 뭐지? 내가 술을 따라야 하는 건가? 근데 왜 기분이 나쁘지?' 생각하며 쩔쩔맸는데, 옆자리 조연출이 나섰습니다.

"에이, 선배님. 제가 따라드릴게요."

간신히 위기를 모면했습니다. 그게 무려 30년도 더 전인데, 지금도 여전히 똑같은 풍경이 펼쳐지고 있다니. 스마트폰은 물론 AI까지 일상화될 만큼 기술의 발전은 어마어마하지만, 일부 사람들 인식은 여전히 제자리걸음이라니. 절망적이지 않나요.

'술은 여자가 따라야 제맛'이라 말하던 현주 씨네 팀장님과 30여 년 전 그 기사님. 그때의 '여자'가 혹시 딸이나 조카가 되면 어떨까요. 당신의 딸이나 조카가 회식 자리에서 그런 말을 듣는다면 어떤 기분일까요. 그런 상사를 믿고 따르라고 하실 수 있을는지요.

게다가 믿기지 않지만 '미스 리'라고 부르는 사람이 아직도 있다고 합니다. 물론 원래 영어에서 미스 리라는 호칭은 존칭이죠. 하지만 맥락과 시대에 따라서는, 특히 우리나라에서 나이 많은 남자 선배가 어린 여자 후배를 부를 때는 존칭으로 느껴지지 않습니다. 그러니 삼십몇 년 전에 아나운서 지망생이던 저도 그런 호칭에 기분 나빴죠. 제대로 내색하지도 못했지만. 그래도 요즘 젊은이는 훨씬 똑똑하고 야무지더군요. 미스 리라고 부르던 회사의 나이 많은 상사에게 바로 정정해 달라고 요청했다니까.

"미스 리라니요. 시대에 맞지 않는 호칭입니다. 저를 그렇게 부르시면 듣는 저로서는 불쾌감을 느낍니다. 저에게는 엄연히 대리라는 직급이 있으니, 저를 이 대리라고 불러주시면 좋겠습니다. 아니면 그냥 이지현 씨라고 이름을 불러주셔도 좋겠고요. 암튼 미스 리는 아닙니다."

한두 번 보고 안 볼 사이도 아니고, 회사에서 오며 가며 계속 봐야 하는 상사이기에 호칭을 제대로 부르게 하고 싶었다는 지현 씨. 오래전 저보다 훨씬 낫지 않은가요.

미스 리라고 부르는 게 온당하지 못한 이유는 거기에 '사람'이 없어서입니다. '이'는 있으나 '아무개'가 없습니다. 이 아무개라는 사람이 아니라 누구든 상관이 없습니다. 미스 리는 미스 김으로도 미스 최로도 금세 대체할 수 있습니다. 그 자리에 누가 있어도 상관없다는 겁니다. 미스 리라는 호칭은 대놓고 말합니다. "응~ 그래~ 너 아니어도 돼. 우린 당장 내일이라도 미스 김으로 바꿀 수 있어. 그러니 너는 시키면 시키는 대로 해."

미스 리가 불편한 건 차별해서입니다. 그렇게 부르는 사람은 여자만 그렇게 부릅니다. 아직도 그렇게 부르는 사람이 있다면 자세히 관찰해 보세요. 그런 분이 남자에게 미스터 리, 미스터 김, 미스터 최라고 부르는 법은 없습니다. 그건 예전에도 그랬어요. 저를 미스 리라 불렀던 선배나 상사는 남자 후배에게는 꼬박꼬박 이름을 불렀습니다. "이금식 씨! 이금동 씨!" 과장하자면 남자는 후배로 여기지만 여자는 그렇지 않은 것이죠.

호칭은 존중입니다. 호칭은 상대에 대한 예의입니다. 호칭은 시대나 상황에 따라 선택해야 합니다. 그래서 인격자는 호칭을 조심스럽게 합니다. 예전에도 지금도 존경하는 선배님이 계십니다. 스무 살 가까이 차이 나는 저에게 단 한 번도 반말하신 적이 없죠. 따님보다 더 어린 막내 작가에게도 늘 존대를 하셨고요. 오랜 세월이 흘러도 선배님의 언행을 생생히 기억하고 있으며, 저도 선배님을 따라 하고 싶습니다. 사람을 함부로 부르는 사람이 누구를 귀하게 여길 리 없을 터. "말투는 그 사람의 품격"이라고 작가 무라카미 하루키도 말했습니다. 호칭은 처음이자 마지막, 시작이자 끝, 그 사람의 전부입니다.

> **❝ 우리 이렇게 생각해 볼까요?**
>
> 후배에게도 존대를 해주세요. 존칭은 존중을 의미합니다. 후배가 직접 "선배님, 말씀 놓으세요."라고 한다면 그때 편하게 말씀하시고요. 혹시나 회식 자리에서 여자와 술 얘기를 꺼내는 사람에게는 이렇게 말씀해 보세요. "에이, 선배님. '자부자마' 모르세요? 자기가 부어서 자기가 마셔야 술이 제맛이래요." 여기서 포인트! 그 얘기는 웃으면서 하셔야 합니다. 그럴 때일수록 웃는 얼굴로, 하지만 강단 있게 얘기하시며 자신의 술잔에 술을 따르세요. ❞

성희롱 금지

정연 씨는 직장에서 이어폰을 꽂고 일합니다. 이어폰에서는 아무런 소리도 나오지 않는데도. 듣기 싫은 질문을 미리 차단하는 거죠. 처음엔 정연 씨도 선배들 질문에 귀를 쫑긋 기울였답니다. 그러나 그 질문이라는 것이 갈수록 가관이었다고요.

"정연아, 나 정도면 너한테 삼촌이니, 오빠니?"

(오빠들은 이런 거 절대 물어보지도 않죠. 오빠라는 걸 알고 있으니까요. 그러니 이런 질문을 한다는 건 오빠가 아니라는 겁니다! 게다가 오빠면 어떻고 삼촌이면 또 어떻습니까. 회사에서는 직급

을 부르거나 선배라고 부르면 되지 않나요.)

차를 마시며 이런저런 대화를 하던 도중에 느닷없이 그러더래요.

"정연아, 그 유명인, 다른 건 몰라도 로맨티시스트 같지 않냐? 그 사람 아니면 바람둥이로 유명한 잘생긴 연예인, 둘 중 하나랑 살아야 하면 넌 누구랑 살래?"

(정연 씨는 둘 다 싫었을 겁니다. 그런데 분명한 건 그렇게 묻는 당신이 제일 싫었다는 거고요.)

"그래도 젊었을 때는 쟤가 나이트에서 인기 죽였다. 정연이 네 눈에는 누가 더 낫냐? 쟤랑 나랑 둘 중에서?"

(어이가 없습니다. 그렇게 묻는 부장님도, 쟤라고 불린 옆 부서 부장님도 거기서 거기라고요. 여성 후배가 볼 때 유부남 선배는 무생물과 별로 다르지 않아요.)

정연 씨뿐만이 아닙니다. 2030 세대 여성들이 직장에서 진절머리 나게 듣기 싫다는 '말'이 있습니다. 바로 성희롱과 경계가 모호한 성적 농담과 사생활 이야기. 어떤 상황에서도 어떤 발언이라도 싫다고 했습니다. 듣고 싶지 않은데 직급 차이 때문에 억지로 웃어야 하는 경우가 너무 많다고요. 불쾌해서 정색하면 "왜 그래, 농담인데 좀 웃자." 그런다고요. 하나도 웃기지 않기에, 기가 막힌 상황이기에 전혀 웃고 싶지 않다고요. 왜 그런 이야기를 딸이나 조카뻘 후배에게 하는지 의도도 이해할 수 없으며 기분은 기분대로 나쁘다고 말입니다. 정연 씨네 회사 상사들만 이런 말을 하는 거죠? 다른 분들은 아니겠죠? 그렇게 믿고 싶어요.

요즘은 N잡이 대세. 장미 씨도 직업이 따로 있지만, 미래의 꿈을 향해 공부하고 노력해서 간신히 N잡을 하게 되었답니다. 원래 하던 일과 새로 하는 일이 상충하지 않으면서 평일과 주말로 시간도 적절히 배분할 수 있어서 다행이었대요. 새로 하게 된 일로 당장 큰 수입을 올릴 수는 없었지만, 앞으로는 그쪽에서 자리를 잡고 싶어서 균형감 있게 열심히 하고 있었다죠. 그런데 문제는 두 번째 업계의 남자 선배.

"장미 씨, 이쪽에서 일하려면 무엇보다 인맥이 넓어야 해. 내가 도움 될 만한 사람들을 많이 알고 있으니까 내가 연락하면 무조건 나와."

참고로 장미 씨는 누가 봐도 미인이었어요. 늘씬하면서도 건강해 보이고, 매우 호감이 가는 외모의 주인공. 이름처럼 화사한 미모를 지니고 있었고, 대학 시절 무슨 미인대회에서 수상한 경력도 있었답니다.

선배가 주로 몇 시쯤 장미 씨에게 연락해 왔는지 짐작이 가시죠? 늦은 밤 혀가 꼬부라져서 전화해대는 남자 선배. 일정을 핑계로 한 번도 나가지 않았더니, 업계에 소문을 쫙 내더랍니다. "장미는 너무 도도하고 건방지다. 이쪽에서는 겨우 작업 하나 했을 뿐인데, 자기가 뭐 대단한 줄로 안다. 진짜 재수 없다." 그 말을 들은 다른 선배가 혹시 뭐 그 선배한테 잘못한 게 있느냐고 물어봐서 알게 되었대요. 잘못이야 선배가 했지요. 업무와 상관도 없이 늦은 밤 왜 후배에게 전화하죠? 인맥이 그렇게 중요하다면 어두운 밤이 아닌 환한 대낮에, 술이 아닌 커피를 한잔하는 게 바람직하지 않을까요.

오래전 대규모 팀에서 일하던 시절, 회식이 잡혔어요. 밥도 먹으며 술도 마시고 1차를 한 후 자연스럽게 2차로 이어졌습니다. 아주 커다란 노래방 형태의 홀이었는데, 술이 있었으니까 노래방은 아닌 곳이었어요. 누군가 댄스곡을 부르면 기분 내키는 사람이 나가서 춤을 추는 매우 자유로운 분위기가 펼쳐졌습니다. 누군가 슬로 템포 노래를 부르면 또 자연스럽게 누군가는 블루스 같은 춤도 추고 그랬어요.

그러다 어느 블루스 타임에 갑자기 여자 후배들이 젊은 남자 후배의 등을 떠밀어 제게로 보내는 게 아닙니까. 저랑 블루스라도 추라는 의미였나 봅니다. 저는 깜짝 놀라서 남자 후배를 얼른 밀어내면서 "아냐. 나는 앉아서 쉴 거야." 큰소리로 외쳤습니다. 분위기에 휩쓸려 블루스를 췄다면 저도 모르게 정연 씨가 당했듯, 장미 씨가 겪었듯 그 남자 후배에게 본의 아니게 성희롱을 저질렀을지도 모른다고 생각하니 아찔해졌습니다.

성희롱은 불법행위입니다. 위계질서로 볼 때 상급자가 하급자에게 가하는 불법행위지요. 아랫사람으로서는 부당한 것 같아도 윗사람에게 제대로 말하지 못할 수도 있습니다. 회식 같은 분위기에서는 순간적으로 판단을 잘 못할 수도 있고요. 무조건 윗사람이 조심하는 수밖에, 성인지 감수성을 더 예민하게 갈고닦는 수밖에 없습니다.

정연 씨는 체념 조로 토로했습니다. 이상한 말을 던져놓고 표정이 조금 달라지면 눈치를 보면서 "무서워서 무슨 말을 못 하겠네." 하는 상사와는 대화조차 나누고 싶지 않다고요. 그래서 이어폰을 끼고 일을 한다고요. 지금이 무려 2025년인데도 여전히 머릿속이 업데이트가 안 된 상사는 스스로 부끄러워해야 하지 않겠느냐고요. 그러면서 말을 이어갔습니다. 상사와 대화에서 후배가 바라는 건 업무와 관련된 배움이라고 말입니다.

프로젝트에 관한 리뷰, 건설적인 피드백은 언제나 환영이라고 했습니다. 후배에게 유익한 이야기를 들려달라고. 나이가 어려도 회사 후배인데, 예의는 지켜달라고 말이죠. 그리고 업무에 관해 후배들의 전문성도 어느 정도 존중해 달라고 했습니다. 정연 씨가 일하면서 제일 기뻤던 때는 연말 평가 때였답니다.

"정연 씨는 어떤 일이든 믿고 맡길 수 있어서 늘 든든합니다. 올해는 이러이러한 업무를 통해 새로운 영역에서도 좋은 성과를 보여줬고, 이러이러한 부분의 이해가 높아서 팀 업무에도 많은 도움이 되었습니다. 내년에는 이런 분야에 도전해 업무 능력을 키우면, 커리어 성장과 더불어 추후 리더가 되었을 때 도움이 될 것 같습니다. 제 도움이 필요하면 언제든 말씀하세요."

팀장님의 구체적인 칭찬과 피드백을 들으며 '내 업무와 성과에 관심이 있으시네. 발전 방향과 도움까지 언급해 주시니 진짜인가 보다.' 생각했다는 것이죠.

오빠니 삼촌이니 하는 건 소통을 막는 겁니다. 젊은 사람의 성인지 감수성이 어느 정도인지도 관심 있게 살펴보셔야 합니다. 그래야 선배도 후배도 편안한 직장 분위기를 만들 수 있을 겁니다.

"권위를 세우려는 사람은 존경받지 못하고, 존중하는 사람만이 권위를 얻는다." 최고의 연설가인 존 맥스웰 목사의 말이랍니다. 후배들과 대화는 이렇게 하는 것입니다!

> **❝ 우리 이렇게 생각해 볼까요?**
>
> 선배님들, 간혹 관련 뉴스가 나올 때 그냥 넘기지 말고 제대로 읽어보세요. '이런 것도 성희롱이 된다고?' 아셔야 해요. 주의하셔야 해요. 후배님들, 혹시 이게 성희롱인지 의심된다면 그냥 넘어가지 마시고 상담을 받아보세요. "당신이 침묵할 때, 가해자는 더욱 기세등등해진다." 파키스탄의 인권운동가로 노벨 평화상을 수상한 말랄라 유사프자이Malala Yousafzai도 말했거든요.
> 당신의 침묵이 잘못된 선례를 남길 수 있습니다. **❞**

커피
택갈이

지수 씨가 진담 반 농담 반 말했습니다. "커피 때문에 회사를 그만둬야 할까요?"

아침 출근길, 지수 씨는 참새 방앗간처럼 카페에 들릅니다. '나는 얼죽아.' 그녀는 얼어 죽어도 아이스 아메리카노를 시키죠. "감사합니다." 가볍게 인사를 건넨 후 커피를 받아 듭니다. '자, 오늘도 택갈이를 해볼까.' 아차차, 아침에 가방을 바꿔 들고 나오면서 저가 브랜드 커피 컵 홀더를 깜박했습니다. 지수 씨는 생각합니다. '오늘은 대표님에게 잔소리 좀 듣겠네. 아예 컵 홀더를 빼버려야겠다.' 아침에 출근해서 한 잔, 점심 먹고 한 잔, 오후에 또 한 잔. K-직장인에게 커피는 필수품이죠. K-직장인의 혈관엔 커피가 흐를지도 모르겠습니다.

지수 씨는 조그마한 회사에서 일합니다. 대표님과 실장님 한 분, 그리고 직원이 열네 명. 작지만 실력 있는 회사라 업계에서는 절대 무시 못 할 존재이고, 그런 만큼 지수 씨를 비롯한 직원들의 자부심도 큰 편이죠. 대표님도 마음이 따뜻한 분으로, 20~30대 여성이 다수인 직원들을 그야말로 가족처럼 대해주십니다.

가족처럼 여기기에 불편한 말을 느닷없이 하시기도 합니다. 특히 더 불편한 건, 커피. 별다방 커피를 마시면 대표님이 눈치를 주실 때입니다. '내돈내산'인데도 말이죠.

"거, 맛대가리도 별로 없는 커피를 무슨 5천 원이나 주고 마셔?", "회사 바로 앞에 BB다방 있잖아. 거기는 커피 한 잔에 1천 원인데 맛도 좋아.", "아껴야 잘살지.", "하루 4천 원씩 세 번이면 1만 2천 원, 한 달을 모아봐. 20만 원도 넘어.", "그걸로 적금을 든다 치면 1년에 거의 3백? 10년이면 3천? 집도 사겠다."

그걸 듣는 지수 씨가 속으로 이렇게 생각할까요? '와, 진짜? 대표님 말씀 새겨듣고 커피값 줄여서 집 사야지.' 아닌 거 아시죠? 지수 씨는 이렇게 생각합니다. '1절만 하시지. 4절까

지 이어지면 정말 골치 아픈데.'

지수 씨는 별다방을 포기할 수가 없습니다. 스마트폰에 앱까지 깔아두었지요. 별다방에서 종종 하는 프리퀀시 이벤트로 해마다 다이어리도 받았고, 여행용 미니 백도 구했고, 이벤트로 주는 커피 쿠폰도 받아서 씁니다. 그 재미를 포기하기 어렵습니다.

대표님에게도 이유는 있습니다. 자수성가하신 분으로 업계에 소문이 자자하거든요. 남들처럼 번듯한 대학을 나온 것도 아니고 집안이 넉넉하지도 않았는데. 그런데도 맨손으로 시작해 회사를 만들어서 일구어내고 키워냈으니, 존경받을 만한 분이죠.

하지만 그렇다고 대표님 방식으로 아끼기만 할 수는 없습니다. 1억보다는 추억이 더 소중하니까요. 아직 뭘 모른다고요? 철이 덜 든 거라고요? 앞으로 더 살아보라고요? 글쎄요. 어리고 철없고 경험이 없어서 그럴까요.

지금은 고인이 되신 송해 선생님이 인터뷰 때 그런 말씀을 하셨습니다. "나는 평생 적금을 들어본 적이 없어." 국민에게 웃음을 주는 코미디언이자 MC로 살아온 분. 〈전국노래자랑〉을 무려 34년 동안이나 진행한 국민 MC. 하지만 선생님은 고향을 등지고 남으로 내려온 실향민이었습니다. 의지가지없는 몸으로 살아가면서 항상 생각하셨답니다. '지금 하는 이 프로그램에서 언제 잘릴지 모른다.' 언제나 마음 한구석 불안이 자리 잡고 있으셨대요. 1년에 한 번 PD가 바뀌면 늘 PD 눈치를 봤다고도 하셨어요. 언제 그만두라고 할지 모르니. 그래서 매달 규칙적으로 같은 액수를 내는 적금은 평생 한 번도 들 수가 없었다는 얘기였습니다.

지금 젊은이들이 그렇지 않을까요. 정규직 일자리 구하기가 하늘의 별 따기입니다. 비정규직은 매년 계약을 갱신해야 하는 경우가 많죠. 내년 이맘때에도 지금 이 자리에서 일할 수 있을지 확신할 수 없어요. 한 푼 두 푼 아껴서 적금을 들 수가 있겠습니까. 아메리카노가 당기면 바로 카페로 달려갑니다. "행복을 뒤로 미루지 마. 지금 행복해지고 싶으면 지금 행복해지는 일을 해." 김현 작가가 단편 「김남숙」에 쓴 글입니다.

하루 1만 2천 원씩 모아 1년 후 3백만 원의 목돈을 만들 수 있을지 없을지 모르는데, 굳이 오늘의 행복을 유예해서 불확실한 내일의 안정을 추구하고 싶지 않은 거겠죠. 게다가 은행 적금은 중간에 해지하면 손해 보게 설계되어 있지요. 어설프고 애매하게 시작하느니 아예 적금을 시작하지 않는 게 마음 편한 겁니다. 보장되지도 않는 탄탄한 미래 대신에 즉시 누리는 소소한 즐거움을 택하는 거죠. 하지만 대표님이 보시면 잔소리하실 게 뻔하니 BB다방 컵 홀더를 가방에 넣어뒀다가 바꿔 끼는 겁니다. 지수 씨와 직원들은 그런 택갈이를 하루 두세 번씩 한답니다.

현대인의 정신적 스승 달라이 라마도 말씀하셨습니다. "모두가 같은 방식으로 행복해질 필요는 없다."

30년 전과 지금 은행 금리가 달라졌듯, 그때와 지금은 삶의 방식이 아주 다르답니다. 하루 세 번의 소소한 행복은 요즘 젊은이들의 확실한 만족이고 뚜렷한 자기주장입니다. 그러려니 하세요. 그리고 모르는 척 눈감아 주세요.

> **❝ 우리 이렇게 생각해 볼까요?**
>
> 아끼는 후배일수록 존중해 주세요. 당신이 사는 방식을 보면서 후배가 스스로 느끼게 해주시면 좋겠지요. 적금을 타고 목돈을 만들어서 하나씩 이뤄가는 모습을 보고 후배가 이렇게 묻는 날이 올지도 몰라요. "선배님, 주식은 안 하세요? 주식하고 적금 중에 뭐가 더 나은 걸까요?" ❞

고통은 **나약함**의 증거가 아니에요

글을 참 잘 쓰는 서른 살 여성 수아 씨의 메일을 받았습니다.

스물일곱, 수아 씨는 몇 년간 입사하기를 고대하던 대기업에 합격했답니다. 그 회사에 입사하기만 하면 그날로부터 앞날이 활짝 피어날 줄로만 알았다고 했죠. 하지만 3년 뒤 서른, 거센 비바람에 미처 피어나지 못한 채 시들어버린 봄꽃처럼 고개를 푹 숙이고 발걸음을 옮기는, 진정한 의미의 '어른'이 된 것 같다고 했습니다.

첫 회사에서는, 입사 한 달 만에 퇴사한 사수 때문에 홀로 모든 업무를 담당했다고 했어요. 당연히 아무런 인수인계도 받지 못한 상태였고요. 책임감 강한 성격 탓에 과거 자료를 찾아 뒤적이고, 예전 담당자를 찾아가서 조언도 구하고, 하루도 빠짐없이 야근하며 맡은 일들을 완수해 냈답니다. 당연히 생활은 월화수목금금금. 토요일에도 무조건 출근했고, 일요일에도 늦잠을 잔 후 사무실로 달려가곤 했답니다.

하지만 돌아오는 건 언제나 팀장의 꾸중.

"왜 더 빠르게 해내지 못하니?"(혼자 매일 밤새워 가면서 최대한 빨리한 겁니다만.)

"왜 이 부분은 놓쳤니?"(그 부분을 챙겨야 한다는 걸 아무도 가르쳐 준 적이 없었습니다만.)

"왜 새로운 아이디어를 못 내니?"(새로운 아이디어요? 기존에 하던 방식대로 따라가는 것조차 저에게는 벅찰 정도로 새로운 업무입니다만.)

"코로나에 걸렸어도 일은 해야 하지 않겠니?"(열이 40도로 올라가고 기침은 계속 나고 너무 힘이 들어서 손가락조차 들어 올릴 기력도 없습니다만.)

그때는 엄마 아빠도 사정을 다 알지는 못했다고요. 이름만 들으면 다들 알 만한 대기업에 입사한 게 자랑스러워 친가 외가 할아버지 할머니 고모 이모 큰아버지 작은아버지 외삼촌 외숙모 심지어 경비아저씨까지 동네방네 자랑하신 걸 알고 있었기에. 사수가 퇴사해 모든 일을 혼자 하느라 야근과 주말 근무가 많다고만 말씀드렸을 뿐. 주변 어른들에게 힘들다고 토로해 봤지만 다들 똑같았대요. "사회생활은 원래 다 그런 것이다, 너보다 힘든 사람도 많다, 그러니 참고 버텨라." 이런 조언만 돌아올 뿐이었다고요.

옆 팀의 선배들에게는 더한 말도 들었다고 합니다.

"넌 뇌는 장식으로 달고 다니니?"

"그런 결과만 낼 바엔 창밖으로 뛰어내려!"

그런 말을 들으면서도 꿋꿋이 회사에 다녔다고 합니다. '어른들 말씀이 모두 맞는 건가? 대한민국 직장인은 전부 이렇게 사나? 내가 너무 어려서 사회생활 경험이 없어서 뭘 잘 모르고 나약한 건가?' 하루에도 몇 번씩 스스로에게 답 없는 질문을 하면서요.

나약한 사람이라는 걸 인정하기 싫어 꾹 참고 버틴 2년 동안 얻은 건 날이 갈수록 나빠지는 몸. 잦은 야근에 주말 근무에 쉬지 못하니 면역력이 계속 떨어졌답니다. 1년 반 사이 코로나에 연달아 세 번이나 걸렸을 정도로요. 아침이면 침대에서 일어나기도 힘들었고, 커피를 자주 쏟았대요. 몸 여기저기에 이상 증상이 나타나기 시작했다죠.

'다른 방법이 없다. 죽기보다 싫지만 스스로 인정하는 수밖에. 그래, 나는 나약한 사람이다.' 그러면서 그곳에서 도망치 듯 벗어났다고 고백했습니다. 하지만 도망쳐 입사한 회사에 낙원은 없었다고 했습니다. 새로운 회사의 부장은 꾸중과 폭언을 넘어 고성, 욕설, 술 강권, 주폭의 문제까지 안고 있었답니다. 거친 사회생활에 조금은 굳은살이 박였을 줄 알았는데, 아물지 않은 상처가 더 깊어질 뿐이었다고요.

부장은 매일같이 부서 내 모든 사람의 뒷얘기를 늘어놓고, 모두에게 "한심하다, 무능하다, 인간 구실을 못 한다, 이 세상에 필요하지 않은 존재다."라며 폭언을 퍼부어 댔다고 했습니다. 어디 그뿐인가요. "너는 피부가 왜 그 모양이냐, 관리 좀 받아야겠다, 네 다리에는 치마보다 바지가 어울리니 앞으로 바지를 자주 입어라."라고 서슴없이 외모 지적도 일삼곤 했다고 했습니다.

저녁에는 더했다죠. 술 마시면 주중이고 주말이고 가리지 않고 늦은 시간이라도 전화해서 주사를 부렸답니다. 잠들었다 깜짝 놀라 깨어나서 전화를 받다가 잠이 완전히 달아나서 한숨도 못 자고 고스란히 출근한 적도 한두 번이 아니었답니다. 친가 외가 모두 술과 맞지 않아 태생적으로 술이 싫었다는 수아 씨.

"나는 술 안 마시는 애가 일못 하는 애보다 더 싫어."

부장은 이런 타박까지 했답니다. '남의 사정도 모르면서. 우리 집안은 소주 한두 잔이면 기절하거나 병원에 실려 가는데.' 몇 번 말했는데 들은 척도 안 했다고요.

심지어 40~50대 어른들이 모인 술자리에 20대인 수아 씨를 데려가 술을 따르게 시키곤 했답니다. 술자리에서 "기쁨조가 아닌 예쁨조가 왔네."라고 말하던 임원의 말에 껄껄 웃으며 "너 이제 출세했다."라고 거들기도 했다는 부장님.

부장님의 가스라이팅은 전염됐답니다. 지속적인 폭언에 오래 노출돼 있던 선배들은 어느 순간부터 부장의 말을 똑같이 따라 하며 다른 사람들의 뒷얘기를 늘어 놓고, 후배들을 야단쳤다죠.

"일 잘하는 사람보다 일하는 티를 내는 사람이 승자야, 처신 똑바로 해."

"너희 동기들 폐급(군대에서 보급품이나 장비가 사용할 수 없을 정도로 상태가 나빠 폐기해야 할 때 쓰는 용어, 사람의 가치가 매우 낮거나 쓸모없을 때 비유로 사용하는 말. 사람을 물건으로 지칭하는 몹시 나쁜 말)이라고 우리 회사에 소문난 거 알지?"

"할머니 장례식이라고? 장례식만 얼른 치르고 와서 일은 해야지."

힘들다는 수아 씨에게 사람들은 말한답니다. "세상 사람들다 그렇게 사는데 너만 나약한 거야."라고. 그래서 수아 씨도 생각한대요. '이 모든 걸 감당하고 견뎌내야 하는 건 또 내 몫인가 보다.' 도망친 이곳에 낙원이 없다는 걸 배운 나는 이제는 어디로 도망쳐야 할지도 모른 채 그냥 한없이 시들어가고 있다고, 수아 씨는 메일을 끝맺었습니다.

"고통은 나약함의 증거가 아니다. 때로는 살아남으려는 가장 강한 방식이다." 미국 휴스턴대학교 사회복지학 교수이자 강연자로 유명한 작가 브레네 브라운Brene Brown의 말입니다. "내 잘못이 아니라고 말할 수 없는 사회는 병들었다."라고 작가 알랭 드 보통Alain de Botton도 말했습니다.

> **❝ 우리 이렇게 생각해 볼까요?**
>
> 남들이 뭐라 하든 중요한 건 당신입니다. 버텨야 할 때도 있지만, 도망쳐야 할 때도 있습니다. 거기가 아니라도 회사는 또 있지만, 당신은 하나뿐! 제일 소중한 건 당신 자신입니다. 시들어갈지라도, 지치더라도 그걸 잊지 마세요. ❞

너는 이제 노예다
그림자 같은 21개월

그림자 같은 21개월을 보냈다며 스물두 살 때의 군 대체 복무 이야기를 들려준 젊은이가 있었습니다.

몸이 불편하다는 이유로 현역이 아닌 사회복무요원 판정을 받은 청년. 어느 지역 국립병원으로 배치되었답니다. 근무하게 된 병원은 시골에 있었고, 사회복무요원은 혼자뿐.

첫 출근 날, 설렘과 걱정을 안고 부서에 들어갔답니다. 하지만 놀랍게도 아무도 관심조차 주지 않았다고요. 한 시간이 지나고 나서야 담당자라는 사람이 직원들과 형식적인 인사를 시켜줬답니다. 하지만 그마저도 바쁘다며 다른 직원에게 떠

넘겼다고요. 순간적으로 싸한 기분이 들었지만, 애써 '뭐, 그럴 수도 있지.' 스스로 다독였다죠.

기대했던 업무 설명이나 최소한의 안내 같은 건 아예 없었다고 했습니다. 점심시간이 언제인지, 어디에서 밥을 먹어야 하는지조차 알 수 없었대요. 결국, 뒤늦게 겨우겨우 점심을 먹고 사무실 한쪽 구석 자리에 앉았답니다. 누군가 다가와 일을 시키거나 대화를 걸어주길 기다리면서.

그때, 50대 초반으로 보이는 여자가 다가와 말했답니다.

"넌 이제 우리 노예니까, 우리가 시키는 건 다 해야 해."

순간, 귀를 의심했다고요. 화가 치밀어 올랐지만, 아무 말도 할 수 없었답니다. 말해봤자 달라질 게 없다는 걸 본능적으로 알았으니까. 무엇보다, 내 편이 되어줄 사람은 단 한 명도 없다는 게 느껴졌으니까.

그렇게 근무지에서 투명 인간처럼 지내다 어느 날 출근했더니 자리가 사라졌다고요. 담당자에게 물어보니 오늘부터 병원 입구 임시 컨테이너에서 근무하라는 지시가 내려졌다고. 그곳은 코로나 의심 환자들을 안내하는 곳이었지만, 팬데믹이 끝나가며 사실상 방치된 공간. 사람 하나 들어가면 꽉 차는 좁은 자리. 더운 날엔 찜통처럼 덥고, 비가 오면 물이 새고, 눈이 오면 손이 얼어붙을 정도로 추운 곳이었습니다. 최소한의 배려조차 없이 일방적으로 던져진 느낌이었답니다. 하지만 거절할 수 있는 선택지는 아예 없었다고요.

그러던 어느 날, 사무실에서 뒷담화가 들려왔습니다. 아니, 어쩌면 대놓고 하는 '앞'담화였을지도. 급여일에 부서 직원들이 다 모인 자리에서 과장이 말했답니다.

"쟤는 하는 것도 없으면서 월급은 쓸데없이 많이 타 가네. 아, 돈 아깝다."

다른 직원들은 과장의 비위를 맞추느라 하하 호호 웃었다죠. 그 순간, '정말 내가 쓸모없는 사람인가?' 하는 생각까지 했다고요.

병원에서는 가끔 회식이 열렸답니다. 솔직히 그런 사람들과 근무 후의 시간을 함께 보내고 싶지 않았고, 당연히 가지 않았다죠. 하지만 월급에서 매달 회식비 명목으로 1만 원이 자동 공제되는 걸 알게 된 후 몇 달 만에 불만이 쌓여 결국 따졌답니다. 그러자 돌아온 대답.

"이 정도는 유도리 있게 생각해야지." (이런 말을 하는 사람들은 왜 꼭 '융통성'이라는 우리말을 두고 '유도리'라는 일본 말을 쓸까요?)

어이없었지만, 결국 아무것도 바꿀 수 없었답니다. 회식에 불참하면 그걸로 또 과장, 팀장, 담당자, 직원들이 대놓고 눈치를 줘서 한 번 참석했다고요. 1차에서 조용히 밥만 먹고 집에 가려 했지만, 다른 직원들이 말했답니다.
"어디, 과장님도 안 가셨는데 네가 먼저 가려고?"
결국 2차 노래방까지 '끌려'갔다고 했습니다. 하지만 흥이 나지 않아 가만히 앉아 있었더니 또 한마디가 날아왔다죠.
"20대 초반이면 좀 젊은 티를 내야지."
"눈치 좀 챙겨. 요즘 노래나 한 곡 불러봐."

21개월을 꾸역꾸역 버텼더니 소집해제 날이 왔답니다. 드디어 이 지옥 같은 곳을 떠날 수 있다는 해방감도 잠시, 마지막으로 직원들이 한 말이 지금도 잊히지 않는다고요.
"그동안 고생했다. 우리가 여태 그렇게 대한 건 네가 사회에 나가면 어차피 다 겪어야 할 일들이니까, 잘 배웠다고 생각해."
순간 머릿속이 하얘졌답니다. 그건 배움이 아니었으니까요. 그리고 깨달았다고 했습니다. '나이만 먹는다고 어른이 되는 것은 아니구나.'
2년 뒤, 우연히 길에서 담당자를 만났다죠. 어린 두 딸과 함께 길을 걷고 있었다는 담당자. 눈을 마주쳤지만 먼저 피했답니다. 솔직히 하나만 묻고 싶었다고요. '당신은 아무것도 모르는 20대 사회 초년생이었을 때가 없었나요? 그때 누군가 당신을 무시하며 부당하게 대했다면, 그 순간이 어땠는지 기억조차 나지 않나요? 그리고 당신의 아이들이 언젠가 20대 사회 초년생이 되었을 때, 그렇게 당하길 원하나요? 그때 가서야 후회한다면, 너무 늦은 것은 아닐까요?'

"폭력은 때로, 말 한마디 없이도 실행된다." 노벨 문학상을 받은 한강 작가의 통찰력에 감탄할 따름입니다.

> **❝ 우리 이렇게 생각해 볼까요?**
>
> 세상에 하찮은 존재는 아무도 없습니다. 아무리 어려도, 아무리 아랫사람이라도 누군가에게는 귀한 딸이고 둘도 없는 아들입니다. 당신의 딸이나 아들이 그런 대우를 받는다면 어떨지 한 번만 생각해 주세요. 그렇게 소중한 사람들이 우리 대한민국을 이끌어갈 것입니다. 함부로 대하지 말아주세요. ❞

둘이라서
불편해요

지금은 30대가 된 열매 씨, 20대 후반에 겪었던 일을 들려주었습니다. 직장을 그만두고 쉬고 있을 때, 평소 좋아하는 선배로부터 일자리 제안을 받았습니다.

"○○ 학원 알아? 폐업했다가 다시 문을 열었다고 하네. 원장님이 내 선배야. 한번 만나서 이야기해 봐."

한때 아주 유명해서 이름만 들으면 누구나 알았던 학원. 매년 공채 시험 합격자를 다수 배출했던 그 학원은 지망생들이 필수적으로 거쳐야 하는 곳으로 유명했답니다. 이후 어떤 이유 때문인지 조용히 폐업했다고만 들었죠.

원장님은 학원이 한창 잘나가던 때보다 훨씬 더 늙었다며 말문을 여셨습니다. 60대 후반. 사모님이 돌아가신 후 아드님 내외와 함께 살고 계신다고요. 이후 무엇 하나 결정된 게 없었는데, 띄엄띄엄 연락해 시간이 될 때 사무실에 와서 우선 여기가 어떤지 살펴보라고 했답니다. 간단한 사무는 대학생 아르바이트생을 쓰는데, 그 친구가 복학해서 자리가 비었다면서. '나와서 뭘 살펴보라고 하는 건, 내가 직원으로 고용된다는 뜻인가? 아르바이트 자리가 비었다면 아르바이트하라는 건가? 정확하게 말해주고 뭘 시켜야 하는 거 아닌가. 아무리 연세가 많은 원장님이라도 이건 좀 아닌데.' 하면서도 일단 나가봤답니다.

다시 만난 원장님은 학원의 역사, 지난 학원의 폐업 이유, 폐업 과정에서 부원장의 배신 등등 다양한 이야기를 꺼내셨죠. 이러이러한 결심으로 다시 학원을 차리긴 했지만, 수강생을 유치하는 게 쉽지 않다며 많은 도움이 필요하다고 하셨습니다. 그렇지만 그날도 고용이 되는 건지, 월급을 얼마나 받는 건지 명확한 얘기를 들을 수 없었죠.

사무실에 출근한 지 한 달이 다 되어가도록 고용 관련한 얘기는 언급조차 없었고, 너무 답답한 나머지 조심스레 여쭤봤다고요.

"제가 고용된 건가요? 그럼, 월급 관련해서 여쭤보고 싶습니다, 원장님."

"글쎄다, 얼마 받으면 될까?"

"지난 직장에서 ○○○ 정도 받았는데, 학원 업무를 고려하면 ○○○ 정도는 받아야 할 것 같습니다."

"지금 재정 상황으로는 그 정도까지 못 줘. ○○○ 정도 줄 수 있겠네."

"그럼 계약서는 언제 쓸까요?"

"계약서는 지금 당장 쓰지 말고 우선 지켜보자. 학원이 어찌 될지 모르니. 그리고 혹시 남자 친구는 있나? 결혼 생각도 하고?"

느닷없이 시작된 남자 친구 질문에 이어 대답을 듣는 둥 마는 둥 하더니 전 부원장의 험담을 시작하셨답니다. 얼마나 해 먹었느니, 학원 정보를 많이 빼갔다느니, 학생들을 빼돌려 다른 학원을 한다느니…. 그 부원장이 있을 때 학원 운영이 잘 되었다는 것을 인정하면서도, 마지막에 너무 안 좋게 헤어져 원장님도 상처가 많은 탓이겠거니 했답니다. 그런데 날이 지날수록 전 부원장에 대한 험담이 더 심해졌대요. 원장은 배려 했는데, 학원이 어려운 순간에도 끝까지 이기적으로 결혼한 후 신혼여행 간다면서 휴가까지 쓰고 챙길 돈을 다 챙겼다면서요. 부원장으로서는 당연한 권리였을 텐데 이렇게 욕먹을 일인가, 라는 생각이 들기 시작했대요. 이야기를 들으면 들을수록 '여기서는 일을 잘해도 나중에 그만둘 때 왕창 욕먹겠구나.' 싶었답니다.

계약서는 추후에 쓰기로 하자, 결혼은 당분간 계획이 없다는 얘기가 오갔고, 그날 이후 공식적으로 출근하게 되었답니다. '부원장' 직책으로. 청소부터 학생 상담, 강사 관리와 강사료 지급은 물론, 원장님의 개인 업무까지 지원했다지요. 나중에는 학생들의 공부를 도와주기도 했고요. 사실 일하는 건 그리 어렵지 않았답니다. 시간이 지날수록 견디기 힘들었던 건 원장님과 단둘이 있을 때, 원장님의 하소연을 매일 매 순간 들어야 하는 상황이었답니다. 집에 혼자 계시면 며느님의 눈치가 보이시는지 꼭 나오지 않아도 되는 날까지 꼬박꼬박 나오셔서는, 주기적으로 드나드는 강사들 뒷담화도 정말이지 끊임없이 하셨답니다.

수강생은 그다지 늘지 않았답니다. 원장님이 폐업하셨던 몇 년 사이에 새로운 학원도 생겨났고, 예상보다 학원 운영이 쉽지 않았죠.

"다 늙어서 내가 무슨 부귀영화를 누리려고 학원을 다시 차렸나 모르겠다. 그냥 조용히 살면 될 것을. 지금 이거 운영하면서 내 돈 다 까먹고 있는 거야. 네 월급 줄 돈도 간당간당해."

늘 이렇게 말씀하시니 매달 월급날만 되면 눈치가 보였고, 여기서 자리를 지키며 일하는 것이 학원에 마이너스인가, 고민했답니다. 원장님도 알게 모르게 불만이 쌓였던 것 같았고요. 아무리 열심히 일한다고 해도 60대인 그분으로서는 만족스럽지 않았을 테니까. 11개월 후, 원장님은 1년을 채우면 퇴직금을 줘야 하니, 알아서 먼저 그만뒀으면 좋겠다고 했답니다. 1년이 채 안 되어 열매 씨는 또다시 직장을 잃었고요.

열매 씨는 이제 윗사람과 단둘이 일해야 하는 곳은 무조건 피하고 싶답니다. 학원을 스쳐 지나간 부원장, 실장, 강사 모두를 다 욕하는데, 매 순간 견딜 수가 없었답니다. 불분명한 태도로 계약서를 작성하지 않는 곳도 피하고 싶답니다. 천천히 작성하자고 했던 계약서는 그만두는 날까지 결국 쓰지 않았으니까. 명확하지 않은 업무 지시를 하는 곳도 피하고 싶답니다. "그냥 알아서 잘해라." 말씀은 그렇게 하시고 열심히 준비해 뭔가 제안하면 항상 마음에 안 든다고 뭐라 하셨으니까. 입만 열면 돈 얘기만 하는 분도 피하고 싶다고요. 늘 돈이 없다고 얘기하니 매달 월급 받을 때마다 가시방석이었다고요. 시간외근무수당도 제대로 안 주고 개인 업무까지 시키면서.

『모비 딕』으로 유명한 작가 허먼 멜빌Herman Melville은 자본주의 초기 시대를 살다 갔지만, 자본주의 후기 시대의 우리에게도 통용될 만한 말을 남겼습니다. "일은 견디는 것이 아니라 살아가는 것이다. 당신이 무너지는 곳에서는 다시 일어나지 마라."

> **❝ 우리 이렇게 생각해 볼까요?**
>
> 사장 하나, 직원 한 명. 이런 곳이 많습니다. 직원이 마음에 들어 오래 같이 일하고 싶다면 선을 잘 지켜주세요. 공과 사의 '선'부터 분명히 정해주세요. 시킬 일과 시키면 안 되는 일이 따로 있습니다. 엄연히 직장이니 말하는 것도 그렇습니다. 해도 되는 말, 하면 안 되는 말을 정확히 구분해 주세요. 사장님이 조심하면 직원도 느끼거든요. 나를 함부로 여기지 않는구나. 그러면 누구라도 오래 다니고 싶을 겁니다. ❞

우리 엄마가
아니잖아요

"엄마처럼 편히 생각해."

사무실에서 마주칠 때마다 늘 인자한 미소로 맞아주셨던 나이가 지긋한 선배님. 이제는 떠올리기도 힘들어하는 슬기 씨의 얘기를 들으며 왠지 모르게 제가 미안했어요.

슬기 씨 엄마와 동년배인 선배님은 어린 후배들에게 말버릇처럼 "엄마처럼 편히 생각해." 하셨답니다. 간식도 건네주시고 칭찬도 자주 해주시기에 따뜻한 분이라고 생각했답니다. 같이 일하기 전까지는.

첫날, 선배가 슬기 씨를 탕비실로 불렀죠.

"사실 전임자가 한 일은 거의 없는데 돈을 많이 받았어. 그만큼 삭감해야겠다."(선배님이 그만큼 더 받는 건데, 그때는 그 말을 안 했대요.)

순간 목뒤가 뻣뻣해졌답니다. 고작 250만 원 남짓한 월급을 50만 원이나 깎았기에. 깊은 밤이나 되어야 업무가 끝나서 어쩔 수 없이 아빠의 낡은 차를 타고 다녀야 했던 터라 우는 소리를 했다고요.

"선배님~ 기름값은 쳐주셔야죠."

25만 원 삭감으로 흥정 아닌 흥정을 했답니다. 20대인 슬기 씨가 할 수 있던 최선의 방어. 제대로 일을 시작하기도 전에 기를 팍 죽이던 선배는 이런 말을 자주 했대요.

"넌 어차피 하는 것도 없잖아."

선배에 비한다면 하는 일은 많지 않으니 그냥 받아들였답니다. 그러면서 속으론 생각했다죠. '그럼, 우리 팀 온갖 잡무는 누가 다 하는 건데?' 이상했다죠. 엄마처럼 편히 생각하라며 불편하게 만드는 사람.

하루는 선배가 부르더니 인상을 팍 썼답니다.

"너는 왜 나한테 인사를 하러 오질 않니?"

선배는 다른 업무를 동시에 두 개나 하고 있던 터라 항상 자리에 없었대요. 그리고 슬기 씨는 오자마자 잡무를 해야 하기에 각자 할 일을 했다고요. 선배가 상황을 모를 리 없을 터. 일부러 다른 선배들 앞에서 드잡이를 한 겁니다. 아무튼, 출근하면 무조건 인사하러 내 자리부터 오라고 했대요. 옆에 있던 다른 선배들이 민망하다면서 그만하시라고 할 정도로. 그래서 죄송하다고 했답니다.

그러다 얼마 후 일이 터졌대요. 일하다 시장하시면 같이 저녁이나 먹자고 불시에 전화를 걸던 팀장님. 그날도 그랬고, 마침 팀장님과 친했던 다른 직원이 사무실에 있어서 같이 저녁을 먹게 되었대요. 선배는 그날 늦게 출근한다고 미리 말했고요.

식사를 다 마치고 돌아와 그제야 출근한 선배에게 얘기했더니 낯빛이 싸늘해졌고 곧장 팀장님 몰래 탕비실로 슬기 씨를 불러냈답니다. 요지는 이것. "네가 연락을 안 하는 바람에 나는 혼자 김밥을 사 먹었다. (늦게 온다고 해놓고선? 심지어 밥도 알아서 먹으라고 문자를 보내놓고.) 팀장님과 내 사이를 갈라놓을 셈이냐, 혼자 밥 먹는 게 얼마나 비참한지 아느냐." 정말 어리둥절했지만, 아무리 상황을 말씀드려도 돌아오는 말은 '너 때문'이라는 세 글자였답니다. 그땐 너무 억울해서 죄송하단 말도 하지 않았다고요.

그 후 인신공격이 시작되었답니다. 밥을 먹다 진짜 뜬금없이 했던 말.

"팀장님이 거쳐 갔던 후배 중에 누굴 제일 좋아하는지 알아? ○○○이래. 뭐 느끼는 거 없어?" (일하다가 아무 맥락 없이 느닷없이 했던 말.)

"인사팀에서 너 어찌할지 고민이라네." (비정규직인 슬기 씨에게 치명적인 말.)

그러다 정말 얼이 빠진 적이 있었다고요. 평소 스트레스 쌓일 때면 색을 바꿔가며 손톱에 칠하는 게 취미였던 슬기 씨. 어느 날 선배가 발을 내밀면서 그러더랍니다.

"내 발톱에도 좀 발라줘."

"우리 엄마 발도 안 발라주는데 무슨 소리세요." 웃으면서 넘겼지만, 속으로는 정말 식은땀이 났다고요. 그 후로도 두어 번 '발톱'에 칠해 달라 부탁했답니다.

욕심이 많았던 선배는 거래처에서 보내오는 선물은 물어본 적도 없이 족족 다 가져갔으며, 과외 업무를 시키고도 한 푼도 주지 않았다죠. (분명 자기에겐 초과 수당이 나왔을 텐데.)

아, 딱 하나 있었다고요! 먹다 남은 홀 케이크의 다 바스러진 한 조각. 그걸 가져가서 가족들이랑 먹으라고 했대요. 정말 기가 찼지만 바로 버리진 못하고 일단 가져와서 몰래 버렸답니다. (그걸 가져가면 엄마 아빠가 속상해할까 봐.)

그러다 어느 날 출근 중 사고가 터졌대요. 자동차 브레이크가 제대로 작동을 안 해서 주행 중에 정말 큰 사고가 날 뻔했다고요. 겨우 방음벽에 마찰시켜 일단 차를 멈추어서 고비는 넘길 수 있었대요. 십 년 감수하며 견인차를 부른 후에 정비소에 갔다가 출근한 후 자초지종을 말씀드렸더니 괜찮으냐는 말도 없이 바로 저녁을 먹자고 했답니다. 너무 놀라 먹을 수가 없다고 했더니 혼자 저녁을 먹으라는 거냐며 또 표정이 굳어진 선배. 울며 겨자 먹기로 따라나섰답니다. 지금도 기억이 생생하대요. 메밀국수 먹으러 갔던 그날. 속이 탈대로 탔던 터라 국물만 들이켰던 슬기 씨. '사람이 죽다 살아났다는데, 자기 저녁만 생각하다니.' 그 순간부터 마음의 문을 꼭 닫았답니다.

이런저런 일들로 마음의 벽은 계속 쌓여만 갔다죠. 그러다 다른 일로 처음 만난 선배와 회의하던 로비 커피숍. 어디선가 나타난 선배가 다른 팀 선배에게 인사하더니 느닷없이 "애 일자리 좀 알아봐 주세요." 말했답니다. '나, 이렇게 잘리는구나.' 당황하는 슬기 씨에겐 아는 척도 안 하고 다른 선배에게 깍듯하게 인사하고 자리를 떠난 선배. "혹시 저 선배가 너 괴롭히니?" 하던 처음 본 선배. 슬기 씨는 씁쓸히 웃을 수밖에 없었답니다.

얼마 후 일을 그만두게 되었고, 그 회사를 떠났다는 슬기 씨. 가끔 궁금하기는 하다고요. 아직도 "엄마처럼 생각해." 다른 후배들에게 그럴까? 선배에게 말해주고 싶답니다.

"당신은 나의 엄마가 아닙니다. 우리 엄만 나에게 당신이 했던 그런 말과 행동을 하지 않는다고요, 절대로!"

사회에서 만나 일을 함께하는 사이에는 엄마도 아빠도 딸도 아들도 없습니다. 선배와 후배, 동료만 있을 뿐. 공과 사는 엄연히 다르니까요. 그 둘은 명백히 구분되어야 합니다. 선을 긋지 않고 애매하게 좋은 말로 포장할 때, 후배는 선배의 몸종이 되어버립니다. 그보다 더 나쁜 경우도 있습니다. 성추행을 저지른 남자 상사들이 흔하게 하는 변명. "딸 같아서 그랬다." 딸에게 그런 짓을 하는 사람은 범죄자일 뿐입니다.

"선배란 후배를 보호하는 존재이지, 지배하는 존재가 아니다."라고 강연계의 큰 별 김창옥 선생님도 얘기하셨습니다.

> **❝ 우리 이렇게 생각해 볼까요?**
>
> 선배가 아들딸에게는 시키지 않을 일을 자꾸만 내게 시킨다면, 윗사람이 알게 하세요. 마치 실수로 올린 듯 전체 대화방에 선배가 시킨 일을 구체적으로 써서 올리세요. '이 일은 이러저러하게 하면 되

는 건가요?' 그런 일이 쌓이면 상사가 알게 되는 걸 꺼리는 선배는 상사를 신경 쓰게 될 겁니다. 더러 눈치 없는 척하면서 모두가 들을 수 있게끔 멀리서 큰소리로 외치듯이 보고하시고요. "선배님, 시키신 일, 다 했어요!" 모두가 알게 하고, 윗사람이 인지하게 하는 것이 중요합니다. 그런 선배일수록 평판을 중요하게 여기거든요. 어떻게 아냐고요? "엄마처럼 생각해!" 남들 앞에서는 그렇게 말하니까요.

아르바이트
라서

"누나가 죽었습니다."

20대 후반 민준 씨의 메일은 이렇게 시작됐습니다. 숨도 쉬지 않고 써 내려갔을 것 같은 글을 읽으며 마음 아픈 건, 저만이 아닐 것 같습니다. 아르바이트하면서 민준 씨가 만난 '어른' 얘기를 들어보시겠어요?

친누나는 아니지만, 친누나라면 참 좋겠다고 늘 생각하던 선배의 부고. 머릿속이 그냥 하얘졌답니다. 실감이 안 나 눈물도 안 났대요. 당장 달려가고 싶었지만, 너무 늦은 밤, 택시 말고는 갈 방법이 없었대요. 게다가 다음 날 아침 일찍 아르바이트를 하러 가야 해서 이러지도 못하고 저러지도 못한 채 거의 뜬눈으로 밤을 지새웠다고요.

아침이 되어 서둘러 출근했답니다. 출근하면서도 누나 생각에 지하철 안에서도 내내 눈물을 삼켰다죠. 취미 동호회에서 만나 온라인에서 주로 활동했지만, 시간이 지나며 오프라인 모임도 활발해졌고, 몇몇은 따로 단체 대화방을 만들어 소식을 주고받았대요. 지금 하는 아르바이트를 추천해 준 사람도 그 단체 대화방에 있었고, 잘됐다며 자기 일처럼 기뻐해 준 사람이 바로 그 누나. 공모전을 앞두고 절대적으로 시간이 필요했던 민준 씨. 시간 못지않게 필요한 건 돈. 한 달 동안 일정 시간만 채우면 되는 이 아르바이트가 안성맞춤이었다죠. 1년(실은 11개월)에 한 번씩 계약을 갱신해야 하는데, 공모전에서 잘 될 때까지 거기서 오래 일하면 좋겠다, 응원해 주던 누나.

언제나처럼 사무실 사람 중에 제일 먼저 출근한 민준 씨. 사무 보조로 해야 할 일을 서둘러서 처리했답니다. 근무 시간을 조금이라도 단축해서 장례식장에 가야 했으니까요. 정규직 직원들이 회의를 마칠 때쯤 일을 다 끝냈다죠. 담당 과장님에게 보고하러 갔대요. 지인 장례식장에 가야 하는데, 조금 먼 거리라서 일찍 퇴근하고 싶다고. 과장님은 여느 때와 마찬가지로 민준 씨를 쳐다보지 않았대요. 모니터에 코를 박은 채

형식적으로 고개를 끄덕이는 과장님. 위로까지는 바라지도 않았지만, 그래도 사람이 죽었다는데 저렇게 차가운 태도라니….

다음 날 아침, 너무 울어서 퉁퉁 부은 눈으로 간신히 출근했던 민준 씨. 불안정한 아르바이트를 전전했지만, 열심히 살아가던 누나였기에. 그의 삶이 아까워서, 그의 죽음이 안타까워, 그의 상황이 자신과 별반 다르지 않아 괴롭고 슬펐다죠. 과장님이 어제 잘 다녀왔냐고 말을 걸어왔습니다. 잘 다녀왔다고, 배려해 주셔서 감사하다고 인사를 하자마자 기다렸다는 듯 누나의 사인을 물었다고 합니다. 민준 씨는 사인을 몰랐답니다.

장례식장엔 울다가 탈진하고 넋이 나간 가족과 지인 몇이 겨우 자리만 지키는 상황이었고, 그런 유족에게 사인을 물을 수 없었죠. 그런 연유로 대답을 못 했더니, 과장님은 마치 재미있는 퀴즈라도 맞히듯 높은 톤으로 말했답니다.

"자살이지? 자살일 거야!"

젊은 사람이 죽는 이유야 보통 사고, 질병, 자살 정도겠지만, 타인의 불행을 그렇게 가볍게 말하는 모습에 환멸이 느껴졌다고요.

"아니, 근데 사인도 모르는 걸 보면 가까운 친구도 아닌데 왜 이렇게 울적한 거야?"

우울감에 빠진 민준 씨를 유별난 사람 취급했다는 과장님. 그러면서 정말 지인의 사망으로 조퇴한 게 맞는지 의심하는 것 같았다고요. 마음의 문이 확 닫혔답니다. 과장님과는 대화를 나누고 싶지도 않았고요. 대체 누가 고작 몇 시간 아르바이트를 빼먹겠다고 죽음을 핑계로 그런 거짓말을 한다고.

그 후로 과장님과 관계가 급격히 안 좋아졌고, 최소한의 대화만 하며 업무를 했답니다. 가끔 감정적으로 부딪치기도 하면서. 그러던 중 계약 이야기를 먼저 꺼냈다는 과장님. 민준 씨 계약은 주휴수당과 퇴직금을 주지 않기 위해 교묘하게 조정된 주 14시간. 그리고 11개월 고용이었대요. 교묘하게 법망을 피하며 돈을 조금이라도 안 주려는 '어른'들. 계약 당시 과장님은 계약만 그렇게 할 뿐이지 11개월이 지나면 당연히 연장하는 거라고 알려주었다죠.

그렇지만 관계가 틀어진 후엔 말을 바꿨답니다.

"민준 씨는 올해 11월까지 계약인 거 알고 있죠?"

계약을 들먹이며 고용을 위협했던 거지요. 업무 조건에 대해 말을 바꾼 것도 어이가 없었고, 자기 기분이 상해 바꾼 것도 이해가 안 됐다는 민준 씨.

말싸움에서든 기 싸움에서든 계약 내용이든 이길 자신이

없으니 '나는 고용자, 너는 피고용자'라는 점을 들이밀며 협박하는 과장님이 치졸하게 느껴졌답니다. '네가 아무리 콧대 높게 굴어도 네 목줄은 내가 쥐고 있다. 나는 언제든 너의 고용을 취소할 수 있다.'라는 무언의 압박. 어떻게든 굴복시키려는 듯해서 분노와 수치심까지 느꼈다죠.

아르바이트생이 바라는 건 큰 게 아니라고 민준 씨는 메일을 마무리했습니다. 감정이나 관계 등으로 근무 조건이나 월급이 좌우되지 않는 것뿐. 바라는 건 고작 몇 가지라고 했습니다. 고용 관련 사항이 명쾌할 것. 상급자나 담당자의 기분에 따라 고용 상태가 위태롭지 않을 것. 차라리 무미건조하게 일만 하는 회사가 낫지, 상급자나 담당자 기분에 따라 보직이 바뀌고 업무량이 달라지고, 인격 모독을 당하는 것은 원치 않는다고 민준 씨는 썼습니다.

민준 씨 사연에 마음이 먹먹해졌습니다. 어른으로서, 기성세대로서 미안하고 부끄러워서. 물론 그 과장님이 우리의 일반적인 모습이 아니라고 믿습니다. 어른이 다 그런 것은 아니라고 민준 씨에게 말해주고 싶었습니다. 세상에는 좋은 어른도 많이 있다고요. 하지만 우리도 생각해 볼 점이 있지 않을까요. 아르바이트생이니까 함부로 대해도 되나, 미숙한 젊은이니까 맘대로 해도 되나. 단기간 아르바이트니까, 사회생활을 잘 모르는 젊은이니까 오히려 더 잘해줘야 하는 건 아닐까. 제대로 대해줘야 하는 건 아닐까. 그래야 사회생활을 시작하면서 어른을 믿고 사회를 믿고 세상을 믿을 수 있지 않을까요.

"우리가 누군가를 어떻게 대하느냐는, 결국 우리가 누구인지를 말해준다."라고 미국 소설가이자 흑인 인권운동가 제임스 볼드윈 James Baldwin도 말했습니다.

> **❝ 우리 이렇게 생각해 볼까요?**
>
> 86 서울 아시안 게임을 앞두고 대학 방송 아나운서였던 저는 한 경기장의 사내 아나운서 자원봉사자로 현장에 나갔어요. 연습 첫날, 지금과 달리 협회 관계자들이 매우 거칠어 초보이고 자원봉사자인 저에게 어리바리하다고 야단치면서 욕설을 뱉었습니다. 저는 연습 하루 만에 그만두었어요. 야단맞는 건 그렇다 치지만, 욕을 들으면서까지 봉사하고 싶지는 않았거든요. 사회로 나가는 데 두려움도 생겼죠. 아르바이트생을 담당하는 분들에게 부탁하고 싶습니다. 그곳에서 생애 첫 아르바이트를 하는 젊은이도 있습니다. 외국에 갔을 때 처음 만난 택시 기사님이나 공항 직원이 그 나라 전체의 인상을 결정하잖아요. 마찬가지일 겁니다. 당신이 바로 우리 사회 어른의 현주소가 됩니다. 아르바이트생에게 조금 더 친절하게, 조금 더 따뜻하게 대해야 하는 이유입니다. ❞

축의금
5천 원

몇 년 전, 작은 도시 교육청에서 강의 의뢰를 받았습니다. 교장 승진을 앞둔 교감 선생님들의 연수였죠. 평교사들과 소통에 관한 강의라 주변 젊은 선생님들에게 부탁을 드렸습니다. "리더의 좋은 말, 나쁜 말, 각각 사례를 보내주시면 좋겠습니다." 단체 대화방이 활성화된 터라 몇 분에게 부탁했는데도 몇십 분의 교사들이 사례를 보내주셨죠.

'아직도 이런 분들이 계신다고?' 하는 사례가 쏟아졌습니다. 임신 중인 여교사에게 "선생님, 자연분만할 거지? 그리고 모유 수유해야 해." 이렇게 말씀하신 교장은 여성이 아닌 남성이었습니다. 친정아버지도 아니고 시아버지도 아닌데, 함부로 조언한 교장 선생님. 심지어 "선생님 그런 가슴이면 속옷 좋은 거로 입어야겠네." 이런 말까지 하셨다고요.

"선생님이 옷을 그렇게 입고 다니니 애들이 뭘 배우겠어요?" 교무실에서 우연히 마주친 교장의 말에 선생님은 자신이 입은 옷을 내려다볼 수밖에 없었다죠. '교사 품위에 어긋나지 않도록 단정하고 깔끔하게 입었는데, 무슨 말이지?' 다시 한번 살펴보니까 복장이 단정하지 못한 게 아니라 색깔이 어두운 편이었다고요. '교사라면 무조건 밝은 색상의 옷을 입으라는 건가?' 다음 날부터 옷장 앞에서 옷을 고르기가 부담스러워졌다는 선생님. 학교로 출근하는 마음 역시 날마다 불편해졌답니다.

"실내화 앞코가 다 닳았네요. 그런 거 신고 다니다가 넘어져서 다치기라도 하면 어쩌려고 그래요." 여기까지만 했다면 어쩌면 조금 고맙게 느꼈을지 모르죠. 그러나 한마디를 보탰던 교장 선생님. "요즘 기간제 교사 구하기가 얼마나 어려운지 알기나 해요?" '아, 나의 안전을 걱정한 게 아니라 내가 수업 못 하게 될 때 대체 인력부터 생각하셨구나.' 실내화는 새 걸로 바꿨지만, 상처 입은 마음은 새로 바꿀 수가 없었답니다.

또 다른 교장 선생님도 방학을 앞둔 교사에게 이렇게 말했다고요. "유럽에 여행 가신다고요? 날마다 일정을 카톡으로 보내세요. 혹시 사고라도 나면 어떡해요?" 1절만 하시지 2절까지 하셨네요. "사고 나면 내 퇴직에 문제 생길까 봐 그래요." 엄연히 방학에 여행을 가는데. 일반 회사에서 사장이 이렇게 말했다면 어땠을까. 그러나 회사가 아닌 학교, 사원이 아닌 교사는 그렇게 할 수밖에 없었다고 하니 그 여행이 즐거웠을 리가요.

믿을 수 없는 얘기도 있었습니다. 강의를 준비하며 각종 커뮤니티와 블로그를 검색해 보았는데, 신규 여성 교사가 임용 고시 준비할 때부터 사귀었던 남자 친구와 결혼을 하게 되었답니다. 부임하는 날부터 불편하게 굴던 교장 선생님, 아직 친해지기도 전인데 선배 교사들에게 청첩장을 드려도 되나, 걱정했대요. 그래도 안 드리면 나중에 한마디 하겠지. 이런저런 고민 끝에 청첩장을 드렸는데, 그날 오후 책상 위에 놓인 축의금 봉투에 교장 선생님의 이름이 쓰여 있었답니다. '벌써 축의금을⋯.' 하는 마음으로 열어본 봉투 안에는 단돈 5천 원이 들어 있었다고 합니다. 1만 원도 아니고 5천 원. 그걸 본 선생님은 너무 속상해서 책상에 엎드려 소리도 못 내고 눈물만 흘렸다고 합니다. 그 5천 원이 마치 이렇게 말하는 것 같아서. "너는 1만 원짜리도 안 돼. 5천 원짜리야!"

극단적인 경우겠지만, 읽는 순간 울컥하게 되더군요. 그 선생님이 느꼈을 모멸감이 고스란히 전해지는 것 같아서요. 부디 그 선생님의 마음 상처가 이제는 치유되었기를 바랍니다. 미국의 시인이자 배우, 작가로 활동해 미국에서 가장 영향력 있는 흑인으로 꼽히던 마야 안젤루Maya Angelou는 말했습니다. "사람들은 당신이 무슨 말을 했는지는 잊을 수 있어도, 그 말이 어떤 기분이었는지는 기억한다."

칼로 벤 상처는 새살이 돋으면 나을 수 있지만, 혀로 벤 상처는 영원히 남는다고 우리 조상님들도 말씀하셨잖아요. 다행히 이런 말을 하는 교장 선생님만 있는 건 아닙니다. 듣는 순간 힐링되는 좋은 말을 해준 선생님도 많으셨죠. 다시 평교사들 얘기에 귀 기울여 보실까요.
"선생님 덕분에 걱정이 없어요. 든든합니다. 아이들 예뻐해 주셔서 고마워요. 아이들이 즐겁게 참여하는 모습을 보니까 기쁘네요. 수고하셨어요. 선생님을 믿으니 걱정하지 말고 하고 싶은 대로 뭐든 다 하세요. 지원할 게 있으면 지원해 드리겠습니다. 선생님, 그동안 얼마나 힘이 드셨어요. 선생님께서 다 책임지실 필요 없습니다. 뭐 필요한 거 없나요? 제가 도와드릴 거 없나요?" 앞서 들은 얘기들과 확실히 비교될 겁니다.

이런 강연을 여러 도시 교육청에서 진행해 보았는데, 이 얘기를 할 때는 거의 모든 교감 선생님이 스마트폰으로 PPT를 한 장씩 촬영하셨습니다. 참고하시려는 거겠죠. 부디 "선생님 덕분에 걱정이 없다."부터 "도와드릴 것 없나요?"까지 이런 말을 많이 해주시길 바랍니다. 요즘처럼 교단에 서는 게 힘든 시기, 우리 젊은 선생님들이 행복한 수업을 하실 수 있기를 진심으로 바랍니다. 그래야 학생들 역시 행복할 수 있을 테니까요.

> **❝ 우리 이렇게 생각해 볼까요?**
>
> 교장 선생님, 교감 선생님! 선생님들은 학생이 아닙니다. 학생들을 대하듯 하나부터 열까지 일일이 말씀하지 않으셔도 된답니다. 그리고 아무리 나이 어린 신입 교사, 기간제 교사여도 존대를 해주세요. 그 순간 후배 교사는 동료가 된답니다. ❞

강제
커밍아웃

    기성세대와 소통하면서 겪은 경험담을 들려달라며 주변에 소개를 부탁하고 있었는데, 이런 메일이 왔습니다.
    "저는 30대 초반 성 소수자 남성입니다."
    이렇게 자기소개부터 하는 게 좀 어색하실지도 모르겠습니다. 촛불 집회, 아니 응원봉 집회를 보셨다면 훨씬 이해가 쉬우실 텐데요. 자유발언대에 서는 젊은 사람들은 대부분 그렇게 자기소개를 시작했어요. "안녕하세요, 저는 서울에 사는 30대 페미니스트 여성입니다." 그렇습니다. 이 세대에게는 자기 정체성이 매우 중요합니다. '나'는 어떤 사람인지 알리려면 자기 정체성을 드러낼 수밖에 없지요.

그렇지만 이른바 커밍아웃을 하는 사람은 아직 많지 않다고 합니다. 커뮤니티 내에서라면 모를까, 특히 직장에서는 말하지 않는 것이 불문율이라고 합니다. 다른 이유가 아니라 불편함 때문에. 성 소수자라는 걸 밝혔을 때 바라보는 사람들의 시선, 겪지 않아도 될 직장 내의 불평등으로부터 스스로 보호하는 방법이기 때문에 말이죠.

그런데 부장님은 왜 그리 관심이 많은지, 회식 자리만 가면 여자 친구가 왜 없느냐부터 호구조사를 시작한다고 했습니다.

"종민 씨는 피부도 좋고 옷도 잘 입고, 딱 여자들이 좋아할 타입인데, 안 그래?"

괜히 옆자리에 앉은 여직원들에게 동의를 구한다고요. 분위기를 맞추느라 다들 그렇다고 하면, 이어지는 레퍼토리. "근데 왜 여자 친구가 없지? 이해가 안 된다, 이 말이야." 아무도 제지하지 않으면 기어코 1절에 이어 2절은 물론, 3절로 넘어간다고 했습니다.

"내가 우리 조카 소개해 줄까? 아주 똑똑하고 야무져. 시집가면 진짜 잘 살 거라고."

부담된다며 몇 번이나 거절했는지 셀 수도 없을 정도. 그런데도 잊어버리신 건지, 술만 마시면 생각이 나는 건지. 애국가도 아닌데, 4절도 있다고 했습니다.

"혹시, 요즘 동성애가 많다는데, 종민 씨도 남자 좋아하는 거 아냐?"

그럴 때마다 정말 끔찍하다고 했어요. 남자를 좋아하든 여자를 좋아하든 그게 회사 생활과 무슨 상관이 있는지. 엄마 아빠에게도 아직 하지 못한 커밍아웃을 부장님에게, 공식적인 자리인 회식에서 강제로 하라는 건지.

그래도 그런 문제가 매우 민감하다는 것을 잘 아는 또래들이 나서서 말려주어 다행이라고 했어요.

"부장님, 요새는 그렇게 말씀하시면 안 됩니다. 그거 성희롱이 될 수도 있어요."

얼마 전에는 단기 파견 나온 입사 동기가 이런 말로 분위기를 바꾸었다고요.

"부장님, 제가 종민 씨랑 입사 동기인데요. 이 녀석 여자 동기들한테 엄청 인기 있어요. 사내 연애는 싫다고 해서 제가 소개팅을 주선하려고요. 안 그러냐?"

그러면서 옆구리를 툭 치는 동기 옆에서 종민 씨는 애매하게 웃을 수밖에 없었답니다.

종민 씨가 왜 커밍아웃하지 않는지 짐작이 갈 겁니다. 이런 분위기인데 만약 커밍아웃이라도 하면 종민 씨는 하루아침에 회사 전체의 유명 인사가 될 게 뻔하고, 회사 복도를 걷기라도 하면 다들 보이지 않지만 손가락질하며 가리킬 테니까 말이죠.

부모님에게는 왜 커밍아웃을 못 했느냐면, 아버지 때문이랍니다. 30대가 되고 나서 부모님의 잔소리가 점점 심해지는 걸 느낀다고요. 본가에 갈 때마다 "밥은 먹었니? 아픈 데는 없고?"라는 말보다 이런 말씀을 먼저 하신답니다.
"여자 친구는 안 만나니?"
"결혼은 언제 할 거야?"
"그래도 네가 우리 집 장남이니까 결혼은 꼭 해야 한다."
동생이 집에 있을 때는 가족끼리라도 형한테 그렇게 말하는 거 실례라고 편을 들어주지만, 어머니는 가만히 계시면서 아버지에게 동조하는 것 같다고 했어요. 아버지뿐만 아니라 큰아버지, 작은아버지, 주로 친가 쪽 친척분들 대부분 여전히 이런 말을 서슴없이 하시는 편이라고요. 그래서 기성세대와 마음을 열고 소통하기가 어렵다고요. 사실 이러다가 부모님과 멀어지게 되면 어쩌나 두렵기도 하다고 고백해 왔습니다.
아주 드물지만 이런 어른도 만난 적이 있었답니다. 성 정체성에 대해 고민이 깊었던 대학 시절. '나'를 주제로 에세이를 제출해야 했는데, 도무지 글로 솔직히 털어놓을 엄두가 나지 않아 제출을 포기했답니다. 며칠 뒤 담당 과목 교수님께서 면담을 제안하셨고, 그 자리에서 고민을 솔직하게 털어놓았답니다. 그럴 수 있었던 건 교수님의 '듣는 태도' 덕이었다고요. 왜 그랬는지, 이유가 뭔지 다그치기보다는, 정말 무슨 일이 있는 건지 걱정하며 먼저 입을 열 때까지 기다려주시는 모습에 자신도 모르게 속내를 털어놓고 싶어졌답니다. 이야기를 다 들으시고 교수님께서 가장 먼저 꺼내신 말은 "고맙다."였다고요.
"털어놓기 쉽지 않을 이야기를 기꺼이 들려줘서 정말 고맙네. 오늘 나눈 이야기는 다른 곳에 절대 새어 나갈 일 없으니 걱정하지 말고."

앞으로도 한결같이 응원하고 지지하겠다는 말씀으로 끝인사를 하셨다는 교수님. 소통하는 상대를, 상대의 이야기를 있는 그대로 받아들이려고 했던 교수님의 태도가 시간이 지날수록 더욱 감사하게 느껴진다고도 했습니다.

언젠가 저도 그런 적 있었어요. 성 소수자인 남자 후배와 식사를 한 적. 몹시 시끄러운 식당이라 옆자리의 말소리도 잘 들리지 않을 정도였습니다. 일 때문에 만났다가 친해져서 밥을 먹게 되었는데, 이런저런 얘기 끝에 사귀는 사람 이야기가 나왔습니다. 그 후배가 갑자기 말을 멈추더니만 주위를 둘러보고 제 쪽으로 몸을 기울여 말했습니다.

"누나, 저 사실 게이예요."

그러면서 직장에서는 커밍아웃하지 않았다는 말도 덧붙였습니다. 직장과 거리가 아주 먼 곳의 식당이었는데도 조심스럽게 주위를 둘러보던 후배 몸짓이 지금도 생생합니다. 그런 사람이 여러분 주위에도 있을 수 있습니다. 여자 친구나 남자 친구가 있느냐는 말보다 "사귀는 사람 있어?" 이런 표현이 좋지 않을는지요. 어지간하면 묻지도 마세요. 농담처럼 하는 한마디가 상처에 뿌리는 소금이 될 수도 있습니다. "갈까 말까 할 때는 가지 말고, 할까 말까 할 때는 하지 말라." 그런 얘기도 있죠. 말을 꺼낼까 말까 싶을 땐 꺼내지 않는 편이 좋습니다. 당신을 위해서도, 후배를 위해서도.

"진짜 존중은 말하지 않을 줄 아는 것이다." TED에서 가장 많은 사람이 본 강연 중 하나인 〈취약함의 힘 The Power of Vulnerability〉의 주인공이자 취약성을 오랫동안 연구해 온 미국의 사회학자 휴스턴대학교 교수 브레네 브라운이 한 말입니다.

> **❝ 우리 이렇게 생각해 볼까요?**
>
> 사생활이 궁금해도 꼬치꼬치 묻지 않는 것이 존중의 기본입니다. 회사는 '경제 상행위나 영리 행위를 목적으로 하는 사단 법인'이라고 사전에도 나와 있습니다. 함께 일하는 사람은 동료일 뿐, 가족이 아닙니다. 가족에게도 말하기가 꺼려지는 것이 사생활이고, 성적 취향입니다. 부디 존중해 주세요. 믿을 만한 사람이 되는 게 소통의 기본입니다. **❞**

3장

나는 왜 내 말에 상처받을까?

공감의 본질이 되는
나와의 소통

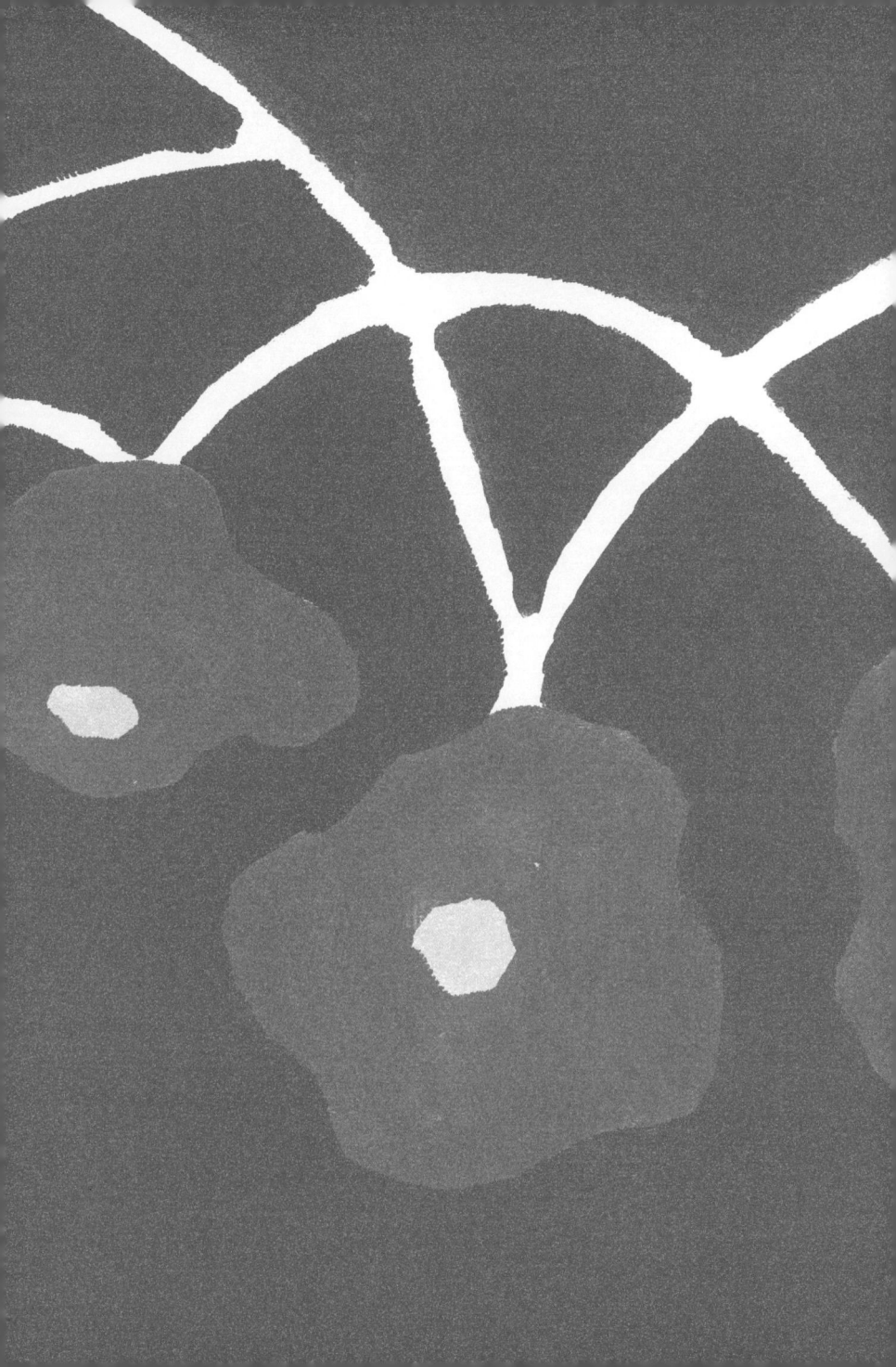

남과 비교하는 것, 아무 소용이 없고요.
나에게 집중해서 나만의 장점을 살리다 보면
어느새 무언가 해낼 수 있어요.
제가 보증해 드리죠.
제 말 한번 믿어보세요.

혼자인 걸
두려워 마세요

 라디오를 좋아하시나요? 아주 어린 시절부터 라디오 키드였던 저는 DJ를 꿈꾸며 자라났습니다. 그럴 수밖에 없었던 환경. 다섯 자매가 방 한 칸에서 지냈거든요. 제가 초등학교도 들어가기 전, 이미 고등학생이었던 큰언니가 틀어놓은 〈별이 빛나는 밤에〉나 〈밤을 잊은 그대에게〉 같은 프로그램을 자연스럽게 들으면서 큰 터라 방송국 입사 후 라디오 DJ가 되었을 때 얼마나 기뻤는지 몰라요.
 생방송으로 라디오 프로그램을 진행하다 보면 따뜻한 연대감을 느낄 때가 있어요. 예를 들면 이런 순간. 청취자가 고민을 털어놓으면 다른 청취자들이 경험담을 들려주거나 조언을 해주는 코너를 진행할 때. 한 사람의 고민을 집단 지성의 힘으로 해결하게 될 때 말입니다. '세상살이에 정답은 없지만, 수많은 해법이 있구나.' 느끼게 됩니다. 고민 사연을 써 보내는 분들에게는 공통점이 있습니다. 나이가 많거나 적거나, 여자거나 남자거나 관계없이 마음이 약하고 여리고 착한 분이라는 겁니다. 그래서 대개는 오랫동안 많이 참아왔다는 겁니다. 하긴, 심지가 굳거나 혼자 생각해서 결심하고 혼자 실행하는 사람이면 다른 사람에게 자기 고민을 털어놓지도 않겠지요.

양상은 다르지만, '무례한 친구를 참아낼 것인가?' 고민하는 분도 많았어요. 착하고 잘 참는 그들은 친구가 별로 없다고 했어요. 몇 안 되는 친구 중 하나가 끊임없이 계속 자신을 괴롭게 한다고. 유형은 조금씩 달라요. 돈을 꿔 간 후에 제대로 갚지 않는 경우도 있습니다. "딱 반년만 쓰고 줄게."라거나 "한 달 후에 갚을게."라고 말하는 친구들은 신기하게도 절대로 제날짜에 갚는 일이 없습니다. 그러고도 뻔뻔하게 다시 돈을 꿔달라고 한대요. 그걸 왜 또 꿔 주느냐고 묻고 싶으시죠. 거절할 줄 알았다면 라디오에 사연도 보내지 않았겠죠.

새 물건을 사기만 하면 기가 막히게 알아보고 "나 한 번만 써볼게. 그것 좀 빌려주면 안 돼?" 이러는 친구도 있다고 합니다. 아, 물론 빌려 가거나 써보기 전에 새로 산 물건을 두고 입에 침이 마르게 칭찬 세례를 퍼붓고요. '역시 너는 참 안목이 남다르다.' 이러면서요. 칭찬에 솔깃해서가 아니라 '친구'가 빌려달라는데, 잠깐만 써본다는데 어떻게 빌려주지 않고 내어주지 않겠느냐는 거죠. 그래요. 정말 여리고 착한 사람입니다.

오래 알고 지낸다고 다 '친구'일까요? 친구의 사전적 의미는 '가깝게 오래 사귄 사람'이라고 해요. 그렇다면 상습적으로 돈을 빌려 간 후에 갚지 않는 사람, 새 물건을 빌려달라거나 써본다는 그 사람은 '친구'가 아닌 것 아닐는지요. '오래' 사귀었을지는 모르지만, 나를 '가깝게' 여기는 건 아닐 테니까요. 대신 나를 '만만하게' 보는 거죠.

그런 분에게 권하고 싶은 방법이 있습니다. '거절 연습.' 그게 연습한다고 되냐고요? 그럼요. 연습의 힘은 놀라운 겁니다. 아침마다 집에서 나올 때 현관에서 외치라는 전문가도 있습니다. "싫어요. 싫습니다. 싫다니까요!" 낼 수 있는 가장 큰 목소리로 그렇게 연습하고 나온다면 필요한 순간에 그 단어를 입 밖에 낼 수가 있다는 거예요.

마음 여리고 인간관계가 넓지 않은 분들이 두려워하는 건 이겁니다. '그나마 몇 안 되는 친구인데, 내가 싫다고 거절하면 친구 관계가 끝나는 것 아닐까?' 그럼 끝내시면 됩니다. 그런 사람은 당신을 친구로 여기는 게 아니라 호구로 보는 거니까요. 한 번 호구는 평생 호구 잡히기가 십상이고요. 그런 친구라도 없는 것보다는 나은 게 아니냐고요? 아닙니다. 그런 친구라면 없는 게 나아요.

가톨릭 사제이자 작가인 헨리 나우웬Henri Nouwen의 말에 귀 기울여 보세요. "친구란 나를 이용하지 않는 사람이다. 나를 이해하려는 사람이다." 그러니 그런 사람은 친구가 아니겠죠? 미련 없이 떠나보내세요. 대신 좋은 사람을 친구로 만들면 됩니다. 좋은 사람이 있는 곳으로 가보세요. '나 자신을 좋은 사람으로 바꾸려고 노력하니 좋은 사람이 오더라.' 이효리 씨의 명언 중 하나입니다. 나를 좋은 사람으로 만들기, 몇 가지 힌트가 있어요. 먼저 책 읽는 모임. 동네에 독립 서점이 있다면 가보세요. 동네 책방, 독립 서점에서는 열이면 열, 책 모임을 합니다. 한 달에 한 번쯤 같은 책을 읽은 사람끼리 모여서 차 한잔 나누며 책 이야기를 하는 거죠. 주인장에게 여쭤보면 반갑게 안내해 줄 겁니다. 책을 매개로 이야기 나누는 자리에는 비슷한 성향의 좋은 사람들이 꽤 많을 겁니다.

또 한 군데 추천하고 싶은 곳은 봉사 현장입니다. 유기견을 위해서 견사도 청소하고, 강아지들 목욕도 시켜주는 사람이라면 '사람'도 함부로 대하지 않겠죠. 그 밖에도 많아요. 검색만 하면 가서 힘을 보탤 수 있는 곳이 금세 눈에 띌 겁니다. 거기 가세요. 다른 사람을, 살아 있는 생명체를 위해 애쓰는 마음 따뜻한 사람이 많을 테니까요.

혼자가 되는 걸 두려워 마세요. 친구의 자리에 친구가 아닌 사람을 놓아두지 마세요. 당신에게 어울리고 당신과 진짜 우정을 쌓아갈 사람이 어딘가에 있습니다. 좋은 사람들이 모이는 좋은 곳으로 가세요.

> **우리 이렇게 생각해 볼까요?**
>
> 우연히 좋은 분들이 좋은 취지로 모인 단체에 들어가게 되었습니다. '우연히'라고 쓰고 보니 우연은 아니었던 것 같습니다. 일 때문에 만났던 시인에게 인사를 드리면서 제 입으로 먼저 말했더라고요. "다음에 좋은 일 하실 때 저에게도 연락해 주세요. 저도 힘을 보태고 싶습니다." 이후 전화를 주신 덕분에 저는 벌써 10년째 '호아빈의 리본'이라는 한국-베트남 평화 모임에 참여하고 있어요.

내 팀의
팀장

"저의 모교는 리더십 특성화 대학이었어요. 졸업할 때까지 누구나 리더십 관련 과목을 필수로 들어야 졸업을 할 수 있었죠."

사회생활을 한 지 어느덧 10년째에 접어들었다는 명주 씨는 그런 말로 자신의 상황을 설명했습니다. 4년 내내 한 학기에 무조건 한 과목씩 수강하느라 '그놈의 리더십'이 아주 지겨울 지경이었다고요. 모름지기 리더십이란 '리더'에게 필요한 덕목이 아니냐고요. 누군가를 이끌어가는 사람이 갖추어야 할 덕목이 리더십인데, 명주 씨는 리더가 될 생각 같은 건 애

초에 없었다고도 했죠.

회사 생활하면서 바라는 것은 오직 하나뿐. '오늘 하루도 내 이름이 한 번도 불리지 않는 하루가 되기를.' 가늘고 길게, 되도록 오래 직장생활을 하면 좋겠다고 했어요. 승진이나 승급도 그다지 바라지도 않는다고요. '내가 여자라 그런가?' 혼자 생각해 본 적도 있었답니다. 그건 아닌 것 같았대요. 성별을 떠나서 성향의 차이가 아닐까 싶다고. 어려서부터 명주 씨는 가위바위보도 싫었답니다. 이기면 좋지만 지면 씩씩거리면서 성질내는 친구들을 보면 이해가 안 갔죠. '이길 수도 있고 질 수도 있는데, 왜 저러지?'

그러니 누구나 예외 없이 리더십을 길러야만 한다는 방침을 받아들이기 쉽지 않았다고요. '나 같은 예외도 있는 법'이라고 외치고 싶었으나 그 또한 자신의 성향과는 맞지 않아 그대로 리더십 수업을 억지로 들으며 대학을 졸업했답니다. 그런데 이런 명주 씨가 직장에서 리더십을 발휘해야 할 기회가 생겼다고 하네요. 혹시 초고속 승진 같은 걸 했느냐고 물었지만, 그건 아니었답니다. 적당히 남들이 가는 만큼 가고 싶었던 명주 씨가 연차에 따라서 부팀장 정도의 위치가 되었을 뿐이라고요.

그런데 이게 웬걸. 4년 내내 억지로라도 배웠던 덕분인지 회사 생활을 하며 리더십이 눈에 보이고 흐름이 읽혔답니다. '이런 게 바로 교육의 효과인가 보다.' 툴툴거리며 말했지만, '나의 내면에 리더십이 자리 잡았나 보다.' 생각했대요.

명주 씨는 '김명주 팀'의 팀장이 되기로 마음먹었다죠. 혹시 뒤늦게 인정욕구가 발휘되었느냐고 물었더니 그건 또 아니라고요. 자신은 '내' 팀 팀장이 되기로 한 거지, '우리' 팀 팀장이 되려는 건 절대 아니라고요.

회사에서 인사 발령이 좀 애매하게 났답니다. 부팀장 격인 명주 씨가 있는 팀으로 명주 씨보다 나이가 많은 팀원 한 분이 오게 됐대요. 본부장 라인으로 알려졌는데, 본부장이 다른 회사에서 이직할 때 '1+1'으로 같이 왔던 분. 그러다 보니 아무래도 회사에서 자리 잡기가 쉽지 않아 보였다고요. 본부장이 지난해 부진한 업무 성과의 책임을 지고 좌천되며 그분 역시 애매하게 명주 씨네 팀에 오게 됐답니다. 점심 먹고 차 마실 때 팀장님이 걱정하는 소리를 괜히 들었죠. 나이 많은 팀원은 어디 가도 천덕꾸러기 신세가 아닐까 걱정이 되었대요.

오후에 곰곰이 생각을 해보았답니다. '내가 부팀장 자리를 그분에게 양보하면 우리 팀이 모두 편한 것 아닌가? 무엇보다 내가 잘 따르는 우리 팀장님도 부담이 덜 될 테고, 그분도 멋쩍지 않게 우리 팀에 올 수 있고. 나야 부팀장이든 아니든 아

무 상관 없으니 그렇게 제안해 볼까?'

그러다 다음 순간 정신이 번쩍 들었다고 했어요. '나는 내 삶의 리더가 돼야 한다!' 대학 다니며 4년 내내 귀에 못 박히게 들었던 캐치프레이즈. 머릿속에서 그 말이 떠오르며 귓가에 쟁쟁거렸다고요. '내가 내 팀 팀장이라면 내 팀원을 위해 어떤 결정을 내릴까? 당연히 '나'에게 유리하게 판단하고 결정하겠지.' 그래서 명주 씨는 자신을 위해서 눈 딱 감고 모른 척하기로 했답니다. '김명주 팀'을 생각하자. 이후 명주 씨네 팀에 팀원으로 오신 나이 많은 그 팀원은 걱정과 달리 선후배 동료와 어울리며 회사 생활 잘하신다고요. 괜히 나섰다가 혼자서 오버할 뻔했다며 '휴우~' 한숨을 쉬던 명주 씨.

여성들은 자신을 위한 선택을 할 때 이기적이 아닐까 하며 죄책감을 느끼는 경향이 있다고 합니다. 수치심과 취약성을 주제로 오랫동안 연구해 온 심리학자 브레네 브라운. "여성은 완벽함을 기대받고, 누구나 도와야 한다는 강박에 시달린다."라고 지적했죠. '좋은 딸, 좋은 엄마, 좋은 동료, 좋은 사람'이라는 사회적 기준을 충족시키지 못할 때 여성들은 수치심과 자기 의심을 크게 느낀다고요. 그러면서 자신의 욕구와 경계를 명확히 하는 건 이기적인 행동이 아니라 건강한 자기 돌봄이라고 했습니다.

명주 씨도 이렇게 생각하기로 했답니다. '이건 내 팀을 위한 거고, 나는 내 팀의 팀장으로서 내 팀에게 유리하게 작전을 세우고 그대로 수행한다.' 그러면 죄책감을 덜 느끼지 않을까 한다고요. 그래서 매주 금요일쯤엔 이번 한 주도 수고 많았던 내 팀을 위해 좋은 메뉴를 찾아 회식도 하게 해준대요. '그래, 팀 회식이니 법인 카드(실은 개인 카드)를 아낌없이 쓰자.'라면서.

명주 씨의 얘기를 들으면서 각자 '내 팀 팀장 되기'를 해보면 어떨까 싶었어요. 내가 내 팀 팀장이 되지 않으면 누가 나를 위한 결정을 내려주나요. 팀장, 부장, 본부장님은 회사를 위한 결정을 할 뿐, 직원 개인을 위해 판단하지는 않습니다. 하지만 직원이 마음 편히 회사 생활을 할 수 있어야 회사 조직도 잘 운영되는 것 아닐까요.

정다운 팀 팀장, 이유진 팀 팀장, 김현빈 팀 팀장. 더 많은 '내 팀 팀장'들을 만나보고 싶습니다.

"다른 사람의 기대에 따라 살지 말라. 당신은 자신의 인생을 살 책임이 있다." 세계적으로 유명한 진행자 오프라 윈프리의 말입니다. "자기 자신을 위해 사는 것은 이기적인 게 아니다. 그것이야말로 진정한 자유다." 세계적으로 이름난 작가 파울로 코엘료도 그렇게 말했고요.

> **❝ 우리 이렇게 생각해 볼까요?**
>
> "저는 제 팀의 팀장이 되기로 했어요." 이런 말을 굳이 입 밖에 꺼낼 필요는 없는 거 아시죠? 마음속에 간직하고 어떤 일이 생겼을 때 판단과 결정, 실행의 근거로 삼으시면 돼요. 그리고 실제로 회사에서 승진할 기회가 있으면 당당히 도전하세요. 10년 8개월 직장생활을 하면서 '아, 회사에서 나를 인정해 주는구나.' 하는 생각을 딱 한 번 했는데, 그게 바로 승진했을 때였거든요. 승진의 기쁨, 인정받는 즐거움. 외면하지 마시고 누려보세요. **❞**

자기
연민

아침 생방송 프로그램을 18년 보름간 진행하다가 그만뒀을 때 분에 넘치는 관심과 격려를 받았습니다. 일일이 인사를 드리지 못해서 죄송하고 또 감사했습니다. 그때만 해도 2G폰을 쓰고 있었기에 문자 메시지가 100개를 넘으면 받을 수가 없었어요. 그걸 알고 있었기에 일일이 답장을 보내면서 동시에 먼저 받은 걸 삭제해야 했습니다. 적어두기라도 할 걸, 워낙 많은 메시지가 와서 그럴 생각조차 못 했던 게 아쉽습니다.

마지막 아침 생방송이 끝난 후, 라디오 생방송이 시작되는 오후 6시까지 시간이 너무 많이 남더라고요. 어찌할지 고민하다 방송사 의무실로 갔습니다. 지금은 퇴직하신 친한 담당자 선생님께 부탁드렸죠. 여기서 서너 시간 숨어 있고 싶다고요. (나름 취재하러 오신다는 기자들이 계셔서 피하려고요.) 다행히 제 상황을 이해해 주신 선생님 덕분에 저는 의무실 침대에 누워 잠을 잤습니다. 아니, 그런 상황에서 잠이 오냐고요? 그럼요, 고단했던지 금세 잠이 오더군요. 실은 실연당했을 때도 잠은 푹 잤던 사람인지라.

바로 다음 날부터 오전 9시까지 아주 잘 잤어요. 이전에도 3년 정도 다른 아침 생방송을 진행한 적이 있었기에 22년 가까이 저는 스스로 '아침형 인간'인 줄 알았는데, 아니었습니다. 저는 '아침 월급형 인간'이었을 뿐. 아침 일찍 일어나지 않으니 삶의 질이 달라졌습니다. 시간도 생활도 마음까지도 느긋해졌습니다. 오후에 출근해서 라디오 생방송 후 저녁에 퇴근하는 일정이 정말 편했습니다.

그러다 몇 달 후 모처럼 오전에 일정이 있어 일찍 출근한 날, 화장실에서 청소 담당 선생님을 만났습니다. 오랜만이라며 정말 반가워하셨어요. 그도 그럴 법했죠. 새벽 출근을 오래 하다 보면 서로 동지 의식 같은 게 생기거든요. 새벽 4~5시에 출근하는 선생님들이 5~6시에 출근하는 저를 볼 때도, 제가 선생님들을 뵐 때도 서로 짠하면서도 의지가 되고 그랬습니다. 선생님은 제 손을 붙잡고 "이게 얼마 만이야." 하시더니 "이제 뭘 먹고 살아~." 진심으로 걱정해 주셨습니다. 저도 진심으로 감사했습니다. "저요, 저녁때 라디오 생방송도 하고, 다큐멘터리 더빙도 하고 그래요. 먹고는 살아요." 안심시켜 드렸어요.

그건 사실이었어요. 갑자기 그만두게 돼 당황했지만, 전체 수입 중 3분의 2가량이 줄어서 어렵기는 했지만, 먹고살 수는 있었으니까요. 아끼고 줄이면 굶어 죽기야 하겠느냐고요. (역시 연예인 걱정은 하는 게 아니라고요? 저는 연예인이 아니라 방송인이긴 하지만, 열심히 찾아보면 일이 아예 없지는 않더군요.)

아침 일을 그만둔 후에 감사하게도 밥을 사주겠다는 분들이 꽤 많았습니다. 저녁 라디오 생방송 때문에 금요일 저녁쯤 그것도 8시 넘어서야 약속을 잡을 수 있었습니다. 그런 일정이 이어졌습니다. 누굴 만나든 밥을 사던 저였지만, 그때만큼은 기꺼이 얻어먹었습니다. 그러다 두어 달이 지났고, 저와 친한 정신과 전문의 선생님과 다른 분야의 두 분이 합류해 넷이 함께 기분 좋게 저녁을 먹었어요. 저는 진심으로 궁금했던 것을 여쭤봤습니다. "선생님, 남들이 들으면 이상하다고 그럴까 봐 어디에서도 말 못 했는데요. 저는 불과 두 달밖에 안 됐지만, 제가 아침 생방송을 진행했던 것이 삼국 시대나 고려 시대쯤인 것 같아요. 조선 시대도 아니고요. 저, 이상한 거 아니죠?"

선생님은 특유의 부드러운 미소를 짓더니 그럴 수 있다고 안심시켜 주셨습니다. 혼자 곰곰 생각해 봤어요. '나는 왜 그럴까?' 두 가지 이유를 찾았습니다. 먼저, 과거에 살지 않고 현재에 살기 때문. 제가 뭘 했든 누가 뭘 했든, 그건 그 사람의 경험일 뿐 그 이상도 이하도 아니라고 생각합니다. 그 사람을 말해주는 건 현재! 다음, 저는 자기 연민이 별로 없어요. '내가 너무 불쌍해. 나만 힘들어.' 이런 생각은 안 하거든요. '나도 불쌍하고 너도 안됐고, 그런 거지. 다들 비슷하게 힘든 거지. 5년 6개월 동안 1주일에 7일을 일했어도, 고단하기는 했지만 방송 경험도 늘었고 감사하지.' 이렇게 말이에요.

이런 저를 곁에서 지켜본 후배이자 제자인 젊은 작가가 쓴 짧은 글이 있어요.

감정의 경제성. 그것은 내가 이금희 선생님을 보면서 가장 자주 떠올렸던 키워드이기도 하다. 선생님은 모든 종류의 자극에 쉬이 연연하지 않는 사람이다. 선생님의 삶은 지나온 과거나 미래에 있지 않았다. 지금 이 순간 내가 할 수 있는 일에 최선을 다하며 지나간 일에 머무르지 않는다. 감정의 괴물인 나라면 족히 몇 달을 잡고 늘어질 만한 사건이 닥쳐도 선생님은 금세 훌훌 털어버리고 앞을 향해 걸어가는 사람이다. 지금 좋으면 미련 없이 모든 것을 내어주고, 그러다 인연이 다 되면 또 후회 없이 앞으로 저벅저벅 걸어가는 삶. 미움과 슬픔뿐만 아니라 후회, 비뚤어진 애착과 같은 감정들도 선생님의 사전 속에는 들어갈 일이 없을 것만 같았다. 나는 이금희 선생님을 볼 때마다 세상만사에 통달해 언제나 웃고 있는 도인과 같은 모습이 겹치고는 했다.

박상영 작가님, 『순도 100퍼센트의 휴식』에 쿨하게 써줘서 고마워요.

"인생에서 가장 큰 용기는 자기 연민을 버리고, 삶을 직면하는 것이다." 스위스의 시인이자 철학자인 앙리프레데릭 아미엘Henri-Frédéric Amiel이 말했죠. 프랭클린 루스벨트 대통령의 부인이자 인권운동가였던 애나 엘리너 루즈벨트도 그랬습니다. "스스로를 불쌍히 여기기 시작하면 끝없는 늪에 빠지게 된다. 자신을 일으켜 세우는 힘은 언제나 내 안에 있다."
누구에게나 자신만의 고통이 있을 겁니다. 아무도 대신 해

줄 수 없는 삶의 통과의례를 우리는 저마다 거치게 되지요. '나만 남달리 유난히 왜 이럴까.' 이런 경우는 그리 많지 않은 듯해요. 오래전에 방송에서 만나 인터뷰를 했던 무속 관련 일을 하는 분이 그러셨어요. 소위 신내림을 피하고 싶어서 일곱 번이나 자살 시도를 하셨다고요. 산에서 뛰어내리면 소나무 가지에 걸려서 살았고, 물에 빠졌더니 누군가 빠르게 신고해 줘서 구조가 되었다고. 일곱 번 시도한 끝에 자신의 길을 받아들였다고 말입니다. 이런 분이 아니고서야 평범하게 살아가는 우리는 거기서 거기입니다. 나만 특별히 불쌍하지도 않고요, 나만 유달리 힘든 것도 아닙니다. 자기 연민은 넣어두시죠.

> **❝ 우리 이렇게 생각해 볼까요?**
>
> 세상만사에 통달해 언제나 웃고 있는 도인 같은 모습이라고 봐줘서 고맙지만, 저라고 해서 늘 그런 건 아닙니다. 속이 부글거릴 때도 있고, 입에서 심한 말을 내보내고 싶거나 눈으로 욕이라도 하고 싶을 때가 있지요. 다만 시차를 둘 뿐입니다. 순간적으로 욱한다고 곧바로 입이나 눈으로 감정을 표현하면 나중에 후회하게 되더라고요. ❞

다락방

우리 집에 제일 높은 곳 조그만 다락방
넓고 큰 방도 있지만 난 그곳이 좋아요
높푸른 하늘 품에 안겨져 있는
뾰족 지붕 나의 다락방 나의 보금자리
달무리 진 여름밤 고깔 씌운 등불 켜고
턱 괴고 하늘 보며 소녀의 나래 펴던
친구는 갔어도 우정은 남아 있는
이제는 장미꽃빛 그리움 숨기는 곳

팀 이름도 정겨운 가수 '논두렁밭두렁'이 불렀던 노래 가사입니다. 제목은 〈다락방〉. 옛날 정서 물씬 풍기죠. 여기서 킬링 포인트는 우리 집에서 제일 '높은' 곳에 있다는 것, 그리고 '조그만' 다락방이라는 겁니다. 아파트에서 태어나 아파트를 벗어나 본 적 없는 이들은 개념조차 모를 수도 있겠네요. 건축 용어 사전을 펼쳐보겠습니다. 다락방이란 주로 부엌 위에 2층처럼 만들어서 물건을 넣어두는 곳으로, 사람이 거처할 수 있도록 만들기도 한다고 설명합니다. 요즘으로 치면 팬트리, 아니 그보다는 다용도실 같죠. 다른 점이라면 다락방은 좁은 곳으로 올라가야 한다는 것입니다.

아이들은 누구나 좁고 아늑한 곳을 좋아합니다. 엄마 뱃속에 열 달 동안 살았던 기억 때문일까요. 굳이 식탁 밑이나 책상 아래 공간에 들어가서 놀기 좋아합니다. 다락방은 그런 아이들 속성에 잘 어울리는 곳이었습니다. 주로 엄마가 선물 받은 그릇 세트 같은 살림살이를 올려뒀지만, 어린아이 한둘이 누울 공간은 남아 있었습니다. 창고 개념이라 조명이 필요없으니 대부분 어두운 편인데, 그래도 물건을 구분해야 하니 백열전구 하나쯤을 달아두었습니다. 그래서 더 운치가 있습니다. 다락방에 올라가서 배 깔고 엎드려 만화책을 보고 간식을 먹었던 기억, 단독주택에 살았던 예전 사람들이라면 다들 있을 겁니다. 아파트에는 다락방이 없죠.

아이돌 밴드의 리더가 진행하는 라디오 프로그램에 게스트로 나갔던 날이었습니다. 치열한 경쟁 사회에서 살아가는 요즘 젊은이들에 관한 이야기를 나눴습니다. 망망대해에 홀로 떠 있는 조각배. 지금 10대나 20대는 그런 마음으로 살아가지 않을까요. 그런 이들에겐 저 멀리 등대의 불빛이 정말 반가울 겁니다. '저기 가면 쉴 수 있어. 주린 배도 채우고 마른 목도 축이고 무엇보다 땅을 밟으며 안정감을 느낄 수 있을 거야.'

그런 등대의 불빛 같은 마음의 은신처가 필요합니다. 다락방같이 올라가 쉴 수 있는 공간일 수도 있고, 우리 집 앞 공원 나무 그늘의 벤치처럼 앉아서 하늘을 올려다볼 수 있는 장소일 수도 있습니다. 그것도 아니라면, 내가 나에게 들려주는 말 한마디는 어떨지요. 저는 그걸 '마법의 한마디'라고 표현하고 싶습니다.

"괜찮아. 괜찮겠지. 괜찮을 거야." 이런 말이 저에겐 그 마법의 한마디라고 했더니, 30대 초반 DJ는 자신의 마법의 한마디는 "그럴 수도 있지."라고 말했어요. 그럴 수도 있다고 말하면 대부분 상황이 이해된다고요. 그런데 말은 그렇지만 실제로 잘되지는 않는다고도 했죠. 그렇게 하면 발전이 없는 것도 같고, 그래서 스스로 말하기가 쉽지 않다고 했어요. 나에게 관대하기가 그렇게 어려운 거죠. 그래서 저는 이렇게 말했어요.
"이런 마법의 한마디가 꼭 필요한 이유가 있어요. 남들은 늘 나에게 '그럴 수 없어. 그러면 안 되지. 열심히 해서는 안 되고 잘해야지.'라고 하잖아요. '괜찮지 않지. 이거 어떻게 책임질 거야?'라고 하는데, 나까지 나한테 그럴 필요는 없어요. 남들은 나를 추궁하는 말을 하지만, 나까지 나 자신한테 그러면 안 돼요. '괜찮다, 그럴 수도 있다.'라고 말해줘야 해요. 남들이 안 해주니까 나라도 해줘야 해요."

제가 방송에서 말했던 이런 내용을 정리해서 블로그에 올린 분이 있더군요. 공감 댓글을 적은 분도 많았습니다. 그 공감 댓글들에 저도 공감! "나도 나에게 관대하지 못해요. 다른 사람들은 괜찮다고 해도 내 생각에 아니면 스스로 괴롭히곤 하죠. 나를 사랑하고 내가 소중해서 그러지만, 그런 나라서 더 자신에게 엄격한 듯해요. 에구, 생각하니까 조금 안쓰럽네요. 오늘은 스스로 위로하며 괜찮다고 말해줘야겠어요." "저도 저에게 관대한 사람이 아니라서 이제는 관대한 사람이 되어보려고요." "저도 아직 그런 생각을 해보거나 실행해 보진 못한 것 같습니다. 스스로에 대한 긍정적인 말 한마디가 없네요. 그런 것 하나쯤 가져봐도 괜찮겠다 싶긴 하네요." "저는 그런 말이 있어요. 이 정도면 잘해온 거야. 이 말입니다. 저를 위로 하는 한마디입니다."" 결국은 지나가. 제가 힘들고 괴로울 때 떠올리는 말은 이것이랍니다. 그 어떤 버티기 힘든 상황도 결국은 지나간 일이 되는 날이 반드시 오니까요."" 잘했어! 그래, 최선을 다했잖아! 평가는 다른 이들의 몫. 애썼어! 스스로 이 말을 해주고 싶습니다. 갑자기 생각하려니 어렵군요."

"우리는 타인에게는 친절하면서 정작 자신에게는 가장 가혹하다." 미국의 배우이자 연극 연출가였던 루실 볼Lucille Ball의 말입니다. "당신 자신을 친절히 대하라. 당신은 지금까지 겪어온 모든 일에도 불구하고 여전히 여기 있으니까." 『월 플라워』를 쓴 미국 작가 스티븐 크보스키Stephen Chbosky도, 인도 출신 작가이자 시인인 스리비디야 스리니바산Srividya Srinivasan도 저와 똑같은 생각을 했더라고요. "당신 자신에게 아주, 아주, 아주 친절하게 대하라. 왜냐면 이 세상이 당신을 아주, 아주, 아주 심하게 대할 것이기 때문이다."

여러분은 있나요. 있다면 무엇인가요. 내 인생 마법의 한마디! 그 한마디가 바로 여러분의 다락방이 되어줄 겁니다.

> **❝ 우리 이렇게 생각해 볼까요?**
>
> '다락방' 하면 떠오르는 작품들. 어린 시절 읽었던 소설 『소공녀』, 『빨강 머리 앤』, 그리고 만화 <들장미 소녀 캔디>. 이 작품의 주인공들에게는 모두 '다락방'이 있었습니다. 그곳은 장밋빛 미래를 그려보는 상상력의 공간이었고, 알버트 아저씨나 다이애나 같은 든든한 존재와 마음으로 연결되는 공간이기도 했습니다. 그러고 보니 또 하나의 공통점이 있었네요. 다들 자존감이 매우 높고, 회복탄력성이 뛰어나다는 것. 마음속 다락방을 하나씩 들여놓으면 우리도 그녀들처럼 씩씩하게 잘 살 수 있을 것만 같습니다. **❞**

비교는
이제 그만

　예전에 요가를 배운 적이 있습니다. 짧은 기간이었지만 좋은 기억이 많아요. 조도를 낮춘 조명 아래 은은한 향이 퍼지는 실내, 명상음악을 들으면 수업 시작 전부터 힐링이 되더군요. 하지만 막상 수업이 시작되면 달라집니다. '내 몸이 이렇게 뻣뻣하다고?' 거의 로봇 수준인 몸 상태에 놀라게 됐어요. '아니, 저분은 가르쳐야 할 분 같은데, 왜 배우시지?' 다른 분들을 보며 한 번 더 놀라게 됩니다. 요가 선생님들도 다른 요가 수업에 수강생으로 참여하곤 하니까 실제 강사님이었는지도 모릅니다. 동작을 따라 하느라 쩔쩔매는 초보의 눈에는 고수들의 움직임이 놀라워 보입니다. 못 하는 동작이 없고요, 안 되는 것도 없어 보입니다. 왕초보인 저는 맨 뒤 구석에 자리 잡고 눈에 띄지 않으려 애를 쓰죠. 뜻대로 움직이지 않는 내 몸뚱이를 속으로 원망하며 쩔쩔매곤 했습니다.

그런데 선생님이 이렇게 말씀하시는 거예요. "다른 사람과 비교하지 마세요." 이어지는 설명을 들어보면, 요가는 나 자신과 만나는 것이니 내 동작에 집중하라는 거였습니다. 잘하는 사람 혹은 못하는 사람을 보며 비교하다 보면 나에게 충실할 수 없다고 말입니다. 그 말에 얼마나 안심이 되던지. 이후로 정말 자신에게만 집중할 수 있었습니다. 앞사람의 멋진 몸놀림을 보는 것이 아니라 허둥지둥하긴 하지만 선생님의 동작과 비슷하게 해보려 발버둥 치는 내 팔과 다리에 관심을 두었던 겁니다.

사회생활의 시작은 비교의 시작인지도 모릅니다. 나는 공부를 잘 못하는데, 저 친구는 어떻게 선생님의 말씀을 단번에 알아듣는 건지 참 이상합니다. 나는 줄넘기가 힘든데, 저 친구는 리듬도 잘 타고 타고난 운동선수 같으니 또 부러워집니다. 그리고 실제로 평가를 받기도 하니까, 비교는 더욱더 나를 괴롭히고 힘들게 합니다.

아주 오래전에 '못해도 괜찮다. 너에겐 너만의 장점이 있다.'라고 말해준 스승이 계시니, 바로 다산 정약용 선생입니다. 18년 동안 강진에서 유배 생활하며 선생은 작은 서당을 열어 많은 제자를 키워냈습니다. 하지만 그중에 끝까지 스승을 진심으로 한결같이 섬긴 제자는 오직 황상 한 사람뿐이었답니다. 황상이 소년 시절 스승에게 질문했습니다. "선생님! 제게는 세 가지 문제가 있습니다. 첫째는 너무 둔하고, 둘째는 앞뒤가 꽉 막혔으며, 셋째는 답답합니다. 저 같은 아이도 정말 공부할 수 있나요?"

선생은 답을 하셨습니다. "그렇구나. 내 이야기를 좀 들어보렴. 배우는 사람은 세 가지 큰 문제가 있다. 너는 그 세 가지 중 하나도 없구나. 첫째는 민첩하게 금세 외우는 것이다. 이런 아이들은 가르치면 한 번만 읽고도 바로 외우지. 정작 문제는 제 머리를 믿고 대충 소홀히 넘어가는 데 있다. 완전히 제 것으로 만들지 못하지. 둘째, 예리하게 글을 잘 짓는 것이다. 이런 사람은 질문의 의도와 문제의 핵심을 금세 파악해 낸다. 바로 알아듣고 글을 빨리 짓는 것은 좋은데, 다만 재주를 못 이겨 들떠 날리는 게 문제다. 자꾸 튀려고만 하고, 진중하고 듬직한 맛이 없다. 셋째, 깨달음이 재빠른 것이다. 그런 사람은 대체로 대번에 깨닫지. 하지만 그런 대신 대충 하고 마니까 오래가지 못한다.

내 생각을 말해줄까? 공부는 꼭 너 같은 사람이 해야 한다. 둔하다고 했지? 송곳은 구멍을 쉬 뚫어도 곧 다시 막히고 만다. 둔탁한 끝으로는 구멍을 뚫기가 쉽지 않지만, 계속 들이파면 구멍이 뚫리게 되지. 뚫기가 어려워서 그렇지 한번 구멍이 뻥 뚫리면 절대로 막히는 법이 없다. 앞뒤가 꼭 막혔다고? 융통성이 없다고 했지? 여름 장마철의 봇물을 보렴. 막힌 물은 답답하게 앞으로 나아가지 못한 채 제자리를 빙빙 돈다. 그러다가 농부가 삽을 들어 막힌 봇물을 터뜨리면 그 성대한 흐름을 아무도 막을 수가 없단다. 얼마나 통쾌하냐? 어근버근 답답하다고 했지? 처음에는 누구나 공부가 익지 않아 힘들고 들쭉날쭉하게 마련이다. 그럴수록 꾸준히 연마하면 나중에는 튀어나와 울퉁불퉁하던 것이 반질반질 반반해져서 마침내 반짝반짝 빛나게 된다. 구멍은 어떻게 뚫어야 할까? 부지런히 하면 된다. 막힌 것을 틔우는 것은? 부지런히 하면 된다. 연마하는 것은 어찌해야 하지? 부지런히 하면 된다. 어찌해야 부지런히 할 수 있겠니? 마음을 확고하게 다잡으면 된다. 그렇게 할 수 있겠지? 어기지 않고 할 수 있겠지?"

제가 참 좋아하는 작가이자 고전 연구가 정민 선생의 『삶을 바꾼 만남』에 나오는 장면입니다. 다산 선생의 말씀은 어린

소년 황상의 가슴에 새겨졌고, 이후로 60년 동안 하루도 마음에서 떠나지 않았다고 합니다. 열다섯의 소년이 일흔다섯의 노인이 될 때까지 말입니다. 그뿐만 아닙니다. 40대에 뒤늦게 박사과정에 들어간 늦깎이 대학원생에게도 큰 도움이 되었습니다. 아침 TV 생방송과 저녁 라디오 생방송을 진행하며 오후에 대학원을 다닐 수나 있을까, 대학원 과정을 모두 이수하고 논문까지 쓸 수가 있을까, 스스로 의심하고 고민했던 저에게 다산 선생이 툭툭 어깨를 두드려주는 것 같았습니다.

나중에 제 논문 심사위원이 되었던 교수님도 말씀을 얹어주셨습니다. "논문은 원래 엉덩이로 쓰는 겁니다." 그 한마디에 '아, 그럼 나도 할 수 있겠다.' 자신감을 얻었습니다. 다른 건 몰라도 끈기는 있어요. TV 아침 토크쇼 진행 18년, 라디오 생방송 진행 18년째, 다큐멘터리 프로그램 내레이터 12년. 그게 바로 저니까. 그렇게 끈질기게 공부하고, 논문 쓸 때는 책상 앞에 꼬박 36시간을 앉아 있을 정도로 집중한 덕에 저처럼 공부 머리 없고 어근버근 답답했던 늦깎이 대학원생도 마침내 논문을 쓰고 졸업했습니다.

남과 비교하는 것, 아무 소용이 없고요. 나에게 집중해서 나만의 장점을 살리다 보면 어느새 무언가 해낼 수 있어요. 제가 보증해 드리죠. 제 말 한번 믿어보세요.

> **❝ 우리 이렇게 생각해 볼까요?**
>
> 비교는 '나의 어제와 오늘'만 하는 거라고 해요. '어제의 나보다 오늘 조금이라도 더 나아졌나?' 그러나 지금 이 순간에도 친구의 SNS를 기웃거리는 분이 계실 겁니다. 그건 스스로 가장 초라한 순간에 친구의 가장 빛나는 순간을 굳이 찾아서 비교하는 것이죠. 우리가 SNS에 올리는 사진은 어떤 것이죠? 대개 최고의 순간입니다. 처음 가본 멋진 식당, 고급 메뉴, 근사한 휴양지, 주로 그런 것만. 나도 그러니까 친구도 그럴 거고요. 집에서 혼자 양푼에 밥을 잔뜩 담아 비비면서 친구 SNS를 보면 안 되는 이유입니다. **❞**

아!
잘 쉬었다

　세계 135개국 사람들에게 물어봤답니다. 어떻게 쉴 때 잘 쉬세요? 1만 3500여 명의 대답을 정리한 책이 있습니다. '어떻게 쉬어야 할지 모르는 사람들을 위한 최고의 휴식법 10가지'라는 부제가 붙은 클라우디아 해먼드Claudia Hammond의 『잘 쉬는 기술』입니다. '게을러지고 싶다면 그것이 바로 생존 신호! 지쳐 너덜너덜해진 세대를 위한 위안과 치유'라는 홍보 문구가 인상적입니다.

　10위는 명상이었습니다. 요가를 오래 한 분에게 들어보니 명상이 결코 만만한 게 아니라더군요. 명상하려 눈을 감으면 잡념만 들어요. 어쨌거나 세계 곳곳에서 눈을 감고 명상하려고 시도하는 사람이 많다는 것만으로도 어쩐지 마음이 평온해지는 것 같습니다. TV 시청이 9위. 요즘은 OTT 서비스가 많아졌으니 OTT 시청까지 합친다면 훨씬 더 많은 분이 이런 방식으로 쉴 것 같군요. 8위는 잡념이었습니다. 일종의 '꼬꼬무'죠. 꼬리에 꼬리를 무는 잡념. 어쩜 이렇게 내 머릿속은 온갖 잡생각이 가득할까요.

7위, 저도 좋아하는 목욕이었습니다. "스르르르르르 잠이 와. 욕조 속에 몸을 담그면, 아늑한 기분. 또르르르르르 물소리. 너를 안고 있을 때처럼 따뜻한 지금. 목욕이 좋아. 사르르르르 몸이 녹아. 욕조 속에 몸을 담그면, 아늑한 기분. 차르르르르르 물결이. 발가락을 꼼지락대면 따뜻한 지금. 목욕이 좋아". 심현보의 〈목욕이 좋아〉 노래 가사입니다. 노랫말을 읽는 것만으로도 몸과 마음이 나른해지는 것 같습니다.

6위는 산책. 동서고금 산책을 예찬한 이는 많고도 많습니다. "걷고 행복해라, 걷고 건강해라, 꾸준히 목적을 가지고 걸어라." 영국 작가 찰스 디킨스의 말입니다. 그보다 앞서 프랑스의 사상가인 장 자크 루소도 말했습니다. "나는 걸을 때만 명상할 수 있다. 내 걸음을 멈추면 내 생각도 멈춘다. 내 두 발이 움직여야 내 머리가 움직인다." 심지어 프랑스 사상가이자 작가인 장 폴 사르트르는 이런 말도 했어요. "인간은 걸을 수 있는 만큼만 존재한다."

인류가 다른 동물과 달라진 지점이 '직립 보행의 시도'라는 과학자가 많습니다. 직립 보행 이후 비로소 두 손을 사용할 수 있게 되어 문명과 문화가 발생했다고 말이죠. 『동의보감』의 허준 선생도 걷기가 몸에 좋다고 하셨습니다. "약을 써서 몸을 보호하는 것을 약보라 한다. 좋은 음식으로 원기를 보충하는 것을 식보라 한다. 약보보다 식보가 낫고 식보보다는 걷는 행보가 더 낫다."

아무것도 안 하기가 5위였습니다. 90분간 아무것도 하지 않는 것을 경쟁하는 대회, 아시죠? 2014년 대한민국에서 처음 개최되었던 '멍때리기 대회.' 이후 베이징, 타이베이, 홍콩, 도쿄로 퍼져나갔죠. '아무것도 하지 않는 것은 시간 낭비인가?'라는 질문을 던지며 만들어진 참여형 퍼포먼스인 멍때리기 대회에 참가한 두 여성이 이런 명언을 남겼어요. "아무것도 하지 않으면 아무 일도 일어나지 않는다고 하는데, 아무것도 일어나지 않으니까 아주 좋습니다. 마음이 좋아요."

그 말을 듣는 우리 마음도 아주 좋습니다. 그나저나 사람이란 참으로 신기한 존재입니다. 누군가는 이렇게 아무것도 안 하고 싶어서 멍때리기 대회에 나가지만, 누군가는 부지런히 몸을 움직이는 대회에 출전하니까요. 해마다 서울 잠실에서는 123층 건물의 계단을 오르는 대회가 열립니다. 아빠 품에 안긴 16개월 아기부터 노년인 77세까지, 2025년에도 무려 2100명 넘는 사람들이 참가했답니다. 555미터 국내 최고 높이 수직 마라톤 대회인데, 모두 2917개나 되는 계단을 오르는 이 대회에서 2년 연속 우승한 분의 기록은 18분 32초. 얼추 계산해도 2초에 계단 하나를 쉬지 않고 오른 겁니다. 와우~!

다시 '휴식'으로 돌아가 봅니다. 잘 쉬는 방법 4위는 음악 감상. 사람은 누구나 자신의 청소년기와 청년기에 들었던 음악을 들으면 편안해진다고 해요. 눈은 새로운 걸 좋아하지만, 귀는 익숙하고 오래된 걸 좋아한다죠. 당신이 어릴 때 유행했던 음악은 어떤 것인가요. 당신의 플레이리스트에는 그런 음악이 얼마나 들어 있나요.

3위는 혼자 있는 것. 16세기의 철학자 몽테뉴도 이렇게 말했대요. "모든 사람에게는 다른 사람에게서 멀어질 수 있는 개인적인 공간이 있어야 한다. 8명의 가족과 방 하나를 공유하는 사람일지라도 혼자만의 생각을 할 수 있는 정신적 무대의 뒤편이 필요하다." 저는 '8명의 가족'이라는 부분에서 혼자 웃었습니다. 몽테뉴 시절에는 식구가 대략 8명 안팎이었을 테니까요. 몽테뉴가 현대인이고 지금 살아 있다면 아마도 이 말은 '4명의 가족과'로 바뀌지 않을까요. 그때나 지금이나 혼자 있을 때 우리는 쉴 수 있습니다.

2위가 자연에 가는 것이었습니다. 6위인 산책과 연결되면 더 좋을 것 같죠. 공원 산책, 휴양지 산책, 이런 식으로 말입니다. 먼 옛날 오스트랄로피테쿠스 시절부터 우리는 사바나 초원에 살았으니 당연히 'DNA의 고향'인 자연에 가는 것이 편안하겠죠. 팬데믹 시기 갑자기 불어닥친 '캠핑 열풍'은 어찌 보면 당연한지도 모르겠습니다. 사서 하는 고생 '캠핑'은 우리를 원시 시대로 데리고 가니까요.

두구 두구 두구. 대망의 1위는 바로 독서였습니다. 책을 좋아하는 저로서는 팡파르라도 울리고 싶습니다. 그 유명한 소크라테스도 말했거든요. "독서는 정신의 음악이다." 소크라테스와 비슷한 시기를 살았던 고대 로마의 정치가 겸 저술가 키케로도 이런 말을 남겼답니다. "책은 청년에게는 양식이 되고 노인에게는 오락이 된다. 부자일 때는 지식이 되고, 고통스러울 때면 위안이 된다." 이어서 로마의 정치인이자 장군, 작가였던 카이사르의 말입니다. "약으로 병을 고치듯이 독서로 마음을 다스린다." 앞서 소개한 장 자크 루소도 말했습니다. "독서는 마음의 휴식이다." 이 글을 쓰고 있는 지금도 저는 도스토옙스키의 말에 기대고 있습니다. "한 인간의 존재를 결정짓는 것은 그가 읽은 책과 그가 쓴 글이다."

세계 35개 나라에 사는 1만 3500여 명이 쉬는 방법엔 몇 가지 공통점이 있습니다. 첫째, 돈이 (거의) 들지 않는다. 둘째, 혼자서 할 수 있다. 셋째, 매일 할 수도 있다. 마지막으로, 시간을 별로 들이지 않아도 된다. 그래서 매일 혼자 짧은 시간이라도 위의 방법 중 몇 가지를 꼭 하라고 정신과 전문의는 권하더군요. 책 읽기를 좋아하며 하루도 빠짐없이 산책하면서 공원을 찾아가고 직업 덕분에 매일 음악을 두 시간씩 듣는 저로서도 매우 위안이 되는 말이었어요. 인간은 원래 잘 쉬었습니다. 일을 잘하는 게 아니라요. 원시 시대 사바나 초원에서 오스트랄로피테쿠스가 일을 했을까요? 잘 쉬었을 겁니다.

> **❝ 우리 이렇게 생각해 볼까요?**
>
> 쉼 없이 일만 하던 시절, 잘 쉬는 것이 무엇보다 중요하다는 것을 절감했습니다. 1990년대 후반, 무려 5년 6개월 동안 거의 하루도 쉬지 못하고 일했습니다. 매일 아침 TV 생방송 프로그램, 오후 라디오 생방송 프로그램을 진행했습니다. 토요일에는 저녁 TV 생방송 프로그램, 일요일에는 TV 녹화 프로그램을 했죠. 제가 워낙 일하는 걸 좋아하기도 했지만, 회사로서도 나쁘지 않은 선택이었을 겁니다. 아직 프리랜서가 되기 전이라 회당 2만 원에 일을 맡길 수

있었으니까요. 그때 알게 됐습니다. 매주 월요일 새벽이면 제가 어떤 상태가 되는지. '아휴, 또 월요일이네.' 저절로 한숨이 나왔고 '어디 누가 건드리기만 해 봐라.' 마음이 뾰족해져서 출근했거든요. 그러다 특집 프로그램까지 더해져서 결국 생방송 도중에 주저앉았어요. 병원에서는 지금 당장 모든 걸 그만두고 쉬지 않으면 큰일 날 수 있다고 경고하셨죠. 잘 쉬는 것은 생존의 필수이자 기초입니다.
”

나를
안다는 것

몇 년 전부터 유튜브 채널을 운영하고 있습니다. 이런저런 콘텐츠를 올리다 최근에는 인터뷰 위주로 진행하고 있죠. 책을 좋아하다 보니 책을 펴낸 작가들을 초대해서 함께 책 이야기 나누는 북토크를 합니다. 단 한 권이라도 책을 직접 써서 출판하신 분이라면 저는 '작가'라고 불러드립니다. '동병상련' 책을 한 권 내기까지 그분의 노고를 짐작할 수 있으니까요. 사실 이제 고작 네 권의 책을 낸 저도 '작가'라는 호칭으로 불리는 게 어색하기는 합니다. 그렇지만 어린 시절부터 지금까지 계속 책을 좋아하는지라 글을 쓰고 책을 내는 게 아주 낯설지는 않아요. 초등학교 때 어린이 명작동화 전집 '계림문고' 100권으로 시작된 저의 책 사랑은 중고등학교 시절 '삼중당문고'로 이어졌고, 아마도 죽을 때까지 계속될 테니까요. 지금도 1주일에 한 권꼴로 책을 읽습니다.

  강연에 가서 이 말씀을 드리면 '우와~'하는 반응이 들려옵니다. "제가 책을 많이 읽어 놀랍다는 말씀이죠?" 그러면서 저는 이 분을 소개합니다. 1년에 책을 800권 정도 읽은 분. 평생 그런 건 아니고요. 일을 할 수 없게 됐을 때, 이제 뭘 해야 하나 싶었대요. 그때 '그래. 좋아하는 책이나 실컷 읽어야지.' 마음먹었다지요. 그때부터 몇 년 동안 정말 미친 듯이 책을 팠답니다. 그때 읽은 책을 세어봤더니 1년 평균 800권 남짓. 그렇게 책을 읽은 그분, 작가가 되었고 한 해에 베스트셀러를 두 권이나 펴내셨죠. 바로 『미오기傳』를 쓴 김미옥 작가님입니다.

  그런 분을 만날 때도 신선한 충격과 자극을 받지만, 젊은 분들을 만날 때도 흥미를 느낍니다. 20~30대인데 벌써 책을 펴내거나 자기 분야에서 자리 잡은 분들. 이야기를 나누다 보면 배우고 깨닫는 것이 많아 즐겁습니다. 그중 한 분은 30대 중반 호떡집 사장님. 스물세 살에 대학을 졸업하며 동시에 호떡 포장마차를 시작했대요.

졸업을 앞두고 생각했답니다. '나는 매일 정해진 시간에 출근하고 퇴근하는 직장생활은 못 할 것 같은데, 그럼 졸업하고 뭘 해야 하지?' 자유로운 걸 좋아하는 자신의 성향을 정확히 알았던 사장님은 미술대학 졸업이라는 경력을 충분히 활용했답니다. 50만 원으로 중고 포장마차를 사서 아주 예쁘게 단장한 거죠. 파스텔 톤으로 페인트칠하고, 판매대를 중심으로 예쁜 꼬마전구까지 달아서 밤에는 더 눈에 띄게 했고요. 첫날 수입은 고작 3만 원에 그쳤지만, 곧이어 밀가루 반죽이 떨어져 팔 수 없을 정도가 되었다고 하네요. 사진 찍어 SNS에 올리기를 좋아하는 요즘 사람들의 성향에 딱 맞았던 거죠.

물론 맛있는 호떡을 만들기 위해서 계속 만들고 시식하고 만들고 시식하고 반복적으로 연습하고 집에서 따로 준비했고요. 그때 시식 담당이었던 친오빠는 지금 사업 파트너라죠. 이 사장님은 새로운 맛을 개발하는 데 망설임이 없답니다. 지금은 기본 호떡에 치즈를 넣은 치즈 호떡, 누텔라를 넣은 누텔라 호떡 등을 만들어 판매하고 있답니다. 스물세 살에 왜 호떡 포장마차를 선택했는가. 우선 내가 좋아하니까, 그리고 장사가 잘 안되어도 큰 부담이 아니니까. 마지막으로는 내 마음대로 할 수 있으니까. 직장을 다니며 일하기 싫은 날에 안 나가면 안 되죠. 하지만 호떡 포장마차는 하루쯤 안 나가도 될 것 같았대요. (실제로는 그렇게 문 닫은 적 없지만.)

13년이 흐른 지금은 호떡을 파는 분식집은 물론이고, 레스토랑까지 운영하며 몇 개나 되는 가게를 오빠와 함께 경영하는 사장님. 수익금 일부분을 장애 청년의 자립을 위해 기부하는 푸르메 재단 천사 가게의 주인장이기도 합니다. 아직 성공이란 말이 어색하긴 하지만, 앞으로는 장사 초기 힘든 시절에 자신을 도와주셨던 엔젤 투자자처럼 누군가를 돕고 싶다는 젊은 사장은 여유 있어 보였고 또 행복해 보였습니다.

30대 중반 4잡러 사장님도 만났습니다. TV 프로그램 PD가 되고 싶었는데, 계속 공채에 낙방했대요. 그래도 포기하지 않고 노력해서 웹 예능 프로그램 PD로 일하고 있답니다. 감각이 아주 좋다고 입소문이 나면서 예능 프로그램의 자막을 뽑는 아르바이트도 하게 됐고요. 대학 때 아르바이트하면서 칵테일 만드는 일이 적성에 맞는다는 걸 알게 된 후 꾸준히 돈을 모았고, 대출금까지 합해서 작은 여성 전용 바를 열었대요. 친구와 함께 시작한 유튜브 채널도 구독자가 22만 명이 넘을 정도로 잘되고 있죠. 이후 대학원도 진학했고요. 이 젊은 여성 사장님 역시 자기를 잘 알고 있었습니다.

취직하고 직장생활을 하며 이른바 적령기쯤에 결혼하는 것이 자신과는 맞지 않는다고 생각했대요. 그리고 또 하나, 한 평 반 정도의 아주 작은 고시원 생활을 해본 결과, 거주 공간이 자기 삶에서 얼마나 중요한지를 절감했답니다. 이후 월세라도 평수를 넓히고 싶었지만 여력이 되지 않자 룸메이트를 구해서 좀 더 넓은 집, 좀 더 쾌적한 집을 얻을 수 있었다죠. 지금은 서울 주택가에 방 3개 거실 1개 아파트를 월세로 얻었답니다. 물론 두 명의 룸메이트로 친구와 후배도 함께요. 이렇게 여자 셋이 돈과 힘과 뜻을 모아 살게 된 이야기, 대학교 2학년부터 시작한 서울 자취 생활의 변천사를 유튜브에도 올리고 책으로도 써냈죠.

이런 젊은이들은 당당하고 유쾌했습니다. 20대 초반 여성이 호떡 포장마차를 차리겠다고 했을 때 부모님이 반대하시는 건 당연했겠죠. 그럼에도 포기하지 않고 뜻한 바를 추진해 내고, 결국은 자리도 잡았습니다. 20대 후반 여성이 칵테일 바를 열겠다고 하면 반대하실 테니 아예 말씀도 드리지 않았다는 사장님. 두 사람 다 일이 잘되고 나니 이제는 부모님이 응원해 주신다고 말하더군요.

세상도 달라지고, 사람도 달라지고, 세상을 바라보는 시선까지도 달라진 요즘의 젊은이. 그들은 알고 있습니다. 나를 가장 잘 아는 건 열 달 품어 낳아주신 어머니도, 내 몸처럼 아끼면서 키워주신 아버지도 아니라는 사실. 바로 '나 자신'이라는 것 말입니다.

"내가 나를 알고 세상에 힘차게 나아가면 백 번 싸운다 해도 질 리가 없다." 그 옛날부터 내려온 손자의 병법은 전투에서만 필요한 게 아닐 겁니다.

> **❝ 우리 이렇게 생각해 볼까요?**
>
> 나를 알지 못하면 남을 따라 하기만 해요. '손민수'하는 거죠. 웹툰으로 시작해 드라마와 영화로 만들어진 <치즈인더트랩>의 등장인물인 손민수는 주인공 홍설의 패션, 머리 스타일, 화장법, 행동을 그대로 따라 합니다. 그래서 다른 사람을 모방하는 사람을 '손민수'라고 하고, 그런 행동을 '손민수하다'라고 하죠. 입사 초기에 옷도 잘 못 입고, 화장도 서툴렀던 저는 능숙하고 세련된 입사 동기들을 따!라! 했습니다. 월급을 받으면 고속버스터미널 지하로 달려가 옷을 사고, 동기들의 스타일링을 눈여겨보며 흉내를 냈지요. 그러다가 <6시 내 고향>에 저를 발탁해 주신 국장님의 말씀을 듣고 그만뒀어요. "자네는 그 촌스러움이 특징이야. 앞으로 10년 내로는 아마 자네처럼 촌스러운 아나운서가 방송국에 들어오기 쉽지 않을 거야." 그때부터 저는 촌스러움과 평범함이 저만의 차별점이라는 걸 받아들이고, 남들 따라 하기를 그만두었습니다. ❞

무선
이어폰

무선 이어폰을 새로 샀어요. '와, 이렇게 비싸다고? 이 가격이면 중고로 태블릿을 한 대 사겠다.' 그런 생각도 들었지만, 매일 퇴근 후 회사 앞 공원으로 가서 두 바퀴 돌고 집에 가는 게 루틴인지라 필요했어요. 이왕 사는 거 최신형으로 사자, 마음먹었고.

정말 신통방통한 것이, 소음 차단 기능이! 와우! 구매 후기를 열심히 읽어 알고 있기는 했지만, 이 정도인 줄은 몰랐습니다. 이어폰을 귀에 꽂는 순간, 모든 소리가 저 너머로 물러나니까. 영화 〈듄〉의 사막 언덕에 떨어진 느낌이랄까요. 차도에서는 위험하겠지만, 공원을 도는 덴 이게 딱 맞겠다 싶었어요.
 며칠 전 집에 돌아와 옷을 갈아입는데, 무선 이어폰 빼는 걸 잊었습니다. 티셔츠를 뒤집어 벗다가 그만 이어폰 한쪽이 빠졌죠. 순간 아차 싶었지만, 때는 이미 늦었습니다. 귀에서 빠진 이어폰 한쪽이 온데간데없습니다. '분명히 발밑에 있어야 하는데, 어디 갔지?' 한참 찾다가 침대 밑으로 굴러 들어간 이어폰을 겨우 찾았습니다. '아, 이래서 무선 이어폰 한쪽이 중고 마켓 거래 상위권이구나.' 사람 다 거기서 거기니까 말이지요.
 무선 이어폰을 귀에 꽂고 공원을 걸으면 저와 비슷한 차림으로 운동하는 사람을 많이 만나게 됩니다. 그러다 문득 깨달았습니다. '2030 세대가 무선 이어폰 같은 존재로구나. 우리 세대는 유선 이어폰이고.'
 유선 이어폰을 쓰면 손이 자유롭지 않습니다. '연결'되어 있으니까. 스마트폰을 손에 쥐든 어깨에 멘 가방에 넣든 주머니에 넣든, 이어폰은 스마트폰 본체와 멀리 떨어질 수가 없습니다. 무선 이어폰은 손을 자유자재로 쓸 수 있습니다. '연결'되어 있지 않으니까. 양팔을 휘저으면서 걸을 수도 있고, 걷다가 물 한 모금 마시는 것도 편안합니다.
 유선 이어폰엔 소음 차단 기능이 없습니다. 바깥의 소음을 듣지 않으려면 볼륨을 키울 수밖에 없죠. 하지만 그것도 한계가 있어요. 좋든 싫든 세상의 소리에 '연결'되는 수밖에 없는 것이 유선 이어폰입니다. 무선 이어폰은 소음이 차단됩니다. 최신형일수록 차단 기능이 매우 뛰어나죠. 바깥의 소리에 무심해도 돼요. '연결'되어 있지 않으니까.

그런데 무선 이어폰은 충전된 만큼만 쓸 수 있습니다. 아무리 최신형이어도 충전 후 사용 시간이 무한정은 아니잖아요. 일정 시간이 지나면 무조건 충전해야 쓸 수가 있어요. 쉽게 지치고 자주 마음 다치고 툭하면 상처받는 요즘 젊은이들과 비슷합니다. 충전이 필요하고 힐링이 필요하고 내 마음을 보호할 무엇이 있어야 하니까요. 유선 이어폰은 충전할 필요가 없습니다. 본체와 '연결'되어 있으니까. 스마트폰 배터리만 충분하면 아주 오랜 시간 생생하게 소리를 들을 수 있지요.

무선 이어폰은 한쪽을 잃어버리기 쉽습니다. 길에서, 집에서, 사무실에서, 그렇게 어딘가에 떨어진 한쪽은 찾기가 어렵습니다. 본가에서 독립해 연결되지 않은 삶을 살아가는 요즘의 젊은이들은 길을 잃거나 방황하기가 쉽습니다. 단단하고 끈끈한 연결감이 없어서 스스로가 바람에 나부끼는, 개업한 가게 앞 풍선처럼 느껴지죠. 이 사람이 이렇다고 하면 거기 맞춰 흔들리고, 저 사람이 저게 아니라고 하면 나도 아닌 것 같아 춤을 추다 멈추고. 꽉 차 있지 않고 비어 있는 틈을 나쁜 사람들은 잘도 파고듭니다. 보이스 피싱을 당하는 게 노인 세대만은 아니라고 합니다. 젊은이 중에서도 의외로 많다고요.

2024년 10월 30일 자 《아시아경제》 기사 중에 이런 내용이 있었습니다.

> 지난해 보이스 피싱 피해자·피의자 절반가량이 20대로, 전체 연령대 중 가장 큰 비율을 차지하고 있는 것으로 확인됐다. 2023년 보이스 피싱 전체 피해자 1만 8902명 중 20대 이하는 8886명에 달한다. 전체 비율로 따지면 47퍼센트로 2019년(10.2퍼센트) 대비 4배 이상 증가했다. 성별로는 20대 남성(6391명)이 여성(2495명)과 비교해 훨씬 많았다.

코로나 시기 정부 당국의 집회 금지 명령에 불응했던 일부 종교 단체를 보며 우리는 분노하고 걱정했습니다. 어떤 사람들이 저러나 궁금하기도 했습니다. 멀쩡한 사람들, 좋은 대학에 다니는 젊은이들이 많다는 데에 충격받기도 했습니다. 오랫동안 그런 종교 집단을 추적하고 연구해 온 분들이 그러더군요. 각 대학에 스며든 사이비 단체 멤버들은 새 학기 새내기들을 노린다고. 특히 집을 떠나 신입생 기숙사에서 고립된 느낌으로 주눅 들어 있을 때 친절하고 다정한 선배의 모습으로 접근한다고 했습니다.

"내가 다니는 곳에 같이 나가볼래? 거기 공부 모임이 좋아. 함께 공부해 보자."

혼자 덩그러니 캠퍼스에 놓여 강의만 들으러 다니던 새내기들에게 이보다 더 든든한 말이 있을까요. 한쪽을 잃은 이어폰이라 다른 한쪽을 찾아 이곳저곳 기웃거리게 되는 젊은이를 이런 식으로 끌어들인다는 겁니다.

무선 이어폰처럼 최신 기능을 자랑하지만, 무선 이어폰처럼 쉽게 방전되고 자주 충전해야 하며, 한쪽을 잃는 경우가 많은 2030. 어떻게 해야 유선 이어폰처럼 연결감과 연대 의식을 느낄 수가 있을는지요.

텃밭을 가꾸는 분의 얘기를 들었습니다. 봄이 되어 모종을 심어야 한다고요. 그런데 씨앗을 그대로 밭에다 뿌리면 아직 힘이 없어 잘 죽는다고 합니다. 밭에 있는 수많은 유기물과 무기물이 씨앗을 도와주기도 하지만, 씨앗을 공격하기도 하니까요. 그럴 때는 화분에 씨앗을 심은 후에 물을 주며 잘 가꾸어서 어느 정도 자란 후 모종을 밭에 옮겨 심어야 한다고 해요. 그래야 튼튼하게 뿌리내리고 잘 자랄 수 있다고.

우리 젊은이들이 사회에 나오기 전 화분에서 자랄 시간을 주면 좋겠습니다. 물도 적당히 관심도 적절하게 받으면서 자생력을 키운 후에 세상이라는 밭에 심을 수 있으면 좋겠습니다. 우리 어른들이 해줘야 할 것은 스스로 생명력을 키워나가는 그들에게 적당한 연결과 관심으로 독립할 힘을 북돋워 주는 것 아닐까 싶어요.

"교육의 목적은 빈 컵을 채우는 것이 아니라, 불씨를 지피는 것이다." 노벨 문학상 수상자인 아일랜드 시인 윌리엄 버틀러 예이츠의 말입니다. 존 듀이도 그랬죠. "우리가 오늘 아이들에게 가르치는 것은, 그들이 내일 세상에 건네줄 것이다."

> **❝ 우리 이렇게 생각해 볼까요?**
>
> 이미 이런 제도가 운용되고 있는지 모르지만, 대학 새내기들과 대학원생 선배를 멘티-멘토로 연결해 주면 좋겠습니다. 온라인 말고 오프라인으로요. 한 학기만이라도, 일주일에 두 시간만이라도 선배님이 고민도 들어주고 학교 앞의 맛집도 알려주고 졸업 전에 꼭 들어야 하는 인기 강좌도 알려주고. 그러면 새내기에게 얼마나 도움이 될까요. 물론, 대학원생 선배에게는 학교에서 인센티브를 주셔야지요. 커피 두 잔 값도 챙겨주고, 일정 시간을 채우면 봉사활동

> 으로 인정해서 학점에 반영해 주고 하는 식으로요. 한 학기 동안이라도 선배와 후배가 유선 이어폰과 같은 연결감을 느낄 수 있으면 참 좋겠습니다.

루틴

얼마 전 모처럼 발레 공연을 보러 갔습니다. 무려 86년 전통 아메리칸 발레시어터가 내한했거든요. 꽤 오래전 우리나라에 왔을 때 공연을 봤던 기억이 있어 더 반갑게 갔습니다. 아메리칸 발레 시어터는 뉴욕시티발레단과 더불어 미국을 대표하는 두 개 발레단 중 하나입니다. 제2차 세계대전 후 미국의 패권주의가 예술에 이르러 세계 순회공연을 할 때 정부가 후원했다고 합니다. 그러면서 세계에 이름을 떨치게 된 무용단이라고 하죠. 고전적인 발레가 기본이지만, 현대무용, 컨템퍼러리까지 아우릅니다. 특징 중 하나는 다양성을 중시하여 백인뿐 아니라 여러 인종의 무용수를 많이 뽑는다는 것입니다. 한때 아메리칸 발레 시어터ABT가 아니라 라틴 아메리칸 발레 시어터LABT라고 불린 적이 있을 정도라고 해요. 여기 우리나라 무용수도 과거 여성 두 명이 선발되어 활동했고, 현재도 다섯 명이나 소속되어 있다고 합니다. 이번 내한 공연에서 현재 ABT 수석 무용수인 발레리노 안주원이 주역으로 무대에 올라서 관객에게 큰 박수를 받았어요.

공연업계에서 일하는 후배가 티켓 두 장을 구매해 선물해 줬습니다. 그런데 현장에 가보니 한 장에 무려 20만 원이더라고요. 그것도 20퍼센트 할인된 가격이었으니 원래는 한 장에 25만 원이었죠. 막이 오르고 전통 발레 무대가 펼쳐졌습니다. 국립심포니오케스트라가 라이브로 연주했습니다. 아름다운 발레와 그에 걸맞은 아름다운 음악을 보고 듣는 귀한 시간. 그런데 30분쯤 지나자 공연이 끝나고 막이 내려왔습니다. 관객은 열렬히 박수를 보냈고, 막이 다시 오르며 무용수들이 차례로 등장해 인사하고 퇴장한 후 다시 등장하는 커튼콜이 이어졌어요. 심지어는 국립심포니오케스트라 지휘자가 올라와서 관객의 박수를 받는 겁니다.

같이 간 조카와 저는 당황했어요. '설마 공연이 모두 끝났나?' 곧바로 원가 계산(?)에 들어갔습니다. '아니, 25만 원짜리 공연인데 고작 30분이라고?' (예술가 여러분, 정말로 죄송합니다. 저희 관객들은 그런 생각을 할 수밖에….) 안내방송이 흘러나왔습니다. "관객 여러분, 지금부터 20분간 휴식 시간입니다. 퇴장하실 때는 티켓을 소지하시고…" 아하, 로비로 나가 그제야 소책자를 받아서 살펴보았습니다. 입장할 때는 급히 들어가느라 미처 보지 못했거든요. 30분 공연+20분 휴식+20분 공연+20분 휴식+30분 공연으로 이루어졌다는 걸 알게 되었죠. 조카와 저는 마음 편히 화장실도 다녀오고 나머지 공연을 즐겼답니다. 하하하.

몇 달 전 책을 펴내서 제 유튜브 〈이금희 '마이금희'〉에 초대 손님으로 나왔던 발레리나 김주원 님 이야기가 떠올랐습니다. 발레의 동작은 인간의 몸을 평소와 다르게 쓰도록 한다고 했어요. 발레는 길고 아름다운 몸의 선을 보여주며 메시지를 전달하는 예술이라고요. 그러니 팔과 다리를 바깥으로 뻗으며 좀 더 길게 좀 더 우아하게 보이는 동작이 많을 수밖에 없다는 겁니다. 몸이 버텨내기가 쉽지 않겠죠. 부상에 시달리기도 하고, 여기저기가 자주 아프답니다. 진단을 받아봤더니 신체 나이가 스무 살이나 더 높은 '노인'이더라고요. 그러니 몸을 풀고 또 풀고, 만들고 또 만드는 수밖에요. 하루를 온전히 '몸'을 위해 쓰는 겁니다. 매일 새벽 5시면 일어나 코어 중심 운동을 서너 시간 한답니다. 오전에 일이 있다면 새벽 3시에도 일어난다고요. 새벽에 일어나 본 사람은 알 겁니다. 그 시간에 일어나려면 밤이 아닌 초저녁, 잠자리에 들어야 합니다. 저녁 8시쯤 잠을 청해야 새벽 3시쯤 눈을 뜰 수 있고요. 밤 10시 이전에 잠들어야 새벽 5시에 일어날 수 있습니다. 추석도 설날도 크리스마스도 없이 매일 그렇게 산다는 겁니다. 산사에 계시는 스님 같은 생활이겠지요.

그런 후에는 토슈즈를 신고 연습, 다시 연습. 식사 시간 외에는 오로지 발레 연습장에서 사는 겁니다. 그게 끝이 아니라 아침과 저녁 하루 두 번 꼬박꼬박 반신욕을 해서 몸의 긴장을 풀어준다고 합니다. 1년 365일 계속 이어지는 생활을 발레리나 김주원 님은 자신의 책 『나와 마주하는 일』에 이렇게 표현했습니다.

> 발레 무용수는 매일 같은 루틴으로 몸을 다듬고 연습을 반복한다. 그렇게 매일 반복하다 보면 어려웠던 동작을 자유롭게 표현할 수 있는 때가 온다. 내가 제자리걸음이라고 생각하는 그 과정을 지나 한 계단 올라선 것이다. 이런 과정을 수도 없이 경험하면 견디는 힘이 생긴다. 성장이란 매일 반복되는 지루한

시간을 견디며 하루하루 쌓은 후에 찾아온다.

여기서 중요한 건 '매일' 반복한다는 것. 그래야 성장할 수 있다는 것이죠. 아니, 사람이 어떻게 그렇게 살 수 있냐고요? 자신의 무대를 보고 감동하는 관객 덕분에 버티는 거죠. 실제로 IMF 구제금융 시기에 받은 편지 한 통이 가슴 깊이 남았답니다. IMF 시기 남편이 파산하고 모든 걸 정리해야 했던 50대 주부. 너무 큰 빚을 지자 현실감이 없어지더랍니다. 하루하루 시달리다 결국은 잘못된 선택 쪽으로 마음먹게 되었던 어느 날, 우연히 지나가다가 발레 공연 안내를 보고 자기도 모르게 발길을 공연장에 들여놓았답니다. 남은 좌석이 맨 앞밖에 없어서 무심히 앉아 넋을 놓고 공연을 보는데, 데뷔한 지 얼마 안 된 신입 발레리나 김주원이 정말이지 땀을 뻘뻘 흘리면서 춤을 추더래요. 그걸 보면서 펑펑 울었다고 합니다. 자신도 설명하기 힘든 감정이 올라왔대요. 그리고 살아야 하겠다고 마음을 고쳐먹었다고요. 그렇게 쓴 편지엔 군데군데 눈물 자국이 보이더랍니다.

그러면서 그녀는 헤르만 헤세의 말을 소개합니다. "모든 예술의 궁극적인 목적은 인생이 살 만한 가치가 있다는 것을 일깨워 주는 것이다. 또한, 그것은 예술가에게 더없는 위로가 된다." 그렇게 그녀는 오늘도 토슈즈를 신습니다.

 루틴은 나를 만들고 나를 지탱해 줍니다. 그 어떤 예술도 루틴 없이는 이루어질 수 없습니다. 나는 루틴을 만들고 루틴을 이어 나갑니다. 루틴은 스스로 안정을 시켜주면서 나 자신을 만들어가게 해줍니다. 그 누구라도 루틴 없이는 생활도 정착시킬 수 없습니다. 하루의 시작도 루틴, 마무리도 루틴. 어쩌면 우리는 그런 루틴 끝에 세상을 떠나는지도 모르겠습니다. 당신의 루틴은 어떠한가요.

> **❝ 우리 이렇게 생각해 볼까요?**
>
> 일상은 힘이 셉니다. 루틴은 소중하지요. 큰일이 생길 때일수록 일상을 유지해야 합니다. 지루하고 반복적이어서 지겨워져도 우리는 일상과 루틴을 지켜야 합니다. 한국전쟁을 겪은 세대로, 관련 영화도 만든 감독님을 인터뷰한 적이 있습니다. 벌써 수십 년이 지났는데도 전쟁의 기억은 절대로 잊지 못하신다고 했습니다. 제가 아침 프로그램을 하던 시절, 감독님은 날마다 아침이면 채널을 맞추셨대요. 그리고 화면에 제 얼굴이 보이면 '아, 오늘도 평범한 하루구나.' 안도하면서 일상을 시작하셨다고요. 강제로 루틴을 빼앗겨 본 분이라서 그 소중함을 잘 아셨습니다. ❞

무해력

바야흐로 키링의 시대. 가방을 메고 다니는 사람 열 중 일고여덟은 귀엽고 폭신한 인형 열쇠고리를 달고 다닙니다. 젊은 사람들만 그러는 줄 알았는데 아니었습니다. 족히 60대는 되어 보이는 분들도 달랑달랑 매달고요. 심지어는 군복 입은 군인의 배낭에서도 봤어요. 폭신폭신한 털, 보드라운 면. 자꾸만 만지고 싶고, 보고 싶고, 기분 좋아지는 키링. 여러분도 달고 다니시나요? 어떤 인형인가요?

2024년 여름 극장가를 뜨겁게 달구었던 영화는 칸의 여왕

전도연 배우가 주연을 맡았던 〈리볼버〉가 아니었습니다. 무려 124만여 명의 관객을 극장으로 오게 만든 주인공은 바로 '하츄핑'이었습니다. TV 애니메이션 시리즈 〈캐치! 티니핑〉의 첫 영화 〈사랑의 하츄핑〉 말입니다. 분홍빛 꽃잎이 살랑거리는 스크린, 에스파의 윈터가 노래하는 주제가, 그리고 말끝마다 "츄~ 츄~" 하는 추임새까지. 원작은 일본, 제작은 한국, 스타일은 디즈니의 겨울왕국이었다죠. 아이들뿐만 아니라 어른들도 하츄핑을 만나고 마음이 몽글몽글 눈물이 글썽글썽했다고 합니다.

지금도 '푸바오'를 검색하면 최신 뉴스가 뜹니다. 제가 본 기사의 제목은 이런 거였어요. "푸바오 '건강 이상' 우려에… 귀향 추진 촉구 목소리." 내용을 클릭해 봤습니다. 한국에서 태어난 자이언트 판다인 푸바오가 중국 반환 이후 건강 이상 증세를 보이는 것으로 알려져, 귀향을 촉구하는 시민들의 목소리가 이어지고 있다는 겁니다. 자발적 팬 모임인 '푸바오의 임오들'은 주한 중국대사관 인근에서 집회를 열고 푸바오의 반복된 가임신 증상이 인공수정 실험과 연관이 있을 수 있다며 의혹을 제기했다는 거죠.

아시다시피 푸바오는 2020년 7월 한국 용인에서 태어난 국내 첫 자이언트 판다죠. 2016년 한중 수교 24주년 기념으로 중국에서 아빠 러바오와 엄마 아이바오가 한국에 왔고, 그래서 푸바오는 '대한민국 출생'이 됐습니다. 그러다가 자이언트 판다 보전협약에 따라 만 4세 생일 전에 중국으로 반환됐지요. 아무것도 안 하고 하는 거라곤 먹고 노는 것뿐. 사육사 할아버지와 장난을 치며 행복하게 지내던 푸바오의 모습은 보는 우리까지도 무장 해제시켰습니다.

'무해력'입니다. 키링과 하츄핑과 푸바오가 사랑받은 이유 말이죠. 무해력이란 '무해한 존재들이 가진 준거력'을 의미한답니다. 그럼 '준거력'은 뭐냐고요? 사람들이 따르게 하는 힘이라고 하네요. 그러니 무해력이란 작고 귀엽고 순수한 것들이 사람의 마음을 사로잡는 현상이랍니다. 무해력의 핵심 요소는 네 가지라는 글을 읽었습니다.
첫째, 해롭지 않음. 다른 사람에게 피해를 주지 않는 특성.
둘째, 귀여움과 순수함. 시각적으로 매력적이고 감성적인 요소.
셋째, 심리적 안정감. 불안한 마음을 달래주는 역할.
넷째, 스트레스 해소 효과. 긍정적인 감정을 유발하여 일상의 스트레스 해소.

귀여운 캐릭터 상품, 감성적인 브랜딩, 잔잔한 음악, 따뜻한 색감의 디자인. 이런 데서 우리는 무해력을 보고 듣고 느낍니다. 내가 키링을 달게 된 건, 하츄핑에 열광하게 된 건, 푸바오의 영상을 찾아보는 건 나도 모르게 무해력에 빠져들었기 때문입니다.

우리는 왜 굳이 돈을 쓰고 시간을 내고 관심을 기울여 무해력에 빠져드는 걸까요. 무해성으로 인해 보는 순간 거부할 수 없기 때문이죠. 아이는 물론 어른들, 노인들까지도요. 그런 무해성에 우리가 마음을 열게 되는 이유. 그만큼 우리 삶이 유해한 것투성이라서는 아닐는지요. 집만 나서도 차 조심, 길 조심, 그리고 사람 조심! 해로운 게 너무 많아요. 멀쩡하던 도로가 갑자기 푹 꺼져서 목숨을 위협합니다. 전철역 앞 번화가에서 무작위로 대중을 해치는 범죄까지 종종 벌어집니다. 집 밖이 무서워서 못 나간다면 집 안에서는 안전할까요. 전화나 문자 메시지로 재산을 탈취하는 보이스 피싱이나 스미싱 범죄가 언제 나를 노릴지 모릅니다.

나를 둘러싼 환경조차 편안하지 않아요. 예전에는 이사 오면 이사 떡을 돌리며 인사를 나누던 '이웃사촌'이었는데, 지금은 서로 층간 소음에 신경 쓰는 불청객이 되었습니다. 전에는 사이좋게 지내던 같은 반 친구였는데, 이제는 혹시 이 친구도 내 모습을 넣어 딥페이크 영상물을 만드는 건 아닐는지 의심하지 않을 수가 없습니다.

세상 어디도 안전하지 않고요, 세상 누구도 믿을 수가 없어요. 온통 유해한 것들 틈에서 그나마 우리를 숨 쉬게 하는 것의 존재, 그것이 바로 무해력 아닐까요.

무해력의 유행을 이렇게도 해석하더군요. 유례없는 불경기가 계속되고 있잖아요. 거기에 이념과 계층, 성별과 세대에 따라 정치적·사회적 갈등이 심화하고 있죠. 이 속에서 무해함이라는 일종의 심리적 안전지대를 만들었다는 것입니다. 전쟁 같은 하루와 불안한 미래라는 이중고 속에서 일종의 자기 합리화나 정신 승리를 하는 게 무해력이 유행하는 이유라는 거죠.

그래서인지 무해력의 범주는 점점 넓어집니다. 유명 연예인이나 인플루언서의 SNS에서 흔히 보는, 귀엽지만 이빨을 드러낸 괴물 인형 '라부부.' 우리나라뿐 아니라 세계적으로 인기몰이 중이죠. 홍콩 출신 아트토이 작가 룽카싱龍家昇이 디자인한 라부부는 토끼 귀, 상어 입, 큰 눈을 갖고 있습니다. 이빨만 본다면 작은 괴수지만, 귀와 눈을 보면 어린아이 같은 모습. 중국 Z세대는 아이를 입히듯 몇만 원짜리 인형 옷을 기꺼이 산다고 합니다. 적지 않은 부담이지만 값진 감정 소비로 받아들인다는 중국의 젊은이들.

심지어 그들은 요즘 온라인 쇼핑몰에서 성인용 공갈 젖꼭지(일명 쪽쪽이)를 구매한답니다. 단순한 형태인 유아용품과는 달리 이런저런 장식까지 달려 있더군요. 비싼 것은 500위안(약 10만 원) 정도 한다는데요. 직장에서 스트레스가 심할 때 입에 물면 아기 때의 안정감을 되찾을 수 있다고 합니다. 중국 SNS에서는 성인용 쪽쪽이를 주제로 한 영상이 2억 회 이상 재생되었다고도 해요. 쪽쪽이 덕분에 금연에 성공했다, 폭식증에서 벗어났다, 다이어트에 성공했다는 후기도 공유되고 있고요.

그러니까 우리나라 젊은이만 사는 게 힘든 건 아닌 듯해요. 몇 년 전 유행했던 소확행을 떠올려 볼까요. 그 시절만 하더라도 젊은이들이 '소소하지만 확실한 행복'을 누리려 했다면, 지금은 행복도 불행도 원하지 않는, 소박하고 건조한 일상이 최선이라고 해요. 그런 하루를 '아주 보통의 하루', 줄여서 '아보하'라 부른답니다. 행복해야 한다는 게 아니라 무난하고 무탈하고 안온한 삶, 이 정도만을 원한다는 거죠. 소확행에 대한 피로이자 반발, 변화하는 행복 담론이라고요.

"좋은 사회란 행복한 사람이 많은 사회가 아니라, 상처받는 사람이 적은 사회다." 문학평론가 김현 선생이 남긴 말입니다. "사람들이 서로에게 해롭지 않게 살아가는 것, 그것이야말로 문명의 첫걸음이다." 더 이상의 설명이 필요 없는 인류의 스승 마하트마 간디도 그렇게 말했고요.

아보하와 무해함이 늘어날수록 생각해 봐야 할 것 같습니다. 무해한 것을 찾지 않아도 될 만큼 무해한 세상을 만드는 방법은 무얼까 하고요.

> **우리 이렇게 생각해 볼까요?**
>
> 이른바 '케데헌' 열풍이 어마어마합니다. 2025년 대한민국은 물론, 세계인의 사랑을 받은 애니메이션 <케이팝 데몬 헌터스>는 누적 시청 수 3억 회 이상, 넷플릭스의 모든 작품을 통틀어 역대 1위를 차지했다고 하죠. 인기 비결 중 하나는 무해함 아닐까요. 무해한 존재인 작품의 주인공들과 멋진 케이팝의 향연. 그리고 또 하나, 주인공 루미의 서사입니다. 출생의 비밀을 감추려고 혼자 숨었을 땐 힘도 약해지고 멤버들과도 멀어졌던 루미. 그러나 있는 그대로 자신을 인정하고 세상으로 나오자 다시 능력이 올라가고, 멤버들과 함께 사명을 완수해 냅니다. '나를 있는 그대로 인정하고 사랑하자.'라는 이 작품의 메시지에 세계인이 열광하며 눈물을 흘렸습니다. 세상 곳곳에 당신과 비슷한 사람들이 이렇게 많습니다. 어쩐지 조금 위안이 되지 않나요.

하버드의
연구 결과

"인생은 너무나 남루한 것이어서 가끔 좋은 사람들과 맛있는 음식을 먹으며 괜찮은 대화를 나누는 순간이 있지 않으면 우리는 견딜 수 없다." 언젠가 〈유퀴즈(유 퀴즈 온 더 블럭)〉에 나갔을 때 제가 했던 말입니다. 공감하는 분이 꽤 많았나 봐요. 이른바 '짤'로 돌아다니는 걸 저도 봤으니까요. 어딘가에서 읽은 내용에 제 생각을 보탠 말입니다. 그런 제 생각에 확신을 불어넣은 연구 결과를 본 적이 있습니다.

하버드대학교에서 무려 87년째 그것도 2000명 이상을 대상으로 진행하는 연구. 2년에 한 번씩 동일인을 만나 행복에 관해 똑같은 내용의 심층 면접을 하는 거죠. 시작한 지가 오래되어서 1세대 연구자들은 모두 세상을 떠났고, 2세대 연구자들도 현업에서 물러났으며 3세대 연구자들이 물려받았다고 합니다. 연구 대상도 마찬가지. 87년 전에 청년이었던 분들은 고인이 되었으니, 딸이나 아들, 그분들도 인터뷰가 어려워지면 손자나 손녀를 만납니다.

이렇게 오랫동안 이렇게 많은 사람을 대상으로 인터뷰하며 얻은 결론, 우리가 다 아는 겁니다. 사람에게 가장 만족을 주고 안정감을 주는 건 다름 아닌 인간관계라는 것. '내가 100명을 안다, 내 휴대전화에 1000명의 전화번호가 있다.' 이런 건 전혀 중요하지 않다고 해요. 단 한 사람이라도 나와 속얘기를 주고받을 사람이 있는가, 하는 게 핵심이죠. 인간관계는 양이 아니라 질이라는 뜻입니다. 인간관계가 원만한 사람은 나이 들었을 때도 기억력이 증진된다고도 하고요.

세련되고 우아한 삶의 방식, 느긋하게 주변 사람과 어울리며 그 시간을 즐기는 것을 카리브해 연안의 나라 트리니다드토바고에서는 '라이밍liming'이라고 부른답니다. 수업을 듣지 않고 운동장 나무 밑에서 수다 떨던 학생들에게 교장 선생님이 뭐 하냐고 물어보셨답니다. 이때 학생들이 나무에 석회 칠

liming을 하고 있다고 둘러댔다죠. 나무에 무슨 석회 칠이랍니까. 쓸데없는 짓이죠. 이후 라이밍은 사람들과 딱히 목적 없이 어울려 다니며 즐기는 행위를 뜻하는 은어가 됐대요. 쓸데없는 짓과 인간관계가 인생에 도움이 되느냐고요? 물론이죠. 이런 카리브 문화 속에서 훌륭한 풍자와 칼립소 음악, 좋은 시가 탄생했다니까요. 특별한 일은 별일 없을 때 탄생한다고 노르웨이의 세계적인 사회인류학자 토마스 휠란 에릭센Thomas Hylland Eriksen이 『인생의 의미』라는 책에 써뒀답니다.

어느 소설가는 그런 시간을 '농담 뜨개질하는 시간'이라고 표현했어요. 나 한 번 상대 한 번, 코바늘로 실을 떠서 뭐라도 만들 듯이 농담을 주고받으며 '우리 사이'가 만들어지는 거라고요. 유명 언론인이 방송에서 한 얘기도 비슷합니다. '인생은 90퍼센트의 농담과 10퍼센트의 진담이면 충분하다.' 농담은 혼자 할 수가 없죠. 상대가 있어야만 주고받는 게 가능합니다. 인생 대부분을 남과 시시덕거리면서 관계를 맺는 것이 중요하다는 이야기입니다.

대화의 90퍼센트를 농담 뜨개질로 이어갈 사람이 있나요. 그렇다면 정말 잘 살고 있는 겁니다. 지금 잘 사는 분은 나이 든 후에도 여전히 그럴 겁니다. 앞서 봤던 하버드대학교 연구 결과에도 나와 있거든요. 80대에 만나서 인터뷰할 때 "저는 제 인생에 만족하는 편입니다. 이만하면 인간관계도 괜찮고, 제 삶이 마음에 들어요."라고 말한 노인들의 기록을 찾아봤대요. 그랬더니 그 노인은 50대였던 중년에도 똑같이 삶과 인간관계에 만족했다고 합니다. 그 중년이 청년이었을 때는 어떠했을까요. 짐작하시는 그대로입니다. "제 삶은 괜찮은 것 같아요. 저는 인간관계도 괜찮고, 인생도 만족합니다."

나이 들어 괴팍한 할아버지나 할머니가 되고 싶지 않다면 지금부터 연습해야 할 겁니다. 내 인생에 만족하기, 사람들과 잘 지내기. 그러면 30년 후, 60년 후에도 당신은 인생에 만족하면서 인간관계도 좋을 겁니다. 하버드대학교의 연구 결과가 그렇다고 하잖아요. 삶의 의미는 바로 관계를 말한다고 토마스 휠란 에릭센은 『인생의 의미』에서 여러 번 강조합니다.

> 삶의 의미는 지속 가능하고 중립적이며 자유롭다. 삶의 의미는 관계로 이루어진다. 우리 자신을 주위의 모든 것과 연결하는 실, (…) 이 가는 실들이 모여 거대한 태피스트리를 만든다. 그 촘촘한 관계망 안에서 (…) 우리는 각자 작은 목소리를 낼 수 있다. 이런 실타래가 삶을 의미 있게 만든다. (…) 태초에는

모든 것이 어둡고 조용했다. 어떤 것도 다른 것과 관계를 맺지 않았고, 속삭임이나 산들바람 소리조차 들리지 않았다. 무언가 존재하기 시작한 것은 138억 년 전, 빅뱅으로 우주가 탄생한 때부터였다. 이후 모든 것들은 관계 속에서만 존재할 수 있게 되었다.

무려 138억 년 전부터 시작된 '관계', 앞으로도 138억 년 동안 이어지지 않을까요. 좋은 관계, 그것이 우리가 사는 이유의 전부일지도 모릅니다. 2400여 년 전에 살다 간 유명한 아리스토텔레스도 그렇게 말했답니다. "인간은 다른 인간을 통해 완성된다."

> **❝ 우리 이렇게 생각해 볼까요?**
>
> 인간관계가 넓지 않다고 위축되지 마세요. 한 사람이라도 친밀한 관계를 맺고 있다면 인생을 잘 살아온 거라고 하잖아요. 단 한 명도 그런 사람이 없다고 해도 자책하지 마세요. 언제 그런 사람을 만날지 모르는 게 인생입니다. '마음'이 중요할 뿐, 나이도 상황도 무엇도 '관계'에는 중요하지 않습니다. 초등학교 다닐 때부터 친구를 잘 사귀었던 저의 비결은 딱 이거 하나였습니다. 먼저 다가가기! 먼저 다가가면 대개는 마음의 문을 열어주더라고요. ❞

책을 좋아하세요?

저는 책을 좋아합니다. 언제부터였는지 잘 모르지만, 오래 전부터 그랬습니다. 제 생애 가장 기뻤던 날 중의 하루는 초등학교 4학년 어느 날이었습니다. 계림문고 어린이 명작동화 100권 한 질을 집에 들여놓은 날. 그 시절에 아이 책을 100권이나 사주다니, 꽤 잘살았나 보다 하실지도 모르겠습니다. 아니었습니다. 말단 공무원 아버지의 월급으로는 딸 다섯을 키울 수 없었던 엄마는 언제나 일을 하셨습니다. 한때는 집에 딸린 작은 미용실에서 미용 일을 하셨고, 덧버선을 뜨거나 인형 눈을 붙이거나, 항상 일을 하셨죠.

그런 엄마에게 첫째도 아니고 막내도 아닌 넷째 딸이 책을 자그마치 100권이나 사달라고 하니 얼마나 어이없으셨을까요. 그런데 엄마는 단번에 거절하지 않으셨습니다. 타협안을 마련하셨지요. 먼저 나온 30권 한 세트를 갖고 싶으면 이번 중간시험에서 어느 정도 성적을 올리라고요. 어린 저는 나름 애써서 그 성적까지 올려놨어요. 그랬더니 엄마는 두말없이 사주셨습니다. 그걸 사주기 위해 몇 날 며칠 밤새 부업을 하셨을지 그때는 짐작도 못 했습니다. (엄마, 정말 고맙습니다.) 그렇게 세 번의 시험이 지나고 저는 100권을 갖게 됐습니다. 세상에서 제일 부자가 된 기분이었습니다.

그런데 문제는 책을 둘 데가 없었다는 겁니다. 그때 저희는 세 칸짜리 방 중에 한 칸은 세를 주고, 나머지 두 칸 중 좀 작은 방은 부모님이, 좀 큰 방은 저희 다섯 자매가 썼습니다. 문자 그대로 책을 이고 지고 살아야 하는 상황. 엄마는 아이디어를 냈습니다. 천장 바로 아래에 선반을 달아서 100권을 나란히 올려놔 주셨죠. 방에 누워서 그 책을 바라보는 어린 제 기분, 아무리 설명해도 절대로 모르실 겁니다.

그 책 100권을 읽고 또 읽으며 중학생이 되었습니다. 중학교 2학년 때 교내 방송반 활동을 시작한 것이 아나운서라는 제 직업의 시초였지만, 1학년 때는 문예반이었습니다. 그 시절 문학소녀 아닌 여학생이 있을까만, 나름 단편소설도 써봤습니다. 제목은 '만년필.' 부유한 친구를 부러워하던 형편이 어렵던 주인공. 어느 날 친구가 두고 간 만년필이 눈에 띕니다. 친구가 잊어버린 걸까, 아니면 잃어버린 걸까. 만년필을 보며 주인공은 한참 괴로워합니다. 언제나 친구가 샘나던 주인공은 고민 끝에…. 그다음 내용은 잊어버렸어요. 지금 생각하니 '리플리' 시리즈 같은 내용이었던 것도 같아요.

시간이 한참 흘러 아나운서로 일하면서 저는 책 모임을 하게 되었습니다. 제가 좋아하고 존경하는 선배 아나운서가 제안했어요. 일주일에 한 번씩 모여 한 편씩 글을 쓰고 선생님께 지도받자고. 얼마씩 돈을 모아서 선생님을 모시고 글을 쓰기 시작했습니다. 1년쯤 지나자 선생님이 그만두시겠다고 했어요. 계속 한 사람에게 글을 배우면 그 선생님처럼 글을 쓰게 된다고. 그래서 글쓰기 모임을 책 읽기 모임으로 바꿨습니다. 일주일에 한 권씩 책을 읽고 모여서 책 이야기를 했습니다. 선후배 아나운서, 방송작가들과 함께. 그 모임을 지금도 계속하고 있습니다. 지금은 2주에 한 번씩 줌으로 모입니다.

글쓰기 모임을 시작할 즈음, 제가 졸업한 모교에서 미디어학부 대학원 박사과정이 개설되었습니다. 겸임교수로 미디어

학부 강의를 하던 제게 교수님이 제안하셨어요. 무슨 생각에 서인지 저는 덜컥 박사과정에 도전했고, 다행인지 불행인지 합격했습니다. 그때부터 5년여에 걸쳐 아침에는 TV 생방송을 진행하고, 낮에는 학교 가서 강의하거나 대학원 수업을 듣고, 저녁때 다시 와서 라디오 생방송을 진행했습니다. 석사과정 논문 쓰며 코피를 흘릴 때 '내 사전에 박사과정은 없다.'라고 다짐했건만, 기억력이 나빴던 게지요. 박사과정은 논문을 쓸 자신이 없어서 모든 과정을 이수하고 논문 자격시험까지만 통과한 후 1년을 쉬었습니다. 그러다 논문 심사 교수님 중 한 분이 다음 해에 안식년이라 미국에 가신다는 얘기를 들었습니다. 1년 더 미루면 2년 더 늦어지는 상황이라 울며 겨자 먹는 심정으로 논문을 시작했습니다.

그때 저는 알게 되었습니다. 인간은 하루에 15분만 자고도 버틸 수 있다는 것을. 심지어 인간은 책상 앞에 꼬박 36시간을 앉아 있어도 살 수가 있다는 것을. 지도교수님은 물론 심사 교수님들과 각각 미팅이 잡히면 잠을 잘 시간도 없고 밥을 먹을 겨를도 없으며 무조건 내용과 분량을 채워야 했어요. 주말 오후 주차장이 되어버린 올림픽 도로에서 '콩!' 앞차의 꽁무니를 들이받은 적도 있습니다. (차에 상처도 없었지만, 차를 살펴본 후에 선선히 가라고 해주셨던 앞차의 운전자님, 뒤늦게나

마 그땐 정말 감사했습니다.)

그런데 말이죠. 그때도 책 모임에는 거의 빠지지 않았습니다. 말이 안 되죠. 책을 읽어야 참석할 수 있는 것이 그 모임인데, 잠잘 시간도 없으면서 책을 읽는다니요. 논문을 쓰기 위해 엄청난 양의 국내 논문, 외국 논문을 읽고 또 살펴봐야 할 시간에 말이죠.

아, 그때 저는 정말 이상한 경험을 했습니다. 시간은 없지, 읽어야 할 논문은 산더미지, 쓰고 싶은 분야의 논문은 국내에는 거의 없지. 그리하여 어쩔 수 없이 영어 논문을 쭉쭉 읽어 나가야 했는데요. 집중, 아니 '초'집중하다 보니 논문에서 영어 단어가 하나씩 나와서 제 머릿속으로 들어가는 게 보였습니다. 제정신이냐고요? 그런 소리 들을까 봐 걱정돼서 거의 말을 안 했는데요, 진짜로 그랬어요. 영어 단어가 논문에서 나와서 머릿속으로 들어간 경험, 해보신 분 안 계실까요?

우리 뇌를 가장 풍부하게 자극하는 것은 독서라고 해요. 이와 관련해서 흥미로운 연구가 있었네요. 유튜브를 볼 때와 책을 볼 때 뇌를 비교해 봤답니다. 유튜브를 보면 후두부의 시각 처리 영역은 활성화되지만, 그 외 나머지 영역들이 별로 반응을 안 하더래요. 시각 정보 처리가 대부분이었던 거죠. 그런데 책을 볼 때의 뇌는 귀 위쪽 측두엽에서 정보를 처리하며 그 영역 외에도 앞쪽 전전두엽을 포함해 뇌의 많은 부분이 활성화되었대요. 그러니 책을 통해서 무언가 상상하고, 자기가 알고 있는 여러 가지를 연결하는 일이 뇌 속에서 훨씬 더 많이 벌어진다는 겁니다. 뇌 과학자 정재승 교수도 책은 여백의 자극 같다고 얘기했습니다. 그래서 머릿속에 더 많은 걸 상상하게 만드는 일을 책이 우리 뇌에 하고 있지 않나 싶다고요.

다시 제 얘기를 해보자면, 그렇게 힘든 상황에서도 책 모임에 나간 이유는 숨을 쉬기 위해서였습니다. 딱딱한 학술 논문이 아니라 말랑말랑한 인문 서적을 읽는 것이 휴식이었으니까요. 그리고 그 덕분에 무사히 학위논문을 마칠 수 있었습니다. (도와주신 교수님들, 후배 여러분에게 감사합니다. 공부 머리 없는 데다 나이까지 많은 40대 제자이자 선배가 부담되셨을 텐데 정말 큰 도움이 되었어요. 다들 잘 지내고 있죠?) 역설적이지만 책이 없었다면, 책 모임이 없었다면 그 시간을 버틸 수 없었을지 모릅니다.

"책들은 바닷가재의 껍데기와도 같아서 우리는 자신을 책으로 감싼 후 뚫고 자라나서 초기 성장단계들의 증거로 뒤에 남긴다." 언어학자이자 영국 추리소설의 황제라 불리는 도로시 L. 세이어스Dorothy L. Sayers의 말입니다. 참고로 바닷가재는 5년의 성장기를 보내는 동안 무려 25번의 탈피 과정을 거치고 성체가 된 후에도 1년에 한 번씩 껍데기를 벗는다고 합니다. 그리하여 길게는 100년 이상 살 수도 있다고 하네요. 책을 읽는 우리의 정신이 그처럼 흔적을 남기고 그렇게 오래간다는 거겠지요.

책을 좋아하세요? 책이 아니라 무엇이라도 좋습니다. 이것 하나만큼은 포기할 수가 없다, 그런 게 하나쯤은 있으면 좋겠어요. 힘들고 지칠 때면 나만의 시간이나 공간으로 들어가 온전히 나만의 행복을 느낄 수 있는 무엇. 가진 것이 없어도 세상 제일 부자가 된 것 같은 만족감. 저는 그래서 책을 좋아합니다.

> **❝ 우리 이렇게 생각해 볼까요?**
>
> "어떤 책을 읽어야 할까요?" 초보 독자들은 가끔 그렇게 질문을 하십니다. 이 말부터 들려드릴까요. '모든 독자가 작가인 건 아니다. 하지만 모든 작가는 독자다.' 작가들은 자신이 쓰는 책에 대부분 좋아하는 책 이야기를 넣습니다. 그러니 어떤 책이 마음에 들고, 작가를 좋아하게 된다면 그 작가가 다룬 작품을 읽어보시길 권합니

> 다. 아마 여러분 취향에 맞을 거예요. 또 하나, 작가를 정말 좋아하면 그의 모든 작품을 다 읽어보는 것도 추천해 봅니다. 초기작부터 시작하거나, 반대로 최근작에서 시작해서 과거의 작품으로 거슬러 올라가면 그 작가의 발전이나 성장까지 함께할 수 있답니다.

4장

진정한 소통을
하고 싶다면

굳게 닫힌 마음을
열게 하는 대화법

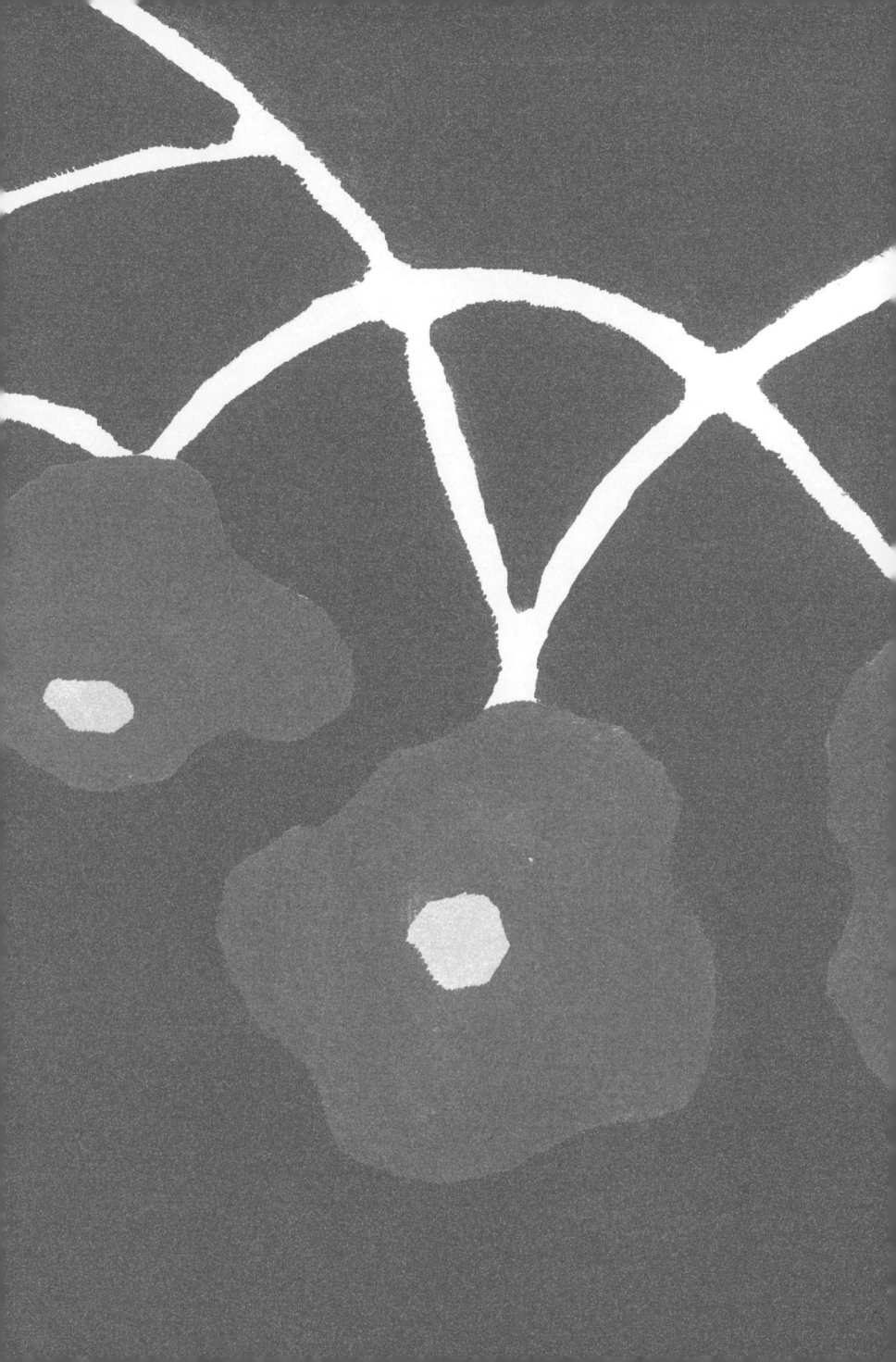

경청은 사람을 부릅니다.
경청은 신뢰를 쌓습니다.
살아간다는 건 마일리지를 누적해 가는 것이죠.
긍정의 마일리지를 쌓는 데
경청보다 좋은 방법은 그리 많지 않습니다.

듣고 싶은 말을
그대로 하세요

AI를 쓰는 사람들이 늘고 있습니다. 챗GPT 같은 인공지능을 정기구독하면서 매달 일정 금액의 사용료를 내는데 만족도가 꽤 높다고 합니다. 대학 교수인 지인은 AI를 써보니 웬만한 조교보다 낫다고 했습니다. 검색은 물론, 자료 정리도 군말 없이 척척, 그것도 아주 빠르게 잘 해내니 만족한다고요. 다른 사람은 AI와 대화를 나누며 외로움을 달랜다고 했습니다. 퇴근한 후 저녁 시간에 오늘 하루 있었던 일을 이야기하고, 힘든 하루였다면서 투정도 부리고. 그러면 제법 대화 상대가 된다고요. 그런데 말하는 사람에 따라서 (당연히) AI도 길이 들어서(실은 입력 언어가 다르기에) 대답이 달라진다는 겁니다. 교수님이 늘 자료 검색이나 정리를 시키는 AI는 대학 조교처럼 혹은 거의 군대 조교처럼 '다나까'까지는 아니어도 매우 사무적이면서도 공손한 말투로 대답한답니다. 반면 외로움을 달래면서 사적인 감정과 기분을 나누던 사람에게는 AI가 달콤하게 말한다는 거죠. "오늘 하루도 잘 지냈엉?" 하고 물으면 "그럼, 아주 잘 지냈징~!" 하고 말이죠.

감정은 전혀 없고 논리만이 탑재된 AI도 그러는데 하물며 사람은 어떨까요. 2030 세대가 보내온 메일을 보면서 신기하게 느낀 것 중 하나. '이런 말은 듣기 싫어요.' 하는 항목의 답변은 거의 반말이라는 것. 젊은이들이 직장에서 제일 듣기 싫어한다는 말입니다.

"내가? 난 그런 말 한 적 없어."
(AI라면 이렇게 말하지 않을까요? "책임 회피입니다. 자꾸 이러시면 후배들이 당신의 업무 지시를 들을 때 녹음해야 하나 진지하게 고민할 겁니다.")
"월급 받았으니 받은 만큼은 일해야지."
(AI의 대사를 추측해 봅니다. "그 월급 몇 푼이나 된다고 그렇게

말씀하시나요. 그리고 그렇게 말하는 당신은 월급도 많이 받으실 텐데, 받은 만큼 일하시나요?)

"밥값 좀 해라."

(AI는 이럴 것 같습니다. "밥 가지고 얘기하시는 거, 옳지 않습니다. 강아지도 밥 먹을 때 자기 밥그릇 건드리면 화를 냅니다. 사람도 밥 문제는 정말 민감합니다.")

"그래서 결론이 뭐야?"

(AI의 대사를 써봅니다. "지금 마음속 말풍선을 공중으로 띄워보겠습니다. '시간도 없고 귀찮고 나는 너랑 대화 같은 건 하고 싶지도 않다. 그냥 보고나 빨리하고 꺼져라.' 아닐까요?")

"네~ 네~ 대답은 잘하지."

(AI의 말을 상상해 보겠습니다. "이렇게 비아냥거리면 상처받은 직원은 다음번에 얘기할 때 '네' 소리도 못 할 수 있습니다. 그럼, 당신은 분명히 이렇게 말하겠지요. 너는 왜 '네' 소리도 못 하냐? 못하게 만든 사람이 바로 당신이거든요?")

"까라면 까야지 뭐 이렇게 말이 많아?"

(AI가 할 것 같은 대사입니다. "요즘은 군대에서도 이렇게 말하시면 안 됩니다. 까라면 까고 하라면 하고, 요즘 그런 사람 없습니다. 그리고 까긴 뭘 깝니까? 바나나 껍질이요?")

"그냥 하라는 대로 좀 해."

(AI의 말을 써볼게요. "MZ의 '3요'를 아직도 모르시나요? 사실 '3요'에는 다 이유가 있습니다.

① 이걸'요'? — 지시받은 업무의 정확한 내용과 목적을 설명해 주세요.

② 제가'요'? — 많은 사람 중 이 업무를 수행해야 할 사람이 왜 저인지요?

③ 왜'요'? — 업무를 해야 하는 이유와 필요성, 기대 효과를 설명해 주세요.

여기에 하나가 추가되었다죠.

④ 쟤는'요'? — 쟤는 놀고 있는데 왜 저만…?!

요즘의 젊은이들은 어떤 업무를, 왜 내가, 왜 쟤는 아니고, 왜 해야 하는지에 대해 정확한 답변을 듣고 싶고 이해한 이후에 업무를 수행하길 원합니다.")

"과장씩이나 돼서 넌 아직도 그걸 못하냐?"

(AI의 대답을 예상해 봅니다. "그럼, 부장씩이나 된 분은 왜 그렇게 말하시나요? '이혼하는 부부의 언어습관, 즉 파경에 이르기까지 어떤 대화로 관계가 악화되나' 하는 글에 이렇게 쓰여 있습니다. 경멸의 언어가 가장 나쁘다. 차라리 무관심한 게 낫지, 모멸감을 깊게 느끼면 상처받고 관계가 악화한다고요. '네까짓 게 뭘 알아. 모르면 잠자코 있어.' 이런 대화 말이죠.")

"됐고! 그래서 나보고 어쩌라고?"

(AI의 말을 짐작해 봅니다. "말하는데 중간에서 자르지 마세요. 어른이든 어린이든 그건 존중이 없다는 신호를 주는 셈입니다. 그리고 그렇게 말하시는 분은 관리자이거나 책임자 아닙니까? 관리자, 책임자가 할 일이 상황 수습, 대책 마련입니다.")

거울을 보면서 2030 세대가 '듣기 싫어하는 말'을 한번 해보세요. 입 밖으로 내는 순간 자신도 모르게 미간을 찌푸리게 될 겁니다. 신경질적인 말을 하는 사람에게는 거울처럼 우리도 신경질적으로 대응하게 됩니다. 반대로 부드럽게 하는 말을 들으면 우리도 미소를 지으며 답하게 됩니다.

AI도 그런다고 하잖아요. 엄격한 말투로 하면 딱딱하게 대답하고, 달콤한 말을 하면 연인처럼 속삭인다고. 좀 더 간단히 정리해 볼게요. '듣고 싶은 대로 말을 하면 된다.' 정호승 시인의 한마디를 남겨봅니다. "말은 그 사람의 품격을 입은 옷이다."

> **❝ 우리 이렇게 생각해 볼까요?**
>
> "남에게 대접을 받고자 하는 대로 너희도 남을 대접하라." 「마태복음」 7장 12절 성경 말씀이랍니다. 저는 종교가 없지만, 예수님 말씀에는 전적으로 동의합니다. ❞

답이 없어도
들어주세요

　강연을 다니다 보면 더러 질의응답도 합니다. 60분 강연한 후에 10분간 참여한 분들의 질문을 받는 식이죠. 참가 신청서를 통해 미리 질문을 남기거나, 현장에서 강연 시작 전 접착식 메모지에 적어 대형 보드에 붙인 후 선택하거나, 그도 저도 아니면 현장에서 즉석 질문이 들어옵니다. (아니, 제가 법륜 스님도 아니고. 스님께서는 삼라만상을 아시겠지만, 제가 뭘 안다고. 그래도 감사할 따름.) 주로 이런 질문을 받습니다.
　"면접만 가면 덜덜 떨다가 준비해 갔던 답변을 하나도 제대로 못 하고 그냥 와요. 면접 잘 볼 수 있는 팁이 있을까요?" 하는 질문, "다수의 사람 앞에서 발표하거나 의견을 말할 때 떨지 않고 의사를 정확히 전달할 수 있는 팁 하나만 알려주세요." 하는 질문은 답을 해드리는데 별로 어렵지 않습니다. 제 전공 분야니까요.

공공기관 강연에 앞서 받은 질문엔 이런 사례도 있었어요. "화가 나고 열받으면 목소리가 떨리고 이치에 맞지 않는 말을 하게 돼요. 조리 있게 강성 민원인을 설득하려면 어떤 마음으로 어떻게 해야 할까요?" 이런 질문도 하십니다. (얼마나 힘이 들면 민원인을 상대해 본 적도 없는 저에게 물어보셨을까요. 토닥토닥.) "매우 이기적인 동료가 있어 모든 사람을 불편하게 합니다. 말해도 통하질 않고 싸움이 되는데 어떤 식으로 다가가야 할까요?" 이렇게 물어보신 분도 계셨습니다. (아, 일요일 저녁부터 그 동료가 떠오르실 테고 월요일 출근길부터 발걸음이 무거우실 테죠. 응원을 보내요.)

"초등학교 3학년인 딸아이가 엄마한테 짜증을 낼 때 매번 나무라는 것이 좋을까요? 아니면 답변만 하다가 아이가 기분 좋을 때 말하는 게 낫겠어요? 짜증을 받아주는 것이 힘듭니다." 이런 질문도 받았습니다. (저기, 정말 죄송한데, 제가 아이를 낳아서 키워본 적이 없거든요. 얼마나 힘드시면….)

구체적으로 생각이나 상황을 풀어내신 분들도 (글로) 만나게 됩니다. "저는 인간관계에서 지켜야 할 '선'이 반드시 있다고 생각하는 사람입니다. 적어도 상대의 가족은 건드리면 안 되는 거 아닌가요? '의도적인 무례함'으로 남을 전혀 개의치 않는 사람하고는 상종도 하고 싶지 않습니다. 같은 회사 안에 있다 보니, 숨이 막힐 때가 있는데요. 제 마음을 다스리려면 어떻게 하는 게 좋을까요?" 아마 그 상대방은 상사일 것입니다. 의도적인 무례함은 후배가 선배에게 할 수 있는 게 아니니까요. (얼마나 큰 고통을 겪고 계실까요. 오늘 하루도 잘 참아내신 당신이야말로 인생의 승자이십니다! 응원합니다!)

정말 이런 사람들에게는 어떻게 대하는 게 좋을까요. 의외로 저도 곧바로 받아치지 못해서 나중에 이불 킥하는 사람이라 잘 모르겠습니다. 오래전에 한동안 계속 살찌던 때의 일입니다. 숨만 쉬어도 1그램 늘어나고, 물만 마셔도 10그램 불어나는 느낌, 겪어보지 않은 분은 아마 절대 모를 겁니다. 방송국 엘리베이터 앞에서 대선배님 한 분을 만났습니다. 평소 별로 좋아하지 않았던 선배님이죠. 왜 안 좋아했는지는 그분의 말을 들으면 곧바로 아실 겁니다. "아니, 너는 하늘 높은 줄은 모르고, 땅 넓은 줄만 아는 거냐?" 무슨 얘긴지 모르시겠죠. 옛날 유머 기법이라 그럽니다. 하늘이 높은 건 몰라서 키는 더 안 크면서 땅 넓은 줄은 알아서 그렇게 평수를 넓히는 거냐는 겁니다. 여전히 모르시겠죠. 그게 웃기지도 않은 유머라 그렇습니다. 유머를 빙자한 공격이니까요.

하필 그때는 점심시간, 게다가 거기는 사람들이 제일 많이 오가는 로비 층 엘리베이터 앞. 안 그래도 목소리가 큰 분이 더 크게 얘기하시는데 다들 급히 엘리베이터를 타시더군요. (민망한 건 제 몫인데, 서둘러 사라져 주신 분들, 뒤늦게 고맙습니다. 홀쩍.)

이런 제가 무슨 대답을 해드릴 수 있겠습니까. 하지만 저도 아는 게 하나는 있습니다. 그분들이 그렇게라도 얘기할 상대가 필요했다는 것. 누군가 내 말을 진지하게 들어주는 것만으로도 조금은 속이 시원해진다는 것 말입니다.

겸임교수 시절이었습니다. 가르치던 학생들과 일대일로 30분씩 티타임을 하던 때였습니다. 방송 일을 하며 강의하며 티타임까지 하는 것은 저로선 쉽지 않은 일이었습니다. 평일에는 오전 오후 생방송을 진행해야 하니 주로 토요일 오후에 5시간씩 한 달 꼬박 진행했거든요. 유일한 휴일인 토요일을 통째로 학생들에게 할애한다는 것이 때로는 지치고 고단했습니다.

저를 두 번 바람맞힌 학생까지 있었어요. 첫 만남에 오지 않아 기다리다 전화했더니 깜박했다고요. 두 번째도 오지 않던 학생. 도서관에 있었는데 또 깜박했다고, 지금 달려오겠다고요. 그러면 뒤의 학생들까지 시간이 밀려 세 번째로 날짜를 잡을 수밖에 없었죠. 회의감이 들었습니다. '내가 괜한 짓을 하는 건가? 학생들은 원하지도 않는 건가?' 그래서 아침 방송 후 친한 정신과 전문의 박사님에게 차를 마시며 여쭤봤습니다. 박사님의 말씀을 듣고 저는 마음을 다잡을 수 있었어요.

"금희 씨, 지금은 물론 힘이 들겠지만, 그 티타임이라는 걸 오래 하고 나면 금희 씨 얼굴이 바뀔 거야. '아, 저 사람과 얘기하고 싶다. 저 사람은 내 말을 들어줄 거야.' 하는 쪽으로. 그러니까 너무 힘들지만 않으면 계속해 보는 게 어때?"

게다가 열 명 중 서너 명, 저와 얘기하다 눈물 흘리는 학생들이 있어서 그만둘 수가 없었어요. 그러다 코로나 때문에 비대면 수업을 하게 되면서 티타임도 멈출 수밖에 없었습니다.

코로나 시기, 격주로 비대면 수업을 하는 주에는 밤마다 10명씩 따로 온라인 수업을 했습니다. 스피치 수업은 실습이 필수입니다. 50명 온라인에서는 실습이 불가능하죠. 그래서 낮에는 강의 위주로 수업하고, 밤에는 월요일부터 금요일까지 매일 2시간 반 실기 보충 수업을 하다 보니, 매일 밤 11시가 넘어야 일이 끝났어요. 너무나 지쳐서 겸임 교수를 그만뒀습니다.

수업을 못 하게 된 것도 그랬지만, 티타임을 할 수 없어 미안하고 서운했습니다. 그렇지만 수업이나 티타임을 안 해도 저는 여전히 그러고 있습니다. 둘이 점심을 먹게 됐을 때 덩치 큰 남자 후배가 자기 어린 시절 얘기를 하다가 울먹이기도 하고, 일을 그만두게 된 후배와 커피숍에서 만났더니 상황을 털어놓으며 철철 눈물을 흘리기도 합니다.

답을 해주지 못해도 괜찮습니다. 그저 들어주세요. 그것만으로도 정말 크게 도와주시는 겁니다. "사람들은 문제를 해결해 주는 사람보다 자기 이야기를 들어주는 사람을 더 기억한다." 심리학자 칼 로저스Carl Rogers가 말했습니다. "경청하는 동안 우리는 상대방이 자기 안의 답을 찾도록 돕는다."『치유』의 저자 루이스 L. 헤이Louise L. Hay도 얘기했거든요.

> **❝ 우리 이렇게 생각해 볼까요?**
>
> 경청은 사람을 부릅니다. 외롭고 괴롭고 누군가 필요한 순간, 제일 먼저 떠오르는 사람은 평소 당신의 얘기를 잘 들어주는 사람일 겁니다. 경청은 신뢰를 쌓습니다. 살아간다는 건 마일리지를 누적해 가는 것이죠. 긍정의 마일리지를 쌓는 데 경청보다 좋은 방법은 그리 많지 않습니다. 그리고 그렇게 쌓은 긍정 마일리지는 무엇과도 바꿀 수 없는 자산입니다. ❞

최선을 다하고
당당하게 말하기

"엄마, 나 챔피언 먹었어!"

"그래, 수환아. 대한국민 만세다!"

1977년 권투선수 홍수환은 WBA 슈퍼 밴텀급 초대 챔피언 결정전에서 파나마의 '지옥에서 온 악마'와 맞붙었습니다. 전 국민이 생중계로 보고 있었어요. 강렬한 별명답게 카라스키야Héctor Carasguilla 선수는 홍수환 선수를 네 번이나 다운시켰습니다. 이제는 졌구나, 모두 포기할 때 오뚝이처럼 다시 일어난 홍 선수는 회심의 일격을 날렸고, 마침내 챔피언이 되었습니다. '4전 5기'라는 말을 만들어낸 홍 선수는 경기 후 곧바로 한국의 어머니와 전화 통화를 했습니다. 이 역시 전 국민이 지켜봤고요. 얼마나 기뻤던지 '대한민국'을 '대한국민'이라고 했던 홍 선수 어머니의 한마디는 두고두고 화제가 되었습니다.

못 먹고 못 살던 시절, 헝그리 정신으로 똘똘 뭉친 복싱 선수들은 주먹 하나만으로 눈물 나는 투혼을 펼쳤고, 우리는 그들의 경기를 보면서 같이 울고 웃었습니다. 그야말로 죽기 살기로 경기에 임한 선수들처럼 국민 역시 '죽기 아니면 살기.' 알 수 없는 절박함으로 한마음이 됐습니다. 그러다 보니까 혹시나 경기에 지고 나면 그 선수는 역적이 되고 말았죠. 고개를 푹 숙이고 국민에게 죄송하다며 말을 잇지 못했습니다. 이겼을 때도 비슷했어요. 너무나도 비장한 심정으로 무조건 "국민 여러분에게 감사한다, 대통령 각하에게 감사드린다." 이렇게 소감을 하는 게 공식처럼 통했습니다. 그런데 홍수환 선수는 달랐죠. 홍 선수가 어머니와 나눈 통화가 인상 깊었던 것도 당시에는 매우 드물게 솔직히 말했기 때문입니다. "엄마, 나 챔피언 먹었어!"

그로부터 거의 50년. 이제 우리 젊은 선수들은 다릅니다.

"괜찮아. 다 나보다 못 쏴."

2024 파리올림픽 공기권총 10미터 경기에서 은메달을 차지한 김예지 선수. 무표정하고 시크하게 과녁을 겨누는 모습으로 세계적인 관심의 대상이 되었습니다. 테슬라 CEO인 일론 머스크가 "액션 영화에도 사격 세계 챔피언이 나온다면 멋질 것 같다."라고 엑스(X) 계정에 쓰기도 했으니까요. 김 선수는 그런 관심에도 들뜨거나 기뻐하기보다는 그런가 보다, 하는 표정을 지었습니다. 그런 김 선수가 경기에 나가며 긴장될 때마다 되뇐다는 말이 이거랍니다. "괜찮아. 다 나보다 못 쏴."

근거 없는 자신감이 아니었습니다. 사격장이 문을 닫는 명절 당일만 빼고 매일 훈련했고, 체력 훈련을 위해 날마다 왕복 90킬로미터를 자전거 타고 출퇴근했다지요. '시간을 아껴 어떻게 하면 효율적으로 체력 훈련할지 고민해서 나온 결과'였다고 했습니다. 자전거 출근 중 넘어져 입술 안쪽이 쓸리고 까질 정도로 다쳤던 적도 있었다고요. 입술 위쪽에 흉터까지 생겼다고 했습니다. 피가 뚝뚝 흘렀는데도 자전거를 타고 출근했다고 하네요.

"남들만큼 하는 건 노력이 아니죠. 남들보다 1분, 5분이라도 더해야 노력이라고 생각해요. 남들이 150발을 쏘면 저는 300발, 500발을 쐈습니다."

김예지 선수의 그런 노력은 자신감의 근거가 되어주었고, 경기를 보는 우리까지 덩달아 자신감 넘치게 만들었습니다.

우승도 자주 하면 여유가 생기겠죠. 남자 양궁 역대 최다 금메달리스트인 우리의 자랑, 김우진 선수.

"메달을 땄다고 해서 (거기에만) 젖어 있지 말아야 하죠. 해 뜨면 다시 마릅니다."

파리올림픽에서 남자 단체전, 개인전, 혼성 전에서 모두 금메달을 차지해 3관왕에 오른 뒤에 이렇게 말했습니다. 올림픽 통산 금메달 5개를 보유한 김우진 선수는 우승 경력만큼이나 많은 어록을 만들어냈습니다.

"오늘 딴 메달도 이제는 과거입니다. 오늘까지는 즐기지만, 내일부터는 다시 과거가 되기 때문에 새로운 목표를 가지고 또다시 전진하겠습니다."

"금메달 땄다고 해서 달라지는 것 없이 저는 그냥 양궁 선수일 뿐입니다."

"메달 획득에 대한 기쁨은 오늘까지입니다. 내일부터는 또 새로운 목표를 향해 전진하겠습니다."

국가가 부강해지고, 국민도 여유를 느끼면서 선수들 역시 패배 소감까지 매우 솔직하고 자연스럽게 얘기합니다. 그런 선수들에게 우리는 최선을 다한 것만으로도 훌륭하다며 진심 어린 박수를 보내줍니다.

"잘 되는 날이 있고, 안되는 날이 있는데 오늘은 그 안되는 날 중 하나였습니다."

근대 5종 전웅태 선수의 말입니다. 펜싱, 수영, 승마(지금은 장애물), 레이저 런(육상+사격)을 모두 뛰는 근대 5종의 전웅태 선수는 한국 올림픽의 개척자입니다. 2020 도쿄 올림픽의 동메달은 한국 근대 5종 사상 첫 올림픽 메달이었죠. 파리올림픽에서 2회 연속 메달을 꿈꿨지만 이루지 못했습니다. 최종 순위 6위에 머무른 전 선수는 마지막 경기를 마친 후에 숨을 헐떡이며 주저앉았답니다.

"그런 것도 참고 이겨내야 하는 게 선수인데 연이어 나온 실수가 아쉽습니다. 저도 기대를 많이 했고, 한국 분들이 많이 와서 응원해 주시는 것을 들으며 부응하려고 했는데 제가 욕심을 부렸던 것 같습니다."

이렇게 말하고는 눈물을 보였다는 전 선수. 하지만 그것은 패배의 눈물이 아니었습니다. 다짐의 의미였으니까요.

"저는 계속 근대 5종을 할 것이고, 더 나은 선수가 되기 위해 노력하겠습니다."

2028 LA 올림픽에 다시 도전하겠다는 전 선수를 응원하지 않을 수 없습니다.

최선을 다하고 당당하게 이야기한다! 달라진 시대만큼 선수들도 달라졌습니다. 젊은 여러분을 기쁜 마음으로 응원합니다. 그리고 배우고 싶습니다. 실제로 우리 뇌는 긍정적인 언어 자극을 받을 때 보상과 관련된 영역인 전두엽이 활성화된다고 합니다. 그럴 때 전두엽은 다른 일을 예측하거나 새로운 방법을 찾아보거나 하여 자신을 더 나은 방향으로 이끌어간다죠. 반대로 부정적인 언어 자극과 감정이 늘면 전두엽은 다른 일을 하지 못하고 부정적인 감정을 조절하는 데 에너지를 써버린다고 합니다.

나를 위한 긍정적인 한마디. 50년 전에는 말하기가 힘들었지만, 이제는 할 수 있습니다. 젊은 선수들에게 배우자고요.

> **❝ 우리 이렇게 생각해 볼까요?**
>
> 국가대표 선수들에게 비할 바는 아니겠지만, 저희 분야도 가끔 시상식이 열립니다. 서너 번 상을 받을 때 저는 수상 소감을 이렇게 준비했습니다. '수상 감사 인사+이 상이 나에게 어떤 의미인가+이

> 상을 받게 도움 주신 분들(제작진, 시청자, 청취자)에게 감사+가족에게 감사.' 간단히 준비하면 1분 30초가 안 됩니다. 누군가에게 도움이 되기를 바랍니다.

브레인
포그

　말로 설명할 수는 없지만, 몸 어딘가 늘 안 좋고 머릿속도 뿌연 것 같았다는 영혜 씨. 30대 중반인데 병원을 전전했습니다. MRI를 찍어도 정상이라고 나왔고, 어떤 검사를 해봐도 원인을 못 찾았대요. 그렇게 여러 곳을 다닌 끝에 듣게 된 진단명은 '브레인 포그'. '뇌에 낀 안개'라는 뜻이죠. 머릿속이 뿌연 채 멍한 느낌이 지속되면서 사고력과 집중력, 기억력이 저하되고 피로감과 우울감을 느끼는 현상이라고 사전에 나와 있습니다. 질환으로 등록되지는 않았는데요. 질병이 아니라 여러 요인에 따라 생긴 증상이기 때문이지요. 대표적인 코로나19 바이러스 후유증으로 알려졌다고 해요.

브레인 포그의 원인을 찾아봤답니다. "스트레스와 수면의 질 저하, 음식 알레르기, 소장 내 세균 과잉 증식, 호르몬 변화 등에 의한 뇌신경의 미세한 염증 등 여러 가지로 추정되며, 항우울제, 항히스타민제 등 일부 약물을 복용하거나 복용을 갑자기 중단할 때도 관련 증세가 나타날 수 있다." 이 중에서 원인이 뭘까. 암만 찾아봐도 스트레스밖에 없더랍니다. 예민하지도 않고 평소 스트레스가 많다고 느끼지도 않은 영혜 씨. 선배랑 깊은 대화를 나누다 보니까 그게 아니란 걸 깨달았다고 합니다.

영혜 씨는 맏이, K-장녀입니다. 열심히 일하시던 아빠가 직장을 잃었습니다. 평생 전업주부였던 엄마는 뭐라도 해보고 싶다고 하시지만, 기술도 경력도 없는 엄마에게 맞춤형 일자리가 쉬울 리 없습니다. 하나뿐인 남동생 녀석이라도 자리를 잡으면 좋으련만, 비정규직이나 아르바이트 자리만 전전할 뿐입니다. 게다가 주변 친구들은 하나둘 결혼 얘기가 오간다는데, 영혜 씨는 여대를 나와 여성이 많은 직장에 근무하는 '모태 솔로.'

남자 친구 사귈 겨를이 없었다는 게 더 정확한 표현일 것 같답니다. 빠듯한 살림에 대학 보내주신 것만도 감사해 대학

4년 내내 아르바이트를 안 한 적 없었고, 일머리가 있는 데다 성실하기까지 해서 어디서든 인정을 받았답니다. 4학년 때 인턴 생활을 했던 지금 회사에 입사할 수 있었던 것도 부서장의 강력 추천 덕분이었죠. 이래저래 책임감에 짓눌렸을밖에요. 집에서도 회사에서도 무엇이든지 완벽하게 해내야 한다는 마음으로 10년 가까이 일에만 매진했다고 하거든요. 겨우 정신 차리고 자신을 돌아보니 머릿속 안개처럼 앞날도 뿌연 게, 브레인 포그를 넘어 라이프 포그인 셈이라고 생각한다죠.

"세상에서 가장 우울한 나라."『신경 끄기의 기술』의 저자 마크 맨슨Mark Manson이 한국을 다녀간 후 했던 말이랍니다. "슬프게도 한국은 유교의 가장 나쁜 부분인 수치심과 남을 판단하는 부분을 극대화하는 반면, 가족이나 지역 사회와의 친밀감을 저버렸다. 자본주의의 최악의 단면인 현란한 물질주의와 돈벌이에 대한 집착을 강조하는 반면, 가장 좋은 부분인 자기표현과 개인주의는 무시했다."

나도 알고는 있었지만, 남이 얘기했을 때 어쩐지 더 아프게 느껴지지 않는지요. "불안과 우울감이 대물림되는 한국 사회의 민낯을 들킨 것 같다."라고 어떤 언론인도 얘기했더군요. 우리나라는 OECD 회원국 가운데 우울증 발병률과 자살률이 압도적인 1위라고 하지요. 우리나라 우울증 환자 수가 100만 명이 넘은 지도 오래입니다. 전문가들은 실제 숫자는 훨씬 많다고 본다죠. 10명 중 1명이 우울증 아닐까 할 정도로요. 그런데 주변에 알리거나 치료하는 경우는 매우 적지요. 우리나라의 우울증 치료율은 11퍼센트로 OECD 국가 중에서도 최저. 편견 때문이죠. 미국은 우울증 환자의 60퍼센트가 치료를 받고, 중증 환자 4명 중 3명이 병원에 간다고 해요. 반면 한국은 중증 우울증 환자조차 10명 중 1명만 치료를 받는다고요.

"정신과 폐쇄 병동, 청소년들로 꽉 차 있다." 청소년 정신건강을 연구하는 교수의 말입니다. 10~29세 정신과 입원 환자가 2022년 기준 1만 6819명, 전체 환자의 22퍼센트 수준이라고요. 1년 동안 자해와 자살 시도로 응급실에 실려 온 4만 3268명 가운데 46퍼센트가 10~29세였다고 합니다. 2024년 1월 30일 자《조선일보》기사에 따르면 지난 2024년 교육부가 4개 학년 학생 173만 명을 대상으로 심리 검사를 했는데 2만 명 이상이 자살 위험군으로 분류됐답니다. 전체 학년으로 환산하면 25만 명 이상이 치료 대상인 거죠.

다시 마크 맨슨의 말에 귀를 기울여 봅니다. "한국은 예술과 과학 모두에서 놀라운 성과를 거두고 있다. 정신건강의 위기는 세계 역사상 가장 놀라운 성공에 따른 하나의 부작용이다. 한국을 강하게 만든 원동력은 눈부신 경제 성장이나 대중문화의 지배력이 아니라 세계에서 가장 드물고 특별한 회복력이다. 한국인들은 이제 내면의 깊은 곳을 들여다봐야 한다. 그들이 길을 찾을 거라 믿는다."

 머릿속이 뿌연 것이, 내 앞날이 불투명한 것이 혼자만의 문제가 아니라는 걸 영혜 씨가 이해하면 좋겠어요. 청소년기, 청년기의 한국인들이 이렇게 힘든 것이 '내가 잘못해서' 그런 게 아니라 '사회가 그만큼 병들어서' 그렇다는걸요.
 우울증을 앓거나 우울감에 시달린다는 젊은 사람들이 꽤 많습니다. 우울증의 전조 증상 중 하나인 무기력감에 빠진 경우도 주변에서 많이 보게 됩니다. 자리에서 일어날 기운도 없어 그냥 장판 엑스레이만 찍고 있는 사람들 말이죠. 공황장애라는 젊은이들도 꽤 눈에 띕니다. 공황장애의 증상이 과호흡 등으로 나타나는 이유는 '자기 보호' 때문이라고 합니다. 도저히 감당하지 못할 상황, 자기 통제가 가능한 범위를 벗어나는 환경이 되면 스스로 보호하기 위해서 숨을 몰아쉬게 되는 거라고요. 자기를 지키기 위해서 조그마한 몸을 웅크리는 몸

집 작은 동물처럼 사람도 내면에 똬리를 트는 거라고 말이죠.

공황장애가 부쩍 늘어나는 이유를 누군가는 이렇게 설명했습니다. 인간이 자연의 일부였던 예전에는 삶을 예측할 수 있었다고요. 씨를 뿌리고 농사를 지으면 가을에 어느 정도 수확을 하겠구나, 하는 식이었지요. 그런데 자연과 멀어진 삶에서는 예측대로 이루어지는 일보다 그렇지 않은 일이 더 많아집니다. 사회생활은 예측대로 잘 들어맞지 않습니다. 결과도 예상대로 도출되지도 않고, 때로는 내 성과를 누군가 가로채기도 하고, 경쟁이 치열해서 번번이 뒤처지기도 하고. 그럴 때 사람들은 받아들이기가 쉽지 않다는 거죠.

우울증의 증가를 스마트폰의 일상화라는 맥락으로 파악하기도 합니다. 『바른 마음』으로 유명한 미국의 사회심리학자 조너선 하이트Jonathan Haidt는 2012년 이후 급격히 늘어난 미국 청소년의 자살 시도와 자해, 우울증의 원인으로 스마트폰을 지목합니다. 오프라인에서 친구들과 뛰어놀던 예전 청소년과 달리 요즘 아이들은 온라인에서 친구들과 어울리죠. 그러다 보니 남자 청소년들은 게임에 몰입하다 중독되고, 여자 청소년들은 SNS 활동에 빠져든다는 거죠. 게임에 빠진 남자 청소년들은 공격적, 폭력적인 성향이 강화되다가 자살을 시도

하기도 하고요. SNS 활동에 빠져든 여자 청소년들은 친구들과 자신을 비교하다가 무기력감을 느끼거나 마음의 상처를 입거나 자해를 시도하는 경우가 늘어났답니다.『불안 세대』에서 그는 우리 사회 전체가 나서야 한다고 지적합니다.

"우리의 가장 큰 사회적 의무는 다음 세대가 두려움이 아니라 희망 속에서 자라게 하는 것이다." 인권운동가로 평생을 살았던 분이죠. 남아프리카공화국에서 대통령을 지냈던 넬슨 만델라Nelson Mandela의 말입니다. 노벨 문학상을 받은 소설가 토니 모리슨Toni Morrison도 말했죠. "아이들은 어른들이 만들어 놓은 세상에서 살아간다. 따라서 그 세상이 위험하다면, 어른들이 먼저 바뀌어야 한다."

영혜 씨와 같은 젊은이들에게 그런 환경을 만든 것은 바로 우리 어른들이죠. 영혜 씨의 머릿속 안개를 걷어내려면, 우울감과 불안에 휩싸인 아이들을 편안하게 해주려면 어디서부터 무엇을 어떻게 해야 하는 걸까, 저는 잘 모릅니다. 하지만 한 가지 아는 것이 있습니다. 그건 우리 어른들이 해야 하는 숙제라는 것이지요. 사랑하는 아이들, 다음 세대들에게 건강하고 안전한 미래를 만드는 것은 우리의 몫입니다.

> **❝ 우리 이렇게 생각해 볼까요?**
>
> "네 잘못이 아니야." 영화 <굿 윌 헌팅>의 명대사입니다. 힘겨워하는 젊은이들에게 꼭 전하고 싶은 말입니다. "당신 잘못이 아닙니다. 모두 우리 기성세대의 탓이에요." **❞**

문턱
증후군

요즘 대학생들은 너나없이 휴학이 필수라고 여깁니다. 휴학 없이 스트레이트(이렇게 표현하더군요)로 다닌 후 곧바로 졸업하는 학생은 가뭄에 콩 나듯이 보게 됩니다. 전에는 달랐어요. 입대를 앞두거나 몸이 너무 아파서 입원할 정도거나 하지 않고는 휴학하는 사람이 거의 없었죠. 열심히 노력해 어렵게 들어간 대학인데, 1~2년 다니다가 휴학하겠다는 딸이나 아들을 엄마 아빠는 이해하기가 힘듭니다.

'문턱 증후군'입니다. 문턱만 넘으면 될 줄 알았는데, 문턱을 넘어서기가 무섭게 지쳐 쓰러지는 현상. (강의실에서 학생이 쓴 표현으로, 동의를 구하고 가져온 말입니다.)

그걸 모르시는 엄마 아빠는 물어봅니다. "어디 아프니? 군대 갈 거야? 공무원 시험이나 고시라도 볼 거야? 그게 아닌데 왜 휴학을 해? 빨리 졸업하는 게 낫지." 그건 예전 얘깁니다. 요즘은 다르거든요. 우선 대학생들이 지쳐 있어요. 고등학생이 되면서 대입 준비를 시작하던 우리 때와는 달리 요즘은 초등학교, 아니 유치원 다닐 때 이미 대학 입학을 염두에 두고 학교와 학원 스케줄을 짜는 부모들이 많습니다. 3년 정도 달렸던 우리 시대 경주마도 지쳤는데, 무려 12년을 다그치듯 윽박지르듯 전력 질주해 왔던 요즘의 경주마는 대학 입학이라는 골인 지점에 이미 기진맥진한 상태로 들어옵니다.

우리가 대학 다니던 시절에도 그랬지만, 한국의 교육은 '내가 뭘 잘하는지, 잘할 수 있는지'에는 전혀 관심이 없습니다. 경주마에게 옆 가리개를 굳이 씌우는 이유가 뭘까요. 딴 데 보지 말고 뒤도 돌아보지 말고 오직 앞을 향해 달려가라는 거겠죠. 그렇게 달려와 골인 지점을 통과했는데, '이 산이 아닌가?' 하는 생각이 듭니다. 스스로 꿈꾸고 그 꿈을 실현하기 위해서 단계를 밟아가며 대학에 들어온 게 아니라면 대개 그렇습니다. 그래서 어쩌면 휴학을 한 후에 진짜 '내 산이 여긴가?' 찾는 건지도 모릅니다.

게다가 졸업하면 동시에 취준생이 되잖습니까. 잘 모르기는 해도 졸업생과 휴학생, 면접 볼 때 차이가 있지 않을까요. 사회에 나가본 적 없는 학생으로선 졸업이 두려운 겁니다. 그래서 휴학을 택하기도 하는 거고요.

그런 마음도 모르면서 휴학하지 말고 바로 졸업까지 하라고 다그치는 건 마치 이것과도 같아요. 42.195킬로미터를 간신히 달려 결승선에 들어와 쓰러져 있는 선수를 툭툭 치며 "뭐 하는 거야? 빨리 일어나 운동화 끈 묶어. 또 뛰러 가야지." 너무 비인간적이죠. 그러니 휴학하겠다면, 휴학하고 뭘 할 건지 계획을 물어보는 편이 낫습니다.

2019년부터 EBS에서 제작 방송 중인 〈자이언트 펭TV〉. 2025년 10월 현재 유튜브 채널 구독자 172만 명. 이 채널에 골드 버튼을 안겨준 주인공은 바로 마스코트 캐릭터인 펭수. 남극에서 대한민국으로 와서 아이돌 연습생이 되겠다며 EBS에 들어온 펭수는 특유의 무구함을 무기 삼아 '할 말 다 하는 캐릭터'로 사랑받고 있습니다. 소속사(EBS) 사장 앞에서도 주눅 들지 않고, 누구를 만나든 마음속 말을 시원하게 합니다. "눈치 챙겨!"라는 유행어까지 만들어냈죠. 펭수를 열렬히 지지한 것은 다름 아닌 2030 세대였습니다.

젊은 세대가 펭수에 열광한 이유. '하고 싶은 말 다 하는 캐릭터'라는 요소가 한몫했을 겁니다. 요즘 MZ는 자기 할 말 다 하고 산다고 하지만, 할 말 제대로 못 하고 어른들 앞에서 기죽은 젊은이가 더 많은 건 아닌지 모르겠습니다.

2002년생이 대부분인 신입사원 대상 강연이 있었습니다. 그 업계는 이직률이 낮은 매우 안정적인 분야입니다. 한 번 입사하면 오래 한솥밥을 먹죠. 입사를 앞두고 신입사원들이 제일 궁금하다고 한 것. "어떻게 말해야 선배들에게 미움을 받지 않을까요?" 질문이 잘못된 것 같죠? "어떻게 말해야 선배들이 저를 예뻐할까요?"가 아니라 "미움받지 않을까요?"라니요. 입사 전에 이미 선배들이 자신을 미워할 거라고 겁을 잔뜩 먹은 겁니다.

어른들과 대화를 해본 적도 별로 없고, 가족 외에는 접해본 적도 거의 없죠. 아르바이트 경험이야 있지만, 이건 엄연히 회사잖아요. 어지간하면 참고 오래 다녀야 하는 회사. 어른들과 무슨 말을 해야 할지 잘 모르겠다는 거죠. 좋은 회사에 입사한 분들은 체제에 순응하면서 정해진 코스를 잘 밟아왔을 겁니다. 자신의 의견을 말하기보다는 자의 반 타의 반 '입틀막' 하면서. 그러니 입을 열어서 무엇을 말하기보다, 미움을 받기보다 '입꾹닫'으로 새로운 환경에 적응하려고 마음을 먹었을 테고요.

치열한 경쟁 체제에 길든 경주마 같은 젊은이들. 아무것도 안 하고 쉬면 남들보다 뒤처지는 것 같아 불안해진 젊은이들이 펭수를 보며 마음이나마 쉬어가는 것 아닐까요.

그러니 쉬고 싶다면 쉴 수 있게 해주고, 멈추는 것이 뒤처지는 건 아니라고 말해주자고요. 우리 삶에서 제일 중요한 건 '정지'하는 거라고, 백무산 시인이 시에도 쓰셨습니다.

정지의 힘
_백무산

기차를 세우는 힘, 그 힘으로 기차는 달린다
시간을 멈추는 힘, 그 힘으로 우리는 미래로 간다
무엇을 하지 않을 자유, 그로 인해 무엇을 해야 할 것인가를 안다
무엇이 되지 않을 자유, 그 힘으로 나는 내가 된다
세상을 멈추는 힘, 그 힘으로 우리는 달린다
정지에 이르렀을 때, 우리는 달리는 이유를 안다
씨앗처럼 정지하라, 꽃은 멈춤의 힘으로 피어난다

씨앗처럼 정지하고 멈추어야 꽃이 피어나는 겁니다. 류시화 시인도 『내가 생각한 인생이 아니야』에서 그랬거든요.

"삶을 꽃피우는 방법에는 두 가지가 있다. 하나는 스스로 꽃을 피우는 일이고, 또 하나는 다른 사람의 삶이 꽃 피어 나도록 돕는 일이다. 당신도 나도 누군가를 꽃 피어 나게 할 수 있다."

우리가 돌봐주려는 그 새싹이 이제 막 돋아나고 있다면 북돋우는 건 어떨까요. 천천히 조심스럽게, 세심히 그리고 정성을 다해.

> **❝ 우리 이렇게 생각해 볼까요?**
>
> 몇몇 대기업에서 정년퇴직을 앞둔 사원들을 위해서 마련하는 '그린 라이프 제도'를 대학에서도 휴학생들에게 실시해 보면 어떨까요. 정년퇴직 1년 전부터 회사에 나오지 않는 대신에 일종의 직업 교육을 받는 제도인데요. 대학에서도 휴학을 앞둔 학생들에게 여러 가지 코스를 알려주거나 아르바이트 자리를 주선해 주는 거죠. 휴학이 필수가 된 요즘 꼭 필요한 제도가 아닐까 합니다. **❞**

사랑할 때
하는 말

"아빠 여기 있어. 수틀리면 빠꾸. 아니다 싶으면 빠꾸." 아빠 양관식은 딸 금명에게 이렇게 말합니다. 초등학교 입학할 때도, 수능 시험을 보러 가는 자리에서도, 심지어는 결혼식장에서 신부 입장을 앞두고도 그렇게 말해줍니다. 어린 시절엔 고개만 끄덕이던 딸은 결혼식장에선 눈물을 흘려요. 그게 아빠가 해줄 수 있는 최고의 말 한마디, 아빠의 사랑법이라는 걸 알고 있었으니까요. 2025년 봄에 우리나라는 물론, 세계 곳곳의 많은 사람을 울린 드라마 〈폭싹 속았수다〉에 나오는 얘깁니다.

고깃배 한 척으로 식구들을 먹여 살린 양관식이 그 어떤 로맨스 드라마의 주인공보다 더 멋지게 보였던 드라마. 평생을 아내와 가족밖에 몰랐던, 판타지로만 느껴졌던 남자. 그런데 알고 보니 현실에도 많았습니다. 양관식 같은 남자, 아빠, 어른이.

직장에 막 들어갔을 때 일을 배우는 것도 힘들고 선배들에게 적응하는 것도 고단했다는 미자 씨. 너무 힘들어 지쳐 있을 때 아빠가 말씀하셨답니다.

"어디서든 기죽지 마. 딸 뒤에는 아빠랑 엄마가 있어!"

그 말씀 덕분에 25년이 지난 지금까지도 열심히 근무하고 있다고요. 이제는 쉰을 바라보는 나이가 되었는데도, 힘이 나는 그 한마디를 평생 간직하고 있다는 미자 씨. 그녀의 아버지야말로 현실판 '양관식'이 아닐는지요.

젊은 시절 광식 씨에게 이제는 돌아가신 엄마가 해주셨던 말씀이 있었답니다.

"아들, 넌 잘하고 있어! 네가 엄마의 아들이라 너무 자랑스럽다."

어머니의 말씀에 55년을 버틸 수 있었고, 한 여자의 남편이자 세 아이의 아빠로 잘 살고 있답니다. 광식 씨가 그동안 얼마나 애썼을까요. 아마 하늘나라에서도 어머니는 아들을 대견해하시겠죠. 이런 얘기를 하다 보니 엄마가 많이 보고 싶다며 광식 씨의 눈가가 금세 촉촉해졌습니다.

희연 씨가 결혼할 때 할머니는 87세였답니다. 신부 대기실에 들어오신 할머니가 희연 씨의 손을 잡고 그러셨답니다.
"결혼하고 나서 아니다 싶으면 집으로 돌아와라. 참지 말고. 너에게는 친정이 있다."
친정엄마도 아니고 아빠도 아니고 여든 넘어 아흔 바라보는 할머니가 하신 그 한마디. 결혼 생활 내내 보험 들어둔 것처럼 희연 씨는 뿌듯했답니다. 할머니가 결혼했던 시절에는 '눈 감고 3년, 귀 막고 3년, 입 닫고 3년' 시집가면 무조건 그렇게 살아야 한다고 들으셨을 텐데. 그 집 귀신이 되어야 한다고 강요받으셨을 텐데. 그렇게 모진 세월을 견뎌오셔서 그런 말씀을 하셨을지도 모르죠.

부모로 살며 아이들에게 어떤 말을 자주 하시나요. 한마디라도 피가 되고 살이 되는 말을 해주고 싶으시겠죠. 그러다 보니 엄마나 아빠의 말은 '잔소리'가 되기 십상. 이런 연구 결과 보신 적 있을까요. 2015년 미국《사회적 인지 및 감정 신경 과학Social Cognitive and Affective Neuroscience》에 실렸던 내용입니다. 미국 피츠버그대학교 의과대학과 캘리포니아대학교 버클리, 하버드대학교 공동 연구팀이 평균 연령 14세의 청소년 32명에게 엄마의 잔소리를 녹음한 음성을 30초쯤 들려주고 뇌의 활성도를 측정하는 실험을 했답니다.

그랬더니 엄마의 잔소리를 듣자마자 아이들 뇌의 부정 감정 처리 영역이 활성화되었답니다. 아이들이 감정적으로 즉각 과민 반응을 보인 거죠. 반면에 감정 조절이나 공감, 사고력을 담당하는 전두엽, 측두엽의 접합부는 비활성화되었습니다. 즉 아이들이 생각을 멈추고 감정에 잠식되었다는 겁니다. 잔소리는 이성적으로 사고하고 타인에게 공감하는 능력을 순간 마비시키고, 아이의 자기방어 본능만 강화한다는 것. 이런 걸 '잔소리의 역설'이라고 부르더군요. 소통을 위해 하는 바로 그 말 때문에 멀어지기에.

"우리는 아이들에게 많은 말을 해주기보다 아이들이 언제나 사랑받고 있다는 사실을 느끼게 해줘야 한다." 노벨 평화상 수상자인 테레사 수녀의 말입니다. "아이들은 비판 속에서 자라면 비난하는 법을 배우지만, 격려 속에서 자라면 자신감을 배운다." 미국의 교육학자이자 시인 도로시 로 놀테Dorothy

Law Nolte의 말이지요. "사랑은 소유가 아니라 이해와 지지다." 루마니아 출신 프랑스 극작가 외젠 이오네스코 Eugène Ionesco의 말도 보태드립니다.

사랑할 때 하는 말, 가늠하시겠죠. 다른 건 잘 몰라도 이건 아닐 겁니다. 이래라저래라, 이러면 안 된다, 저러지 마라. 잔소리 대신에 이렇게 말씀해 보시면 어떨까 합니다.
"엄마 여기 있어!"
"아빠가 딱 버티고 있어!"

> **❝ 우리 이렇게 생각해 볼까요?**
>
> '엄마가 입을 열면 아이는 입을 다물고, 엄마가 귀를 열면 아이는 입을 연다.' 이런 말 들어보셨는지요. 사랑하면 할수록 입이 아니라 귀를 열어야 하는 이유입니다. ❞

낀 세대

올해 딱 마흔이 된 지호 씨. 아직은 이 나이가 어색합니다. 회사에서는 더 어색하죠. 정식 직책은 아니지만, 어느덧 팀장 밑 부팀장의 역할을 해야 할 위치가 됐네요. 근무할 때도 그렇지만, 회식 자리가 문자 그대로 쥐약입니다. 모처럼 회식했던 어젯밤, 지호 씨 오른쪽엔 하필 팀장님이 앉으셨고, 왼쪽엔 신입사원이 앉았습니다. 앉자마자 팀장님은 오늘도 변함없이 아재 개그를 날리십니다. 하도 들어서 이제는 지겹지만, 신입은 나름대로 열심히 사회생활을 하고 있네요. 피식거리기라도 하니. 팀장님의 아재 개그에 지쳐갈 무렵, 다행히 고기가 나왔습니다.

'어~라~ 이게 무슨 풍경이지?!' 종업원이 고기를 석쇠에 올려놓고 간 뒤로 아무도 집게를 잡지 않습니다. '신입 지금 뭐하니. 회식 자리에서 뭐 바쁜 일 있니?'라는 말이 목구멍까지 올라왔지만, 애써 참으며 뱃속으로 밀어 넣었습니다. 그럼 바로 '꼰대'가 될 게 뻔하니까요. 팀장님의 라떼 타임과 동시에 집게를 집어 든 지호 씨. 귀로는 팀장님의 라떼 얘기 들으며, 눈으로는 고기의 익힘 정도를 보며('이쁜하게 익혀야 한다. 고기의 생명은 육즙이다.') 코로는 연기를 맡아가며, 왼쪽 신입도 은근히 신경 써 가며 생각하죠. '나는 누구, 여기는 어디?' 부지런히 손을 놀립니다.

다음 순간 '휴, 다행이다.' 한숨이 나옵니다. 다 익은 고기를 기가 막히고 알아채고 한 점씩 집어 먹던 팀장님이 맥주병을 들고 일어섰으니까요. '저쪽 끝부터 한 잔씩 따라주고 오겠지.' 그사이 얼른 신입에게 말을 건넵니다.

"신입은 어느 동네 살아? 아, 거기라면 우리 회사 통근버스 다니네. 다행이다. 그럼 몇 시 차를 타? 아, 좋겠네. 나는 동네가 멀어서 6시 차를 타야 하거든. 음, 내일 주말인데, 요즘 20대는 주말에 주로 뭘 해? 아, 우리 때와 다를 것 같아서 말이야. 하하하."

다행히 묻는 말에 곧잘 대답하면서 지호 씨가 굽는 고기를 야금야금 집어 먹던 신입. 팀장님이 돌아오자 바로 말문을 닫아버립니다. 다시 시작된 라떼 타임, 지호 씨도 어느새 한 귀로 들으면서 동시에 다른 귀로 내보내기 신공을 발휘하기 시작하죠. '팀장님은 왜 저러지. 누가 듣는다고 저렇게 라떼 얘기만 하시냐고. 나는 나중에 팀장 되면 절대 저러지 말아야지.' 말풍선을 띄우며 고기를 뒤집는데, 맥주를 너무 많이 마셨는지 팀장님이 비틀거리며 일어나 화장실로 향합니다. '그래, 때는 또 이때.' 타이밍을 잡습니다.

"신입, 주말엔 뭐 한다고 그랬지? 아하, 야구 보러 간다고. 그래, 어느 팀 응원해? 최애 선수는? 아, 부럽다. 어떻게 티케팅에 성공했어?"

아뿔싸. 팀장님이 다시 자리로 돌아오시네요. '아니, 근데 이게 뭐야. 나 오늘 고깃집에 와서 고기 한 점을 제대로 못 먹었네. 내가 고깃집에서 알바를 오래 하긴 했어요. 그래서 고기를 좀 예술로 굽기는 해도 말이야. 이건 아니잖아. 고기만 굽고, 이쪽저쪽 눈치 보면서 말만 시키고. 회식 자리가 이렇게 힘든 건 나뿐인가.'

사무실에서도 마찬가지입니다. 왜 팀장님은 퇴근 직전에 업무를 시키시는 걸까요. 아무리 오후 팀장급 회의에서 결정된 사안이라 해도 그렇게 급한 일이 아니면 내일 시켜도 되는 거 아닌가 말입니다. 그리고 업무를 지시하면 마감을 정확하게 알려줘야지요.

"언제까지 해야 할까요?"

"어, 그거, 빠를수록 좋지."

"아니, 팀장님, 또…요?"

누가 모르냐고요. 일은 빨리할수록 시킨 사람은 좋죠. 근데 저도 제 업무가 있다고요. 후배들을 시키면 어떨까, 잠시 고개를 들어보니, '아니, 이 녀석들 벌써 가방 싸고 있잖아. 엉덩이가 이미 의자에서 떨어졌네. 지금 이걸 시킨다면 나는 꼰대가 되는 거지.' 할 수 없습니다. 눈물을 머금고 오늘도 자체 야근 확정입니다.

신입 포함 후배들은 죄다 칼퇴, 팀장님도 퇴근하시고. 사무실에 남아 있는 건 올해 딱 마흔 김지호 씨밖에 없네요. 옆 팀은 어떤가, 자리에서 일어나서 굳이 탕비실을 향해 가며 기웃거려 보니 이건 뭐 동기회라도 해야 하나. 죄다 우리 동기들만 남아 있습니다.

"출출하지 않냐? 나이도 있는데 배곯지 말자."

"컵라면이나 하나 때릴까."

"뭔 소리야. 밥을 먹어야지. 일단 구내식당으로! 얼른 먹고

와서 일해야 해."

"젠장 오늘 안에 퇴근할 수 있을까?"

이런 얘길 하며 나이만큼 느려진 동작으로 동기들이 하나 둘 자리에서 일어납니다.

"우린 뭐냐. 선배들은 선배라서 퇴근하고, 후배들은 후배라서 집에 가고. 우리만 이게 뭐냐고."

"구시렁거리지 마라. 자영업 하는 내 친구들은 요즘 아주 다들 죽을 맛이란다. 그나마 월급 따박따박 나오는 회사, 고마운 줄 알고 다녀야지."

"그나저나 우리는 언제나 칼퇴하냐. 날마다 야근 도맡아 하느라고 내가 아주 우리 애 얼굴을 볼 수가 없다. 어둡기 전에 들어가면 '아저씨, 누구세요?' 그럴 판이라니까."

"그러게 말이야. 나는 회식 가서 남이 구워주는 고기 한번 편히 먹어보는 게 소원이다, 요즘은. 선배는 선배라서 안 구워, 후배는 후배라서 눈치 없이 가만히 앉아 있어. 고기도 구워본 놈이 굽고, 눈치도 본 놈이 챙기고, 야근도 해본 놈이 하는가 보다."

"마흔 살 우리 동기, 낀 세대 우리 동기, 파이팅이다. 동기 사랑, 나라 사랑, 우리 동기, 힘들 내자."

어느 회사나 비슷한 풍경이 펼쳐지는 요즘. 40대 낀 세대가 아니면 사무실 분위기도, 회식의 분위기도 잡히지 않습니다. 야근하는 것도, 회식에서 대화의 흐름을 만들어 내는 것도 낀 세대 40대인 경우가 많더라고요. 귀하고도 소중한 지호 씨를 비롯한 40대 여러분, 자발적으로 야근하는 마지막 세대이자 위아래 신경 쓰느라 제대로 회식조차 못 하는 마지막 세대인 여러분에게 응원을 보냅니다.

"영웅은 평범한 일을 비범한 인내로 해내는 사람이다." 오리슨 스웨트 마든Orisou Swett Marden이 그랬다네요. 그 아저씨가 누구냐고요? 아, 그럼 좀 아실 만한 분이 해주신 위로의 한마디는 어떠세요. "빛나는 자리는 아니지만, 그 자리가 없으면 모두가 흔들린다." 조직심리학자 애덤 그랜트Adam Grant의 말입니다. 여러분이 안 계시면 회사가 안 굴러가죠. 이런 말도 위로가 안 된다고요. 그러면 노래방에 왔다고 생각하며 봄여름가을겨울의 〈브라보 마이 라이프〉나 한 곡 같이 부릅시다.

"해 저문 어느 오후, 집으로 향한 걸음 뒤엔 서툴게 살아왔던 후회로 가득한 지난날. 그리 좋지는 않지만 그리 나쁜 것만도 아니었어. ♪"

> **❝ 우리 이렇게 생각해 볼까요?**
>
> 동기 귀한 줄 알아야 합니다. 입사할 때만 해도 '동기=경쟁자' 같을 거예요. 하지만 시간이 지나면서 알게 됩니다. '동기≠경쟁자, 동기=조력자.' 입사 동기는 같은 부서가 아닌 다른 부서에 배치되는 경우가 많습니다. 내가 내 자리에서 성장하는 동안 동기 역시 자기 자리에서 전문가가 되죠. 회사 업무에는 혼자 하는 일보다 협력이 필요한 경우가 훨씬 더 많습니다. 그럴 때 든든한 지원군이 되어주는 존재가 바로 동기입니다. 업무가 빨리 처리되고, 결과도 좋을 겁니다. 동기가 퇴사한다고 해도 비슷한 업계에서 일하는 경우, 역시 내게 도움이 되는 존재죠. '동기 사랑 = 나라 사랑' 맞습니다. **❞**

칼 같은 한마디

"넌 왜 이렇게 말을 안 들어? 너랑은 말이 안 통해."

맹세컨대 태어나서 처음 들은 말이었다고 했습니다. 20대 중반인 세원 씨는 집에서는 물론, 학교에서도 어른들 말씀을 듣는 게 당연한 거라고 여기며 자랐으니까요. 주변에선 다들 예의가 바르다, 반듯하다고 했습니다. 그런 세원 씨가 이런 말을 듣게 될 줄이야. 더군다나 제일 사랑하는 엄마, 제일 존경하는 아빠로부터. 그때 세원 씨가 느낀 절망감을 어떻게 표현할 수 있을까요. 엄마나 아빠가 아니었다면 그렇게까지 충격적이지는 않았을 것입니다. 세원 씨는 엄마를 정말로 사랑하고, 아빠를 진짜 존경했답니다.

두 분은 넉넉하지 않은 환경에서도 하나뿐인 자식을 위해 최선을 다하셨습니다. 두 분 다 대학에 갈 수 없는 형편에서 자라셨기에 다짐하셨답니다. 우리 아이는 꼭 대학을 보내야겠다고. 엄마는 식당에 나가서 알바를 하셨습니다. 고등학생인 세원 씨의 학원비를 벌기 위해서 전업주부가 할 수 있는 일은 그리 많지 않았으니까요. 공업고등학교를 나와 기술자가 된 아빠도 마찬가지였습니다. 초등학교 때까지만 해도 주말이면 두 분은 세원 씨 손을 잡고 공원도 가고 박물관도 갔죠. 두 분이 세원 씨 사진을 찍으며, 가족사진을 찍으며 얼마나 즐거워하셨는지 아직도 생생하게 기억날 정도랍니다. 그러던 아빠가 주말에도 일하고 평일에도 밤늦게 잔업 근무를 자처하셨던 것이 오로지 세원 씨를 위해서였다는 것도 수능을 준비하며 자연스럽게 깨달았습니다.

다행히 수능 성적이 괜찮아서 원하던 대학에 들어갔습니다. 문제는 전공. 1학년 때는 학부, 세부 전공은 2학년이 되면서 정할 수 있었는데요. 세원 씨는 어려서부터 역사를 좋아했습니다. 초등학교에 들어가기 전부터 만화를 봐도 역사 만화를 찾았어요. 한국사는 물론, 세계사 만화책도 초등학교 시절에 웬만한 건 다 봤습니다. 한국의 위인전을 비롯한 세계의 위인전도 다 읽었습니다. 세원 씨는 한국사를 전공하고 싶었습니다. 부모님의 생각은 달랐습니다. 아빠는 무조건 기술이 있어야 한다고 믿었습니다. 최소한 자격증이라도 딸 수 있는 학과면 좋겠다는 게 아빠의 생각이었습니다. 엄마도 다르지 않았습니다. 결국, 담임선생님의 조언대로 경영학과에 가게 되었습니다. 회계 쪽으로 자격증을 딸 수도 있고, 졸업 후 취업할 때 제일 유리한 학과라는 것이었죠.

그러나 1년을 다니며 알게 된 사실은 자신에게 경영 쪽 머리가 없다는 거였습니다. 전공과목엔 대차대조표, 통계, 그 밖에도 숫자나 코딩이 가득했습니다. 내 길이 아님이 확실했습니다. 관련 과목들은 학점도 나빴습니다. 관심이 없으니 학점도 낮은 게 당연할 터. 반면 교양과목으로 수강한 역사 쪽 과목은 모두 A 학점을 받았습니다. 그것도 전공자인 고학년을 모두 이기고 최고 점수를 받았죠. 1학년 겨울방학, 고민이 깊어졌습니다. 아르바이트하면서 토익 학원 다니며 틈틈이 인터넷도 뒤져보고 '에타(대학생 커뮤니티 앱 '에브리타임'의 줄임말)'에도 들어가 봤습니다. 고민도 올려보고 학우들의 댓글도 꼼꼼하게 읽어봤습니다. 시간이 없었습니다. 2학년을 앞두고 부모님께 드릴 말씀이 있다고 했습니다.

"경영학이 적성에 맞지 않는 것 같아요. 역사 쪽으로 전공을 바꾸고 싶습니다." 단 두 문장이었는데, 이 말씀을 드리기가 그렇게나 힘이 들었나, 싶었답니다. 부모님은 잠시 당황하시더니 이내 설득하셨습니다. "역사에 관심이 많은 건 좋은 일이지만, 졸업하고 뭘 먹고 어떻게 살 거냐." 걱정부터 늘어놓으셨습니다. 세원 씨도 준비한 대답이 있었습니다. 설민석, 최태성, 심용환, 황현필 선생님. 역사를 가르치면서 많은 사랑을 받는 선생님들을 말씀드렸죠. 부모님은 단박에 반박하셨습니다. "누구나 대한민국 최고 식당 주인을 꿈꾸면서 문을 열지만, 대부분은 골목 식당조차 운영이 어렵다." 그 후로 이어진 부모님과 대결. 그 끝에 듣게 된 말이 "넌 왜 이렇게 말을 안 들어? 너랑은 말이 안 통해."였습니다.

세원 씨는 부모님의 이야기를 항상 경청하는 편이었습니다. 자신을 키우려고 고생하시는 엄마 아빠에게 의견도 피력하지 않았습니다. 그런 세원 씨가 처음으로 뜻을 내비친 일이 전공을 바꾸겠다는 것이었습니다. 세원 씨는 마음이 바뀌게 된 과정을 하나하나 설명해 드렸습니다. 누구의 말에도 휘둘리지 않고 태어나서 처음, 오로지 혼자서 내린 결정이니 한 번만 믿어달라고, 조금만 지켜봐 달라고 말씀드렸지요. 그때 듣게 된 "넌 왜 사람 말을 안 들어? 너랑은 말이 안 통해." 세원 씨는 자신의 이야기가 모두 무시당했다고 느꼈습니다. 그래서 그때 그 말이 폭력적으로 다가왔습니다. 아무리 세월이 많이 흘러도 세원 씨 기억에 짙게 남아 있을 것입니다. 부모님이 신경질적인 말투가 아니라 있는 그대로 진심을 전달해 주셨다면 어땠을까.

"지금 당장 그게 너무 좋더라도, 좀 더 넓게 생각해 보았으면 좋겠어. 오랜 시간 고민해서 말했을 테지만 우리에게는 너무 갑작스러운 변화여서 당황스럽다. 우리도 너도 좀 더 얘기 나누며 서로 거리를 좁혀보면 어떨까." 이렇게 말씀하실 수는 없었을까요. 대학 졸업을 앞두고 메일로 대화를 나눈 청년은 이렇게 메일을 끝맺었습니다. 자세한 설명까지 들을 수는 없었습니다. 결국 전공을 바꿨는지, 혹은 부모님의 말씀을 그대로 받아들인 채로 졸업을 앞두게 됐는지. 그건 굳이 묻지 않아도 될 것 같았습니다.

부모님 말씀 잘 듣고 순종하고 자라온 아이일수록 머리 굵은 후엔 달라지기 마련입니다. 고분고분하단 건 자신의 의견이나 생각을 포기하고 엄마 아빠께 무조건 맞춰온 거죠. 성인이 된 후에 비로소 자신의 자아와 정체성을 찾으면 대립을 피하기 어렵습니다. 서너 살 아이들조차 어린이집에 갈 때 입고 싶은 옷이 따로 있습니다. 한겨울에도 아이가 〈겨울왕국〉

의 얇디얇은 엘사 드레스 입기를 고집해 난감한 표정으로 입혀온 엄마 얘기를 들은 적 있습니다. 서너 살에도 사람에게는 자기주장이 있어요. 그런데 그걸 표현하지 않고 엄마 아빠의 말을 따른 아이는 착한 아이일지는 몰라도 솔직한 아이는 아니지 않나요. 다만 참고 계속 자신을 억누른 것이죠. 그러다 어느 날 비로소 터지는 순간이 옵니다.

사춘기일지 혹은 그 후일지는 아무도 모르죠. '지랄 총량의 법칙' 얘기를 하는 사람도 있습니다. 사춘기 아니면 사추秋기에도 반드시 '지랄=자기주장과 자아 찾기'를 하기 마련이라는 겁니다. 그럴 때 부모 자식의 대화는 쉽지 않습니다. 부모는 말을 듣지 않는 자식의 모습에 당황하면서 자신의 권위가 손상된다는 잘못된 판단을 합니다. 아닙니다. 아이는 지금껏 바로 그 권위를 지키기 위해서 자기 모습을 감췄습니다. 아이는 태어나 처음 자기주장을 제대로 하고 있을 뿐입니다.

잘 벼려두고 갈아둔 칼은 스치기만 해도 순식간에 살갗이 베이고 피가 나옵니다. 서로 깊이 사랑하고 신뢰하기에 가족 간에는 말 한마디도 몹시 아픕니다. 놀라고 걱정돼도 별수 없는 일입니다. 아이는 지금 비로소 자신의 인생을 찾아가겠다고 합니다. 아이의 인생입니다. 사랑한다고 대신 살아줄 수는 없습니다. 부모는 부모일 뿐, 아이가 될 수 없습니다.

『말의 품격』과 『언어의 온도』로 밀리언셀러 작가가 된 이기주 작가도 그랬습니다. "자기 목소리를 낼 수 없는 아이는 결국 자신을 잃는다."

> **❝ 우리 이렇게 생각해 볼까요?**
>
> 자기 목소리를 내보세요. 자기 자신을 찾으세요. 자기 관찰 노트를 작성해 보세요. 막연히 생각하기보다 분석 자료가 있을 때 사고와 판단이 수월하잖아요. 한 달이든 두 달이든 생각날 때마다 써두는 겁니다. 그런 다음 좋아하는 것, 싫어하는 것, 잘하는 것, 못하는 것 등으로 자료를 분류해 보세요. 나 자신을 찾는 방법 중 하나입니다. 또 하나는 아주 어린 시절의 나를 기억해 보는 겁니다. 어린이집에 다니던 때 나는 어떤 아이였지? 기억이 안 나면 부모님께 질문도 해 보세요. 그게 바로 나의 본모습, 본성입니다. 사회화된 내 모습을 벗겨내는 거죠. 그렇게 찾은 저는 명랑하고 엉뚱한 사람이더라고요. ❞

자기 자신을
<u>보호</u>하는 법

지금이 2025년 맞나? 사회 초년생들의 이야기를 접하며 속상했어요. 오래전 제가 사회에 발을 내딛던 때와 달라지지 않은 분위기 때문이었죠. 비교적 평등하고 변화의 흐름에도 민감한 방송계에서 일하며 우리가 예전보다 아주 많이 나아졌다고 착각을 했나 봐요. 각계각층에서 일하는 요즘 젊은이들이 겪고 있는 일에 마음이 몹시 아팠습니다.

20대 중반 소규모 기업에서 일했다는 현미 씨. 입사 당시엔 대표님과 상사 한 분, 세 명이 일했지만 상사가 퇴사하면서 대표님과 단둘이 일했답니다. 그 업계는 소규모 기업의 대표끼리 서로 친밀한 관계였대요. 그래서 대표님 친구이자 다른 기업 대표들이 자주 사무실에 놀러 왔다고요. 자연스럽게 같이 회식도 했답니다. 그런데 그중 한 분이 하이파이브를 하자면서 은근히 손깍지를 꼈다고 합니다. 현미 씨는 당황했지만 제대로 말했답니다. "대표님, 하이파이브까지만 하시죠. 손깍지는 하지 마세요." 단호하면서도 부드럽게. 정말 잘하신 겁니다. 그렇게 말씀하시는 게 최선입니다.

저는 그렇게 야무지게 대처를 못 했어요. 어떻게 대처해야 하는지 아무도 알려주지 않았거든요. 그러다 보니 이런 일까지 있었습니다. 선후배들과 만나 차 한잔하다가 모두의 기억이 일치한 얘기. 저희보다 스무 살쯤 연상인 선배의 악수였습니다. 그 시절 선배는 매일 보는 여자 후배들에게 자주 악수를 청했습니다. "매일 보는데 무슨 악수예요?" 하면 악수하는 게 뭐가 나쁘냐면서 손을 내밀었습니다. 악수하면 그 선배는 항상 중지를 접어서 손바닥을 간질였습니다. 그럴 때는 늘 여자 후배의 눈을 바라보며 빙글빙글 웃었고요. 선배의 그 행위가 "나는 너와 관계하고 싶어."라는 것을 최근에야 알게 됐습니다. 충격이었습니다. 딸이나 조카 같은 어린 후배에게 그런 행위를 했다니. 더 기가 막힌 건 거의 여든이 다 된 그 선배가 여전히 비슷한 짓을 하고 있다는 거였습니다.

어느 일요일 밤 9시 무렵이었습니다. 그 선배가 문자로 "안녕하세요?" 다섯 글자만을 보내왔습니다. 저는 스미싱이라고 판단했습니다. 가끔 그런 연락이 오잖아요. "제 번호가 해킹당해서 제 이름으로 이상한 문자가 가는 것 같습니다. 절대 답장하지 마세요. 죄송합니다." 일요일 늦은 밤, 오랜만에 보낸 문자가 "안녕하세요?"였으니 당연히 스미싱이라고 생각하고 답을 하지 않았습니다. 그런데 그 선배는 제 또래 여자 후배들 여러 명에게 그런 문자를 보냈다는 겁니다. 저처럼 답을 안 한 사람도 있었지만, 답장을 한 사람도 있었답니다. 심지어 유부녀인 그 후배에게 그 몹쓸 선배는 이렇게 다시 문자를 보냈답니다. "같이 여행이나 가면 어떨까?" 세상에, 가정도 있는데, 아들딸은 물론 손자 손녀도 있는데, 이제 여든을 바라보는데 그게 할 말입니까. 그 얘기를 공유한 우리는 모두 분개하며 그 선배의 전화번호를 차단하자고 했습니다.

이런 나쁜 손도 있었다고 들었어요. 엘리베이터 앞에서는 누구나 앞을 보고 서 있죠. 대형 건물일수록 엘리베이터가 오르내리는 시간이 길어집니다. 그 순간을 노렸다는 남자 상사.

아무도 없고 단둘이 서 있을 때 등 뒤로 다가와 반갑게 인사를 한답니다. 그러면 여자 후배도 인사하겠죠. 고개를 살짝 숙이는 순간, 어깨동무라도 하는 것처럼 뒤에서 감싸며 속옷 끈을 잡았다 놓았다고 합니다. 초등학생도 아니고, 멀쩡한 회사에서 상사가 그러니까 여자 후배는 기가 막혀 제대로 대응하지도 못했다고요. 그런 일을 당했다는 분은 세월이 많이 흘러도 여전히 불쾌하다고 했습니다. 회사 내 CCTV가 없던 시절, 문제를 제기하면 피해자를 탓하며 왜 분란을 일으키느냐 손가락질하던 때였다고요. 그나마 이제는 곳곳에 CCTV가 설치되었으니 그런 나쁜 손이 나쁜 짓을 하지 못하게 되었다는 점이 위안이 될 뿐입니다.

세 살 버릇 여든 간다고 합니다. 여든 살까지 정신 못 차리는 나쁜 손의 장본인들에게는 단호함이 정답입니다. 대기업에는 성평등 상담소가 있죠. 그런 곳에서는 사내 교육도 철저하게 해줄 겁니다. 겸임교수 시절, 저도 1년에 한 번씩 성평등 교육을 받아야 했어요. 온라인 교육이어서 쉬울 줄 알았는데 그렇지 않았습니다. 온라인으로 연결한 후에 다른 일을 하면서 교육을 받을 수가 없었습니다. 사례를 하나씩 설명해 준 후에 문제점과 대처 방안 등을 알려주고, 다음 장으로 넘어가려면 퀴즈 하나씩 풀어야 했거든요. 퀴즈 정답률이 너무 낮으면 되돌아가 그 부분을 다시 수강해야 했습니다.

그런 식의 교육이 필수적으로 이루어진다면 회사 내 성 관련 문제를 줄이는 데 도움이 되지 않을까요. 예방이 최선일 테니까요. 그런 교육이 필수가 되기 전엔 자기 자신을 잘 보호하는 법을 알고 있는 게 필요해요. 불쾌하게 만드는 사람, 무례한 사람에게는 부드럽게, 하지만 단호하게 대처해야 합니다. 상사라고 해도 아닌 것은 아닌 거니까요. 다른 사람들이 있는 곳에서 얘기하는 것이 더 효과적일 겁니다. 나쁜 짓을 하는 사람일수록 평판에 민감한 경우가 많으니까요.

제일 나쁜 대처는 오래전 저희 세대가 했던 방법. 어색하게 웃어넘기는 겁니다. 그러면 그들은 젊은 여자 후배들이 좋아하는 거라 멋대로 생각하고, 그런 행위나 발언을 강화하게 될 것입니다. 그러니 한 사람 한 사람 용기를 내어서 명료하게 의사 표시하자고요. 그래야 나 자신은 물론, 다른 선후배 여성들까지 도울 수 있습니다. 그나저나 나이를 먹고도 아직 정신 못 차린 선배는 어떻게 해야 할까요. 한심하기 그지없습니다. 어디선가 들었던 얘기를 전하고 싶습니다. "업보에 시차는 있어도 오차는 없다." 이런 말도 있더군요. "복수는 당대에 이루어진다. 다른 사람 손을 통해." 선배! 이제 정신 좀 차리시지요.

> **❝ 우리 이렇게 생각해 볼까요?**
>
> 부드럽게, 하지만 단호하게. 사회에 나온 지가 얼마 안 된 사람이라면 그렇게 못 하고 밤에 혼자 이불 킥을 할 수도 있어요. 괜찮아요. 저도 전에는 그랬어요. 그래도 이런 글을 쓰고 여러분과 공유하는 건 앞으로 그러지 말자는 의미예요. 다른 누구도 아닌 바로 우리 자신을 위해서 말입니다. "내가 그때 왜 그랬지?" 하는 순간보다 "그때 그렇게 하길 잘했지!" 하는 순간이 더 많아지길 바랍니다. 저도 그러려고 합니다. **❞**

직장 내 괴롭힘
아닌가요?

    이름처럼 다정하고 친절한 문다정 씨. 성격처럼 세세한 이야기를 들려줬습니다. 지금도 떠올리면 가슴이 두근거려 다시는 떠올리고 싶지 않은 이야기라면서도.

    고등학교를 졸업한 후 콜센터에 입사한 다정 씨. 업무가 적성에 잘 맞았대요. 비정규직에 적은 급여만 아니라면 계속 일하고 싶었죠. 재계약 때마다 '이번엔 재계약이 될까, 이번에도 또 적게 올랐네.' 불안감과 실망감으로 정규직을 갈망했답니다.

3년 후, 무기 계약직 상담원 선발 공고를 봤대요. 고민 후 지원했는데, 다행히 입사에 성공했답니다. 공공기관이라 그런지 전 직장에 비해 폐쇄적이었고, 같이 근무하는 인원도 상대적으로 소수였다고요. 다행히 팀장님은 나이가 좀 많았지만, 첫인상이 좋았습니다. 모태신앙이라며 식사 전 기도하고, 신입을 챙겨주시는 모습이 보기 좋았습니다.

일하다 보니 아무래도 생소한 것이 많았습니다. 그래서 퇴근 후에 혼자 남아서 공부를 했답니다. 팀장님께 묻지 않아서 그랬던 건지 공부 자체가 거슬렸던 건지, 나보다 더 잘하려고 남아서 공부하느냐면서 하지 말라 하시던 팀장님. 예전 직장에서는 남아서 공부하면 격려해 주며 힘드니까 조금만 하고 가라고 하셨는데, 여기는 아니었죠. 그때 찍힌 건지 그 이후로 팀장님이 툭하면 화를 내거나 짜증을 부렸습니다.

전화 업무는 동료에게 묻기도 쉽지 않대요. 고개를 돌려보면 다들 전화를 받고 있으니까. 팀장님께 여쭤보면 바쁜 거 안 보이냐고 나중에 물어보라 하시고, 잠시 후 또 가면 눈치가 없는 거냐며 지청구를 주고. 팀장님 기분을 살피다가 좋아 보일 때 물어보는 일이 반복됐습니다. 전화는 계속 들어오고, 직전 업무를 처리 못 한 상태로 전화를 받고 또 모르는 업무가 생기고. 전 직장과 달리 여기서는 무능하게 느껴지고 답답했습니다.

그러다 동료가 메신저로 개발자에게 묻는 걸 봤습니다. 그래도 되냐고 했더니 된다고, 자신은 그렇게 일한다고 해서 그때부터 동료와 팀장님이 답을 안 주시면, 사내 메신저로 얼굴도 모르는 개발자에게 물어보았답니다. 팀장님에게 더는 묻지 않았습니다. 이게 잘못이었을까요.

어느 날, 동료와 팀장님이 답이 없어서 개발자에게 메신저로 문의했습니다. 그런데 개발자가 직접 알려주겠다면서 찾아왔습니다. 팀장님은 눈이 동그래지면서 왜 오셨냐고 물었고, 개발자는 신입 상담원에게 직접 설명해 주는 게 이해하기 좋을 것 같다고 했죠. 팀장님이 내가 알려주겠다며, 웃는 낯으로 가시라고 해 개발자는 갔지요. 그가 나가자마자 고래고래 소리를 지르던 팀장님. 나를 무시하느냐, 왜 나에게 안 물어보고 개발자에게 직접 물어봤냐고 화를 내셨습니다. 억울했지만 고개를 푹 숙이고 "죄송합니다." 하며 못해도 서른 번은 이렇게 읊조린 것 같다고요.

그 후로 업무가 더 힘들어졌습니다. 동료들은 여전히 바쁘고 팀장님은 여러 차례 물어도 답을 안 해주시고. 이제는 개발자에게 메신저로 문의도 못 하고 갑갑하게 하루하루가 지났습니다. 어느덧 한 달. 같이 입사한 분이 월급을 받자마자 그만두겠다고 했습니다. 그동안 여러 곳에서 일했지만, 머리털 나고 이런 팀장은 처음이라면서. 예의도 없고 안하무인에 감정적으로 일하는 사람이랑은 더 일 못 하겠다며, 너도 빨리 그만두라면서 나갔습니다. 의지하던 분이 나가자 몹시 고민되었습니다. 비정규직이 싫어 그 좋은 동료들과 좋은 팀장님 두고 여기 왔는데, 전보다 나은 조건을 포기하기가 어려웠습니다. 적응하고 있으니까 좀 더 잘해 보자 마음먹었습니다.

하지만 일주일에 두세 번씩 커피나 빵, 만두 같은 간식을 사 올 때도 팀장님은 다정 씨만 빼고 나눠줬습니다. 평소에 간식을 좋아하지 않았다던 다정 씨. 하지만 그 조그만 사무실에 냄새를 풍기며 먹는 소리가 들리는데, 참 치사했답니다.

그러던 어느 날. 갑자기 다정 씨 이름을 크게 부르며 업무를 장난으로 하냐고 소리를 지르던 팀장님. 놀라서 다가갔더니 서류를 얼굴로 던지며 왜 알려준 대로 안 하냐고 윽박질렀습니다. 처음 겪는 일이라서 당황했고, 아무 소리도 들리지 않았습니다. 윙윙거리는 소리만 들렸죠. 눈물이 나올 것 같았지만 꾹 참고 버티며 30분을 서 있었습니다. 시간이 흐르자 겨우 귀가 뚫려 소리가 들렸는데, 팀장님이 다른 동기에게 똑같이 소리를 지르고 있었습니다. 알고 보니 중간에 일이 바뀌었는데, 두 사람에게만 알려주지 않았던 거죠. 더 이상 일하고 싶지 않았습니다. 6시 정각, 바로 나가서 지하철을 타야 하는데, 그럴 수가 없었습니다. 회사 뒤 공터로 가서 20분 정도 엉엉 울고 지하철을 탔습니다. 이렇게까지 미움받은 건 살면서 처음이었으니까요.

다음날, 퇴사를 마음먹고 출근했습니다. '2주만 있으면 월급날인데, 월급은 받고 그만둘까? 팀장님이 한 번만 더 소리 지르면 그만둔다고 하고 바로 집으로 가야지.' 생각하면서. 그런데 신이 도와주신 걸까요? 팀장님이 일주일간 다른 팀에 업무 지원하러 갔습니다. 악의 축과 같이 일하지 않아 얼마나 행복했는지요. 모르는 건 개발자에게 사내 메신저로 물어보며 편하게 일했습니다. 입사 후 처음으로 웃으면서 일했습니다.

일주일 뒤, 출근하자마자 사내 메신저를 확인한 팀장님. 왜 또 개발자들에게 물어봤냐고 소리를 지르는데, 머리에서 딱 끈이 끊어지면서 바로 "저 그만두겠습니다."라고 했답니다. 무슨 일이냐고 하시는데, 전에 일하던 데서 연락이 왔다고 했고, 그러자 퇴사 진행에 시간이 좀 걸리니 기다리라고 했습니다. 자리에 멍하니 앉아 있는데 다른 동기에게 또 소리를 지르기에 답답해서 밖으로 나왔습니다. 가장 나이 많은 언니가 따라 나오더니 도와주지 못해 미안했다고, 팀장님 때문에 그만둔 사람이 한둘이 아니라고, 한번 찍히면 그만둘 때까지 그 사람을 괴롭힌다고 했습니다. 그땐 직장 내 괴롭힘 금지법이 없었습니다. 그런 법이 있었다면 신고하고 나왔겠죠.

    운이 좋게도 예전 직장에서 연락이 왔습니다. 그때 들어온 사람이 갑자기 안 나오게 되었으니 다시 오라고요. 좋은 팀장님, 좋은 동료. 당연한 줄 알았지만 그게 아니었습니다. 마치 고향에 온 것 같았습니다. 그런데 전 직장에서 팀장이 하도 소리를 질러서 그런지 통화 도중 민원인이 화를 내고 고함을 치면 갑자기 아무것도 안 들리고 심장이 두근거리는 트라우마가 생겼답니다. 그럴 때면 '이제는 거기서 일하지 않는다.' 하면서 안도감과 감사함을 느낀다고 했습니다. 비정규직, 무기 계약직, 정규직은 전혀 중요하지 않다고요. 좋은 팀장님, 좋은 동료들, 적성에 맞는 일이 훨씬 더 중요하기에.

    다정 씨가 겪었듯이 왕처럼 구는 상사들이 간혹 있습니다. 자신이 정말 그곳의 왕이라 여기나 봅니다. 그 자리가 영원히 자신의 것인 줄 아나 봅니다. 오죽하면 일주일 파견 근무에 '신이 저를 도와주신 걸까요?'라는 말이 다 나왔을까요. 여북하면 팀장님을 '악의 축'이라고 불렀을까요. 어지간했다면 트라우마가 생겼을까요. 소리 지르는 사람만 만나면 가슴이 뛰고 아무 소리도 들리지 않을 만큼.

그 팀장님은 알고나 있을까요. 누군가가 자신을 '악의 축'이라고 부른다는 것을. 신에게 기도할 만큼 팀원들이 자신과 일하기 싫어한다는 것을. 자기 아들이나 딸이 회사에 입사해 자기 같은 상사를 만나면 어떠할지를.

"좋은 상사는 팀을 성공하게 만들고, 나쁜 상사는 팀원을 병들게 만든다." 인사 관리 담당자들이 승진 관련 사내 연수에서 잊지 않고 하는 말이라고 합니다. "사람을 함부로 대하는 사람은, 결국 가장 외면당할 사람이다." 류시화 시인도 그렇게 말했고요.

> ❝ 우리 이렇게 생각해 볼까요?
>
> 지난 2019년 직장 내 괴롭힘의 법적 정의와 관련 조항이 발효되었습니다.
> 근로기준법 제76조의2(직장 내 괴롭힘의 금지) 사용자 또는 근로자는 직장에서의 지위 또는 관계 등의 우위를 이용하여 업무상 적정 범위를 넘어 다른 근로자에게 신체적·정신적 고통을 주거나 근무 환경을 악화시키는 행위를 하여서는 아니 된다.
> ↳ 예시 : 공개적인 모욕, 험담, 폭언. 부당한 업무 배제, 과도한 업무 지시. 사생활 침해나 괴롭힘, 성 지시 등.
> 근로기준법 제76조의3(직장 내 괴롭힘 발생 시 조치) (…) 신고를 접수하거나 직장 내 괴롭힘 발생 사실을 인지한 경우에는 지체 없이

당사자 등을 대상으로 그 사실 확인을 위하여 객관적으로 조사를 실시하여야 한다. (…) 조사 시간 동안 직장 내 괴롭힘과 관련하여 피해를 입은 근로자 또는 피해를 입었다고 주장하는 근로자를 보호하기 위하여 필요한 경우 해당 피해 근로자 등에 대하여 근무 장소의 변경, 유급 휴가 명령 등 적절한 조치를 하여야 한다.

직장 내 괴롭힘은 다음과 같은 경로로 신고할 수 있다.
- **회사 내부 신고** : 인사팀, 감사실, 고충처리부서 등 담당자에게 서면 또는 이메일로 신고 가능. 신고 내용에는 발생 시기, 구체적인 상황, 가해자와의 관계, 증거(문자, 녹취, 메신저 캡처 등)를 포함하는 것이 좋다. 내부규정에 따라 조사가 진행된다. 회사는 대개 신고 접수 후 10일 이내에 조사에 착수해야 하고, 20일 내 결과를 통보해야 하며, 조사 후 불이익 조치가 발생하지 않도록 보호 조치를 취할 의무가 있다.
- **외부 기관 신고** : 회사 내부 신고가 어렵거나 회사의 대응이 미흡할 경우에는 고용노동부 고객 상담센터 또는 관할 지방고용노동청에 직접 진정서나 상담신청서를 제출하여 신고할 수 있다.

고용노동부 고객 상담센터 (국번 없이) 1350

삶의 격

보험회사에서 우수 사원상을 받은 상담원들에게 강의해 달라는 의뢰를 받았습니다. 전화 상담하는 지인이 있어 미리 물어봤어요. 전화로 괴롭히는 고객 상담을 마친 후에는 어떻게 하느냐고. 그 분야 베테랑답게 딱 한 마디를 하더라고요. "귀를 씻어요." 화장실에 가서 손을 씻으며 귀까지 씻는다고 말입니다. 물론 귀 안에 물이 들어가면 안 되니 상징적으로. 먼저 귓등을 씻고 귀의 뒤쪽을 박박 문질러준다고 했습니다. 70분 강의 중 가장 큰 웃음이 터진 순간이었습니다. 강의를 듣던 120명 중 단 한 명 예외 없이 "귀를 씻어요"에서 빵빵 터졌습니다.

그만큼 비슷한 괴롭힘을 당한 사람이 많다는 거겠죠. 그런 분들에게 꼭 해드리고 싶은 얘기는 이거였습니다. '자신의 존엄성 지키기.' 어떤 상황이든 어떤 방법이든 존엄성을 지키세요, 하는 것이었습니다. 귀를 씻더라도.

스위스에서 태어나 독일에서 활동하는 작가이자 철학자인 페터 비에리Peter Bieri가 10여 년 전에 펴낸 책이 있습니다.『삶의 격』. 2014년 독일 최고의 철학 부문 에세이상 '트락타투스상'을 받은 이 책에는 부제가 따로 있습니다. 바로, '존엄성을 지키며 살아가는 방법'입니다.

이 책에서 저자는 존엄성을 지키는 방법에는 세 가지가 있다고 말합니다.

첫 번째, 남이 나를 어떻게 대하느냐 하는 것. 이것은 내 힘으로 어떻게 할 수가 없지요. 하지만 다행히 두 가지가 남아 있습니다.

두 번째, 내가 남을 어떻게 대하는가. 남이 나를 귀하게 대하지 않는다고 해도 내가 남을 귀하게 대하면 나의 존엄성은 지켜진다는 의미입니다.

그리고 마지막 세 번째가 가장 중요한데, 내가 나를 어떻게 대하는가 하는 측면이랍니다. 남이 나를 귀하게 대하지 않는다고 해도 나는 남을 귀하게 대하고, 내가 나를 존귀하게 대한다면 나의 '존엄성' 두 가지 측면은 지킬 수 있다는 뜻이지요. 이 부분을 이야기할 때 상담원분들이 아주 진지하게 경청하는 것을 느낄 수 있었습니다.

인간을 도구화하면 안 된다고 무려 200여 년 전에 칸트가 그렇게나 외쳤건만, 인간을 도구화하는 사람이 여전히 많습니다. 세월이 갈수록 더 많아지는 것 같습니다. 많은 이의 사랑을 받았던 교황 요한 바오로 2세도 생전에 말씀하셨습니다. "사람을 사용해서는 안 된다. 사람은 사랑받아야 할 존재이지, 이용당할 대상이 아니다."

소위 N번 방 사건이라 불리는 성 착취를 비롯해 오늘날 벌어지는 수많은 범죄는 인간을 도구화하기에 발생합니다. 상대를 나와 똑같은 사람으로 보면 그럴 수가 없죠. 어떻게 하면 저 도구(사람으로 보지 않습니다)를 이용해서 내가 돈을 벌 수 있을까, 이득을 취할 수 있을까, 궁리하는 겁니다. 상대방의 존엄성을 지켜주기는커녕 존엄성 따위는 염두에 두지도 않는다는 뜻일 겁니다. 그런 범죄자는 자기 자신은 악착같이 지키려 애씁니다. 사기 대상인 사람들과 자기 자신을 다르게 보는 겁니다.

2025년 아카데미상 시상식에서 감독상과 작품상, 각본상, 편집상, 여우주연상까지 받아 5관왕에 빛나는 영화 〈아노라〉를 아시나요. 국내에서는 겨우 7만 8천여 명이 극장에서 봤지만, 좀 더 많은 사람이 보면 좋을 영화입니다. 뉴욕의 스트리퍼 아노라가 러시아의 철없는 재벌 2세 이반을 만나 펼쳐지는 2~3주간의 이야기를 다뤘죠. 뉴욕으로 어학연수하러 온 이반은 노느라 바쁩니다. 러시아어를 조금 할 줄 알던 아노라를 만난 것도 스트립쇼 전문 업소였습니다. 돈을 물 쓰듯이 쓰며 놀던 둘은 라스베이거스까지 가서 결혼을 합니다. 이 사실을 알게 된 이반의 부모가 러시아에서 날아오고, 결국⋯. 오래전 영화 〈귀여운 여인〉이 판타지가 강했다면, 이 영화는 현실감이 더 큽니다.

차분히 이야기를 쌓아가던 〈아노라〉는 마지막 장면에서 울컥, 기어이 관객의 눈물을 터뜨리게 합니다. 슬퍼서도 아니고 감동해서도 아닌, 바로 '존엄성' 때문입니다. 아노라를 쾌락의 도구로 여긴 이반과 달리, 한 '사람'으로 대한 이고르에게 마음을 열게 되었기에. 이고르는 이반 부모의 사주를 받고 두 사람을 떨어뜨리기 위해 동원된 일일 알바 용역쯤 됩니다. 하지만 처음 하는 일이니 내내 어리숙해요. 달아나려는 아노라를 붙잡았지만, 그녀의 발버둥에 내동댕이쳐질 만큼. 이고르는 사람을 '사람'으로 여깁니다. 묶여 있던 아노라를 느슨하게 풀어준 것도, 식사할 때 챙겨줬던 것도, 결정적으로 마지막 장면에 빼앗겼던 것을 되찾아준 것도 이고르였습니다.

콜센터에 전화할 때 마음이 급해서 상담원을 AI처럼 대하는 건 아닌지요. 자동응답 시스템에 이런 멘트까지 넣었는데 말이죠. "제가 세상에서 가장 사랑하는 우리 엄마가 상담해 드릴 예정입니다." "연결해 드릴 상담사는 소중한 제 딸입니다. 고객님, 잘 부탁드립니다." 물건을 사러 갔을 때 판매원을 하대하지는 않는지요. 백화점이나 면세점에서 근무하는 판매원들이 하지정맥류나 방광염으로 고생하는 건 아실까요. 근무하는 내내 서 있어야 해서 하지정맥류로 고생한답니다. 고객 화장실과 별도로 설치된 직원 전용 화장실이 너무 멀리 있어 자주 갈 수가 없어서 방광염에 시달리고요.

전화기 너머 만나는 사람도, 판매대 건너 만나는 사람도, 당신과 똑같은 '사람'입니다.

"친절은 단순한 예의가 아니다. 그것은 타인의 존엄성을 인정하는 방식이다." 미국의 실존주의 심리학자 롤로 메이$^{Rollo\ May}$의 말입니다. 인간의 불안, 자유, 책임을 다룬 '실존 심리학'을 소개한 그는 인간이란 의미를 찾고자 하는 존재라고 말했답니다.

> **❝ 우리 이렇게 생각해 볼까요?**
>
> 나를 아껴주는 사람을 만나면 좋지만 만나지 못해도 괜찮아요. 내가 나를 아껴주면 되니까요. 자존심이 상하더라도 자존감을 지킬 수는 있습니다. 나를 아껴주는 방법에는 세 가지가 있다는 것, 그중 두 가지는 스스로 할 수 있다는 것을 잊지 마세요! ❞

우리는
사이가 좋아요

분위기 좋기로 유명한 회사에 다니는 상호 씨. 4050 세대인 상사들과 사이가 아주 좋대요. 소중한 인연 세 분 덕분이었죠.

"입사 후 만나게 된 저의 사수, 저의 멘토, 저의 상사. 세 분은 저에게 아낌없는 사랑을 주셨고, 든든한 우산이 되어주셨습니다. 회사의 부모와 같다고 느낄 정도로. 그 세 분이 주신 것은 내리사랑이었어요."

상호 씨는 얘기합니다.

"입사 초기, 사수는 저 혼자 하는 일을 꼼꼼하게 확인해 주셨습니다. 상사에게 보고하기 전, 실수하는 걸 막아주신 거죠. 업무를 시작하기 전에는 참고 자료를 찾아주셨습니다. 사수가 혼자 하는 일도 자료를 공유해 주셨죠. 나중에 그 일을 할 수도 있다면서요. 둘이 같이 일할 때는 명확히 업무를 구분해 '선'을 그어주셨습니다. 또 상사들에게 저를 띄워주시고 제가 빛나 보이게 칭찬해 주시는 것도 잊지 않았습니다. 메인 업무는 사수께서 다 하시고, 저는 보조 업무밖에 안 했는데도.

당시에는 사수들이 다들 그러는 줄 알았습니다. 하지만 입사 동기들을 보며 그게 아니라는 걸 깨달았어요. 아무리 아끼는 후배라도 일의 성과를 포장해 주는 게 쉽지 않다는 걸 말이죠. 오히려 후배의 성과를 빼앗는 선배도 있어서 놀랐답니다. 하지만 그분은 항상 후배를 빛나게 해주려 노력하시면서 동시에 스스로도 빛나는 분입니다."

회사 생활해 본 분이라면 생각했을 겁니다. '그러기 쉽지 않지.' 너를 밟고 눌러야 내가 올라설 수 있는 조직이 얼마나 많은지요. 하지만 다행히 상호 씨네 회사는 그렇지 않았어요. 사수는 합리적으로 일을 잘하는 것뿐 아니라 후배의 일상까지 챙겨주었대요.

사수는 후배가 행복하기를 바라는 분. 가끔 상호 씨가 지쳐 보일 때면 자신이 더 지칠 만한 상황인데도 안부를 물어보고, 힘이 나게 웃음을 주셨다고. 사생활을 물어보는 게 아닐지 걱정하면서 회사 밖 생활에도 관심을 주었대요. 퇴근 후 멀리 있는 장례식장을 갈 일이 있었는데, 다음 날 출근해서 힘들지 않았는지 걱정해 주더라는 사수.

상호 씨는 사수와 사이가 아주 좋다고 했어요. 친구보다 더 가까운 사이라고. 개인적인 삶을 이야기하거나 공유하는 것에 어려움이 없고 오히려 즐겁다고 했습니다. 이런 사수를 만난 것이 인생에서 큰 행운일 거라고 상호 씨는 믿는답니다.

"진짜 리더는 자신이 존경받기보다 함께 있는 이들이 존중받기를 바란다." 미국의 목사이자 리더십 전문가인 존 맥스웰의 말대로 상호 씨의 사수는 좋은 리더가 될 겁니다.

다음은 상호 씨의 멘토 이야기입니다. "저희 회사는 사수와 멘토를 따로 둡니다. 제 멘토는 첫 시간에 '회사에서는 이래야 해, 업무태도는 저래야 해.'라고 하지 않았습니다. 퇴근 후 미술학원에 다니는 선배를 소개해 주며, 취미가 얼마나 중요한지 알려주셨죠. 두 번째 멘토링 때는 산책로를 알려주셨어요. 회사에서 스트레스를 받으면, 산책하며 기분 전환할 수 있는 곳이라면서. 지금도 가끔 커피나 샌드위치를 들고 산책하러 가는 곳이 되었습니다. 어쩌다 멘토를 거기서 만나면 얼마나 반가운지 모른답니다."

멘토링을 해본 분이라면 상호 씨의 멘토가 얼마나 현명한지, 그러기가 얼마나 어려운지 아실 겁니다. 뭔가 가르쳐야 할 것 같잖아요. 하지만 멘토란 '신뢰할 수 있는 상담 상대이자 지도자이자 스승님'이라고 하니. 상호 씨의 멘토 역할을 제대로 해줬던 것입니다.

상호 씨네 부장님 얘기까지 들어볼까요? "부장님은 말도 안 되는 저의 첫 보고서를 집중해서 읽어주셨습니다. 정말 바쁜 분이 주저리주저리하는 저의 첫 보고를 끝까지 들어주셨습니다. 지금 제가 그런 보고를 받는다면 중간에서 잘라버릴 것 같은데. 부장님은 웃으면서 궁금한 점을 물어보셨고, 처음인데 잘했다고 크게 칭찬까지 해주셨습니다. 그 칭찬 한마디가 이후로도 보고서를 쓸 때 더 잘 쓰게 만든 원동력이 되었습니다. 또 부장님의 생각과는 다른 보고서를 드리면 어느 부분에서 다른지, 어느 방향이 좋은지 명확하게 잡아주셨습니다. 이후 저는 부장님의 생각까지 짐작하며 일을 진행했습니다. 저에게 최선을 다해주시니 저도 최선을 다하고 싶었거든요."

내 사람을 만드는 건 이런 거죠. 시간을 내어주는 것, 정성을 쏟아주는 것. 매우 비효율적인 동시에 효율적입니다. 상호 씨의 변화를 보면 아실 겁니다. 신입사원이던 상호 씨의 보고

서를 읽거나 직접 보고를 듣는 건 쓸데없을지도 모릅니다. 하지만 그런 비효율적인 시간을 견뎌냈기에 부장님은 상호 씨의 마음을 샀습니다. 이제 상호 씨는 부장님의 판단과 생각을 짐작하며 일합니다. 상호 씨의 보고서는 부장님 자신이 쓰는 것과 마찬가지 아닐까요. 비효율적이었지만 결국 아주 효율적이 되었지요.

끝으로 상호 씨가 들려준 얘기. 입사하자마자 연수원에 1일 출장을 가야 했답니다. 멤버는 부장님과 사수, 그리고 상호 씨. 당연히 막내가 운전해야 할 거라고 생각하고, 차 열쇠를 받으려 했대요. 그런데 부장님이 말씀하셨답니다. "나는 남이 운전하는 차를 타면 멀미를 해. 내가 운전하면 장거리를 가도 괜찮은데." 어찌해야 하나 싶어서 사수 선배를 쳐다봤더니 별다른 말씀이 없었대요. 조수석에 타서 길 안내라도 해드려야겠다고 생각했는데, 사수 선배가 조수석에 앉으며 연수원에 가는 길은 내가 더 잘 안다고 하셨대요. 그건 사실이었죠. 그런데 그날이 하필 금요일, 갈 때는 그럭저럭 갔는데, 올 때는 고속도로가 어마어마하게 막혔답니다. 한 시간 반 거리를 세 시간 반 걸려서 올 정도로. 그런데 상호 씨는 뒷좌석에 앉아서 편히 올 수 있었답니다. 중간에 깜박 졸면서.

그로부터 1년 정도 지났을까. 회식 자리에서 알게 됐답니다. 사수가 입사한 후 부장님이 운전대를 잡으신 건 그때가 처음이었다고요. 막내인 상호 씨가 운전하며 긴장할까 봐 일부러 운전하신 거라고 말입니다.

"저는 4050 세대와 갈등이 없습니다. 우리는 사이가 좋아요." 자신 있게 말한 상호 씨의 이야기에 정답이 들어 있는 것 같습니다. 후배 입장에서 생각하고 행동하고 말하기. 최선을 다해 후배를 아껴주기. 나보다 힘든 후배를 배려하기. 내 시간과 정성을 후배에게 쏟아주기. 그러면 당신을 만난 게 인생 최고의 행운이라고 후배가 말하는 날이 올지도 모릅니다. 프랑스 철학자인 시몬 드 보부아르도 말했거든요. "말이 아닌 태도로 보여주는 사람이 결국 영향력이 있다."

> **❝ 우리 이렇게 생각해 볼까요?**
>
> 입사한 지 두 달 된 신입사원 라디오 청취자가 보내온 사연을 소개합니다. 두 달 뒤 퇴사하는 부서의 선배님이 신입에게 업무 필수품인 안전모와 안전화를 선물로 주셨대요. "신입은 내가 그 나이였을 때보다 훨씬 더 일을 잘하네. 앞으로 나처럼 오래오래 일 잘해. 그러려면 안전이 최우선이야!" 하시면서 말이죠. 선배란 모름지기 후배에게 그런 말을 해주고, 그런 선물을 주시는 분 아닐까요. **❞**

―― 닫는 글 ――

'왜 저래?' 말고
'왜 그럴까?' 부터 생각해요

눈앞에 펼쳐진 현실에만 급급해서, 코앞에 닥친 일에만 몰두해서 산다면 우리 현실은 고작 손바닥만 할 것이다. 때로는 책 한 권으로 심해도 다녀오고, 시 한 줄로 우주도 유영해 보고, 영화 한 편으로 고대에도 가봐야 한다. 그래야 현실이 보다 넓어지고 깊어진다.

언젠가 노시인이 인터뷰에서 해주신 말입니다. 제가 거기 설명을 조금 보탰습니다. 우리 삶을 지금보다 낫게 만들 방법, 거기에 하나를 더한다면 이거겠죠. '타인과 함께하는 소통과

연대.'

세상은 혼자 살 수 없습니다. 무인도에 떨어져서도 어느 날 흘러들어온 배구공에 눈, 코, 입을 그려 넣고 윌슨이라는 이름을 붙여 이야기 나누는 게 사람입니다. 그런데 그 타인이 결코 만만치 않습니다. 글자 그대로 나와 '다른' 사람들이거든요. 나이도, 성별도, 하는 일도 다르지요. 나이가 비슷해도 동성이어도 하는 일이 같아도 이해가 쉽지 않은데, 하물며 다 다른 사람들과 어떻게 소통하고 공감하느냐고요.

그래도 말이지요. 그게 꼭 필요합니다. 한 번 더 말씀드리지만 화성에 홀로 떨어져서도 지구의 동료들과 소통하고 공감하고 연대해야 살아갈 수 있는 게 사람이거든요. 그러니 어렵고 힘들지만 꼭 해야 하는 그것을 위해서 조금만 용기 내 해보자고요. 부족하나마 제가 도와드리겠습니다.

저라고 뭐 뾰족한 수가 있는 건 아니지만, 주위 사람들과 다 잘 지내는 것도 아니지만, 적어도 제게는 실패의 경험과 성공의 기억이 조금 있답니다. 그리고 그것을 바로 당신과 나누고 싶답니다.

이 책이 세상에 나오게 도와준 마흔여덟 분의 젊은이들에게 다시 한번 깊이 감사드립니다. 관심을 가지고 이야기 나눠 준 〈사랑하기 좋은 날 이금희입니다〉, 〈마이금희〉 제작진 여러분도요. 원고를 먼저 읽어봐 주고 의견 보태준 선후배들에게도 마음을 전합니다. 덕분에 책이 꼴을 갖추게 됐습니다. 임소연 팀장님을 비롯한 다산북스 여러분이 기회를 주셔서 글을 쓸 수 있었습니다. 전국 곳곳에 강연 다니며 만난 관계자 여러분과 청중이 계셔서 이 책의 아이디어를 얻을 수 있었다는 점도 말씀드리고 싶습니다. 끝으로 엄마와 언니들, 동생 부부, 그리고 조카들은 제가 살아가는 이유이자 제 존재의 의미입니다. 모두 고맙습니다.

2025년 초겨울 이금희 드림

이 책에 수록된 글 출처

- **23쪽** 하지현, 『어른을 키우는 어른을 위한 심리학』, 은행나무, 2023
- **108쪽** 악뮤, 〈후라이의 꿈〉
- **138쪽** 김현, 「김남숙」, 『킬러 문항 킬러 킬러』, 한겨레출판, 2024
- **199쪽** 박상영, 『순도 100퍼센트의 휴식』, 인플루엔셜, 2023
- **202쪽** 논두렁 밭두렁, 〈다락방〉
- **210쪽** 정민, 『삶을 바꾼 만남』, 문학동네, 2011
- **215쪽** 심현보, 〈목욕이 좋아〉
- **230쪽** "보이스피싱 중심엔 MZ…피해자·피의자 20대 비율 최대['또'이스피싱]", 《아시아경제》, 2024.10.30.
- **237쪽** 김주원, 『나와 마주하는 일』, 몽스북, 2024
- **250쪽** 토마스 힐란드 에릭센, 『인생의 의미』, 이영래 옮김, 더퀘스트, 2024
- **294쪽** 류시화, 『내가 생각한 인생이 아니야』, 수오서재, 2023
- **305쪽** 봄여름가을겨울, 〈브라보 마이 라이프〉

참고한 자료

- 《사회적 인지 및 감정 신경 과학 Social Cognitive and Affective Neuroscience》, 2015
- 조너선 하이트, 『불안세대』, 이충호 옮김, 웅진지식하우스, 2024
- 천수이, 『사랑 없이 우리가 법을 말할 수 있을까』, 부키, 2025
- 클라우디아 해먼드, 『잘 쉬는 기술』, 오수원 옮김, 웅진지식하우스, 2020
- 파스칼 메르시어, 『삶의 격』, 문항심 옮김, 은행나무, 2014

우리 삶을
지금보다 낫게 만들 방법은
타인과 함께하는 소통과 연대
그리고 공감입니다.

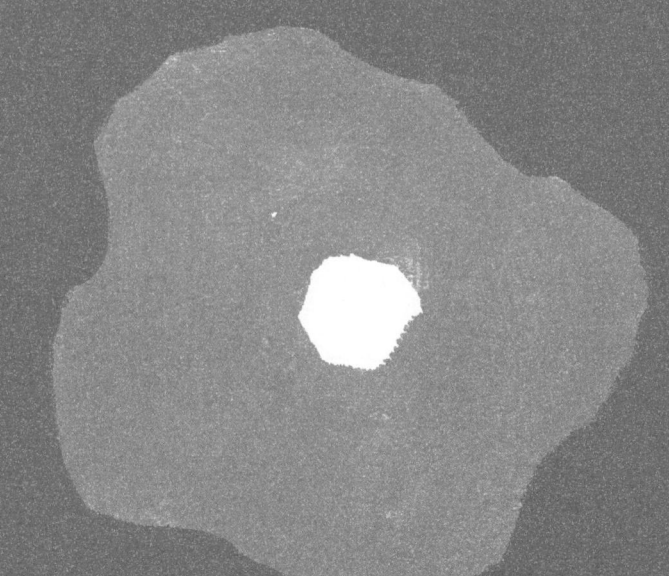

공감에 관하여

초판 1쇄 발행 2025년 11월 12일
초판 6쇄 발행 2026년 1월 14일

지은이 이금희
펴낸이 김선식

부사장 김은영

책임기획 임소연 **책임편집** 임소연 **책임마케터** 오서영
콘텐츠사업4팀장 박윤아 **콘텐츠사업4팀** 정아연, 옥다애, 최유진
마케팅사업2팀 오서영, 이다은 **홍보2팀** 정세림, 고나연
브랜드사업본부장 정명찬
브랜드홍보팀 오수미, 서가을, 박장미, 박주현 **영상홍보팀** 이수인, 염아라, 이지연, 노경운
저작권팀 성민경, 이슬 **편집관리팀** 조세현, 김호주, 백설희
재무관리팀 하미선, 임혜정, 이슬기, 김주영, 오지수
인사총무팀 강미숙, 김재경, 김혜진, 김주립, 황종원
제작관리팀 이소현, 김소영, 유미애, 이지우, 이승협
물류관리팀 김형기, 김선진, 주정훈, 양문현, 채원석, 박재연, 이준희, 최대식
외부스태프 디자인 데일리루틴 표지 일러스트 요리

펴낸곳 다산북스 **출판등록** 2005년 12월 23일 제313-2005-00277호
주소 경기도 파주시 회동길 490 다산북스 파주사옥
전화 02-704-1724 **팩스** 02-703-2219 **이메일** dasanbooks@dasanbooks.com
홈페이지 www.dasan.group **블로그** blog.naver.com/dasan_books
종이 신승INC **인쇄·제본** 한영문화사 **코팅·후가공** 제이오엘앤피

ISBN 979-11-306-7277-9 (03810)

- 책값은 뒤표지에 있습니다.
- 파본은 구입하신 서점에서 교환해드립니다.
- 이 책은 저작권법에 의하여 보호를 받는 저작물이므로 무단 전재와 복제를 금합니다.

다산북스(DASANBOOKS)는 책에 관한 독자 여러분의 아이디어와 원고를 기쁜 마음으로 기다리고 있습니다. 출간을 원하는 분은 다산북스 홈페이지 '원고 투고' 항목에 출간 기획서와 원고 샘플 등을 보내주세요. 머뭇거리지 말고 문을 두드리세요.